全国高职高专教育土建类专业教学指导委员会规划推荐教材

工程建设法规

（供热通风与空调工程技术专业适用）

本教材编审委员会组织编写

高会艳　主编

中国建筑工业出版社

图书在版编目（CIP）数据

工程建设法规/高会艳主编. —北京：中国建筑工业
出版社，2015.12
全国高职高专教育土建类专业教学指导委员会规划
推荐教材（供热通风与空调工程技术专业适用）
ISBN 978-7-112-18717-1

Ⅰ.①工… Ⅱ.①高… Ⅲ.①建筑法-中国-高等职业
教育-教材 Ⅳ.①D922.297

中国版本图书馆 CIP 数据核字（2015）第 278280 号

　　本教材主要按照高等职业教育供热通风与空调工程技术专业专业教学基本要求，针对培养对象适应职业岗位应具备的知识和能力要求编写。以我国现行《建筑法》为基本依据，结合国家最新颁布的有关法律、行政法规、规章及司法解释展开论述，按照建设工程的建设顺序依次论述，集中、系统阐述了贯穿于建设工程全过程的重要问题，对违反建设法律法规的责任作了必要的论述，注重结论的定性分析及其在实践中的应用，突出针对性。在各单元中精选多个工程实践中的典型案例，使学生在学习过程中能够通过真实案例的分析加强对法律规定的理解和运用能力。同时，在各单元后附有思考与练习题，培养学生分析问题、解决问题的能力，为学生学习掌握建设法规、遵守建设法规来从事建筑业及相关领域工作提供参考依据。

　　本书还适用于高等职业教育土建施工类相关专业的建设法规教学，也可以作为有关执业资格考试的复习参考。

　　课件网络下载方法：请进入 http：//www.cabp.com.cn 网页，输入本书书名查询，点击"配套资源"进行下载；或发邮件至 524633479@qq.com 求取课件。

* * *

责任编辑：张　健　朱首明　李　慧
责任校对：李欣慰　党　蕾

全国高职高专教育土建类专业教学指导委员会规划推荐教材
工程建设法规
（供热通风与空调工程技术专业适用）
本教材编审委员会组织编写
高会艳　主编

*

中国建筑工业出版社出版、发行（北京西郊百万庄）
各地新华书店、建筑书店经销
北京红光制版公司制版
北京建筑工业印刷厂印刷

*

开本：787×1092 毫米　1/16　印张：14　字数：341 千字
2016 年 3 月第一版　2016 年 3 月第一次印刷
定价：**28.00** 元（附网络下载）
ISBN 978-7-112-18717-1
（27964）

供热通风与空调工程技术专业教材编审委员会名单

主　任：符里刚

副主任：吴光林　高文安　谢社初

委　员：汤万龙　高绍远　王青山　孙　毅　孙景芝

吴晓辉　余增元　杨　婉　沈瑞珠　黄　河

黄奕沄　颜凌云　白　桦　余　宁　谢　兵

蒋志良　赵瑞军　苏长满　苏德全　吴耀伟

王　丽　孙　岩　高喜玲　刘成毅　马志彪

高会艳　李绍军　岳亭龙　商利斌　于　英

杜　渐　张　炯

序　言

近年来，建筑设备类专业分委员会在住房和城乡建设部人事司和全国高职高专教育土建类专业教学指导委员会的正确领导下，编制完成了高职高专教育建筑设备类专业目录、专业简介。制定了"建筑设备工程技术"、"供热通风与空调工程技术"、"建筑电气工程技术"、"楼宇智能化工程技术"、"工业设备安装工程技术"、"消防工程技术"等专业的教学基本要求和校内实训及校内实训基地建设导则，构建了新的课程体系。2012 年启动了第二轮"楼宇智能化工程技术"专业的教材编写工作，并于 2014 年底全部完成了 8 门专业规划教材的编写工作。

建筑设备类专业分委员会在 2014 年年会上决定，按照新出版的供热通风与空调工程技术专业教学基本要求，启动规划教材修编工作。本次规划修编的教材覆盖了本专业所有的专业课程，以教学基本要求为主线，与校内实训及校内实训基地建设导则相衔接，突出了工程技术的特点，强调了系统性和整体性；贯彻以素质为基础，以能力为本位，以实用为主导的指导思想；汲取了国内外最新技术和研究成果，反映了我国最新技术标准和行业规范，充分体现其先进性、创新性、适用性。本套教材的使用将进一步推动供热通风与空调工程技术专业的建设与发展。

本次规划教材的修编聘请全国高职高专院校多年从事供热通风与空调工程技术专业教学、科研、设计的专家担任主编和主审，同时吸收具有丰富实践经验的工程技术人员和中青年优秀教师参加。该规划教材的出版凝聚了全国高职高专院校供热通风与空调工程技术专业同行的心血，也是他们多年来教学工作的结晶和精诚协作的体现。

主编和主审在教材编写过程中一丝不苟、认真负责，值此教材出版之际，谨向他们致以崇高的敬意。衷心希望供热通风与空调工程技术专业教材的面世，能够受到高职高专院校和从事本专业工程技术人员的欢迎，能够对土建类高职高专教育的改革和发展起到积极的推动作用。

全国高职高专教育土建类专业教学指导委员会

建筑设备类专业分委员会

2015 年 6 月

前　　言

本教材是按照高职高专教育供热通风与空调工程技术专业教学基本要求、针对培养对象适应职业岗位应具备的知识和能力的要求编写。以我国现行的《建筑法》、《招标投标法》、《合同法》和《建设工程质量管理条例》等相关法律法规，对建设工程许可法规、建设工程发包与承包、招标投标法规、建设工程合同法、安全生产管理、质量管理法规、建筑节能、消防、环境保护法规等建设工程其他相关法律法规制度等10个单元内容进行了较为系统的阐述。

在各单元中精选多个工程实践中的典型案例并附有思考与练习题，使学生在学习过程中加强对法律规定的理解和运用能力。

本书主要针对高职高专供热通风与空调工程技术专业，同时也可以供土建类其他专业使用。本教材结合了注册建造师等执业资格考试的要求，也可以作为有关执业资格考试的复习参考。

本教材由辽宁城市建设职业技术学院高会艳任主编并统稿；辽宁省环境科学研究院高级工程师王东明同志参编，辽宁城市建设职业技术学院安一宁担任副主编。全书内容共分10个单元，其中，第1、2、3、8、9单元由高会艳编写；第4、10单元由辽宁省环境科学研究院王东明编写；第5、6单元由辽宁城市建设职业技术学院安一宁编写；第7单元由辽宁城市建设职业技术学院陈越编写。

本教材由辽宁城市建设职业技术学院建筑设备系主任宋梅教授主审。

编写过程中参考了近几年出版的相关书籍中的优秀内容和有关院校编写的教材、专著，编者在此对相关作者表示感谢。本书得到了全国高职高专建筑设备类专业分委员会、中国建筑工业出版社及编者所在单位的指导和大力支持，在此一并致以诚挚的感谢。

由于时间仓促和编者的水平有限，书中定有不妥之处，恳请广大读者批评指正，可发电子邮件至 yunwenwang@163. com 交流。

目　　录

教学单元 1　建设法规概述

[知识目标] 了解法的概念、特征与作用；了解建设工程法规的概念、作用及特征；掌握法律责任的种类；熟悉建设工程法规的体系构成；掌握建设工程法律关系的相关内容

[能力目标] 能说出法的效力等级差别；举例说明什么是法人；能解释法人在建设工程中的地位和作用；能举例说明建设法律的责任种类。

1.1　关于法的基本概念

1.1.1　法的概念、特征、作用

1. 法的概念

法是指国家的法律，法是由一定的物质生活条件所决定的，由国家制定或认可并由国家强制力保证实施的具有普遍效力的行为规范体系。其目的在于维护、巩固和发展一定的社会关系和社会秩序。

2. 法的基本特征

（1）法是调整人们行为或社会关系的规范

法作为社会规范，来规定人们的行为模式、指导人们的行为。法律通过调整人的行为来达到调整社会关系的目的。法的表现形式是规范性法律文件，具有普遍的效力。

（2）法由国家制定或认可

国家的存在是法存在的前提条件，法的这一特征表明法具有国家意志的形式，使法区别于其他社会规范。制定或认可是法产生的两种方式，法由国家制定或认可，即表明法有权威性。

（3）法是由国家强制力保证实施的社会规范

国家强制力是指国家的军队、警察、法庭、监狱等有组织的国家暴力机关。法律的实施主要由国家强制力保证，如果没有国家强制力做后盾，那么法律就变得毫无意义，违反法律的行为也将得不到惩罚，法律所体现的意志也得不到贯彻和实现。

3. 法的作用

根据行为主体的不同，可以分为：指引、评价、教育、预测和强制作用。

（1）指引作用，是指法律具有指引人们如何行为的功能，法律为人们提供了某种行为，指引人们可以这样行为，必须这样行为或不这样行为。

（2）评价作用，是指法可以为人们提供判断、衡量他人行为是否合法或违法以及违法的性质和程度的标准。

（3）教育作用，是指通过法的实施对人们今后行为可能发生的某种影响。对于违法者来说具有教育和警戒作用，对合法行为加以保护、赞许或者奖励，对所有人都有鼓励和示范作用。

（4）预测作用，是指人们可以依据法律规范事先预计到人们互相间行为的结果。例如，在合同关系中，甲方在履行自己的合同义务时，可以合理地预计对方也会履行合同义务，如果任何一方违约，违约方也会估计到另一方将采取哪些求偿行为。

（5）强制作用，是指通过强制力来制裁、处罚违法犯罪行为，预防违法犯罪行为，增进全社会的安全感。

1.1.2 法的体系与形式

在学习建设法规之前需要掌握我国的法律体系，以便形成规范工程建设行为的整体法律框架。广义上的法律不局限于全国人大及其常委会制定的规范性文件，还包括行政法规、地方性法规、部门规章等。不同的法律的效力是不同的，掌握其相对效力的高低将有助于当事人正确选择适用的法律。

1. 法律体系

法律体系是指一个国家的全部现行法律规范，按照一定的标准和原则，划分为不同的法律部门而形成的内部和谐一致、有机联系的整体。

（1）宪法

宪法是整个法律体系的基础，主要表现形式是《中华人民共和国宪法》。此外，宪法部门还包括主要国家机关组织法、选举法、民族区域自治法、特别行政区基本法、授权法、立法法、国籍法等附属的低层次的法律。

（2）民法

民法是调整作为平等主体的公民之间、法人之间、公民和法人之间的财产关系和人身关系的法律，主要由《中华人民共和国民法通则》（下称《民法通则》）和单行民事法律组成，单行法律主要包括合同法、担保法、专利法、商标法、著作权法、婚姻法等。

（3）商法

商法是调整平等主体之间的商事关系或商事行为的法律，主要包括公司法、证券法、保险法、票据法、企业破产法、海商法等。我国实行"民商合一"的原则，商法虽然是一个相对独立的法律部门，但民法的许多概念、规则和原则也通用于商法。

（4）经济法

经济法是国家在经济管理中发生的经济关系的法律，包括建筑法、招标投标法、反不正当竞争法、税法等。

（5）行政法

行政法是调整国家行政管理活动中各种社会关系的法律规范的总和。主要包括行政处罚法、行政复议法、行政监察法、治安管理处罚法等。

（6）劳动法与社会保障法

劳动法是调整劳动关系的法律，主要是《中华人民共和国劳动法》；社会保障法是调整有关社会保障、社会福利的法律，包括安全生产法、消防法等。

（7）自然资源与环境保护法

自然资源与环境保护法是关于保护环境和自然资源，防治污染和其他公害的法律，自然资源法主要包括土地管理法、节约能源法等；环境保护方面的法律主要包括环境保护法、环境影响评价法、噪声污染环境防治法等。

（8）刑法

刑法是规定犯罪和刑罚的法律，主要是《中华人民共和国刑法》，一些单行法律、法规的有关条款也可能规定刑法规范。

（9）诉讼法

诉讼法（又称诉讼程序法），是有关各种诉讼活动的法律，其作用在于从程序上保证实体法的正确实施。诉讼法主要包括民事诉讼法、行政诉讼法、刑事诉讼法、仲裁法、律师法、法官法、检察官法等法律。

2. 法律形式

我国法的形式主要包括：

（1）宪法

我国的宪法是由我国的最高权力机关即全国人民代表大会制定和修改的，一切法律、行政法规和地方性法规都不得与宪法相抵触。

（2）法律

法律指全国人大及其常委会制定的规范性文件，法律的效力低于宪法，但高于其他的法。

（3）行政法规

行政法规是最高国家行政机关即国务院制定的规范性文件，如《建设工程质量管理条例》、《建设工程勘察设计管理条例》、《建设工程安全生产管理条例》和《建设项目环境保护管理条例》等。行政法规的效力低于宪法和法律。

（4）地方性法规

地方性法规是指省、自治区、直辖市以及省、自治区人民政府所在地的市和经国务院批准的较大的市的人民代表大会及其常委会，在其法定权限内制定的法律规范性文件，如《黑龙江省建筑市场管理条例》、《内蒙古自治区建筑市场管理条例》、《北京市招标投标条例》等。地方性法规具有地方性，只在本辖区内有效，其效力低于法律和行政法规。

（5）行政规章

行政规章是由国家行政机关制定的法律规范性文件，包括部门规章和地方政府规章。部门规章是由国务院各部、委制定的法律规范性文件。部门规章的效力低于法律、行政法规。地方政府规章是由省、自治区、直辖市以及省、自治区人民政府所在地的市和国务院批准的较大的市的人民政府所制定的法律规范性文件。地方政府规章的效力低于法律、行政法规，低于同级或上级地方性法规。

（6）最高人民法院司法解释规范性文件

最高人民法院对于法律的系统性解释文件和对法律适用的说明，对法院审判有约束力，具有法律规范的性质，在司法实践中具有重要的地位和作用。在民事领域，最高人民法院制定的司法解释文件有很多，例如《关于审理建设工程施工合同纠纷案件适用法律问题的解释》等。

（7）国际条约

国际条约是指我国作为国际法主体同外国缔结的双边、多边协议和其他具有条约、协定性质的文件，如《建筑业安全卫生公约》等。国际条约是我国法的一种形式，对所有国家机关、社会组织和公民都具有法律效力。

此外，自治条例和单行条例、特别行政区法律等，也属于我国法的形式。

1.1.3　法的效力与效力等级

1. 法的效力

法的效力，即法律的约束力，指人们应当按照法律规定的那样行为，必须服从。

2. 法的效力等级

法的效力等级，是指法律体系中的各种法的形式，由于制定的主体、程序、时间、适用范围等的不同，具有不同的效力，形成法的效力等级体系。

（1）宪法至上，宪法作为根本法和母法，还是其他立法活动的最高法律依据。

（2）上位法优于下位法，即规范性法律文件的效力层次决定于其制定主体的法律地位，如：行政法规的效力高于地方性法规。

（3）特别法优于一般法，即同一事项，两种法律都有规定的，特别法比一般法优先，优先适用特别法。

（4）新法优于旧法。新法、旧法对同一事项有不同规定时，新法的效力优于旧法。

1.1.4　法律关系与法律责任

1. 法律关系

法律关系是当事人之间权利义务关系的体现，只有当一方当事人按照法律规范享有权利，另一方负有义务时，当事人双方才建立起相应的法律关系。

2. 法律关系要素

任何法律关系都是由主体、客体和内容三个要素构成的，所谓要素是指构成法律关系所必不可少的条件。法律关系都是由法律关系主体、法律关系客体和法律关系内容三个要素构成，缺少其中一个要素就不能构成法律关系。由于三要素的内涵不同，则组成不同的法律关系，诸如民事法律关系、行政法律关系、劳动法律关系、经济法律关系等。

3. 法律关系主体

法律关系主体，也称权利主体或权利义务主体，是指法律关系的参加者，即在法律关系中一定权利的享有者和一定义务的承担者。在民事法律关系中，把它分为自然人、法人和其他组织。

4. 法律关系客体

法律关系客体是指法律关系主体之间权利和义务所指向的对象。它是构成法律关系的基本要素之一。

法律关系客体的种类，主要包括财、物、行为、智力成果。财一般指资金及各种有价证券。在建设法律关系中表现为财的客体主要是建设资金。物是指法律关系主体支配的、在生产上和生活上所需要的客观实体。例如，施工中使用的各种建筑材料、施工机械就都属于物的范围。行为是指义务人所要完成的能满足权利人要求的结果。例如，管道安装施工、道路施工等建设项目。智力成果是指通过某种物体或大脑记载下来并加以流传的思维成果。例如，文学作品就是这种智力成果。智力成果属于非物质财富，也称为精神产品。

5. 法律关系的内容

（1）法律权利是国家通过法律规定，对法律关系主体可以自主决定作某种行为的许可和保障手段。一个完整的法律权利的结构，其内容实际上是三种权利要素——自由权、请求权和诉讼权的统一。

（2）法律义务是国家通过法律规定，对法律关系主体的行为的一种约束手段。

6. 法律事实

（1）法律事实是指法律规范规定的、能够直接引起法律关系的产生、变更和消灭的客观情况或现象。

（2）法律事实依据它是否依权利主体的意志为转移，可以分为法律事实和法律行为。前者不依主体意志为转移，如战争、生老病死；后者如犯罪行为、合同行为等。

7. 法律责任

（1）产生法律责任的原因

大体上可以分为下面三种：第一由于侵权行为，也就是违法行为。侵犯他人的财产权利、人身权利、知识产权或精神权利而产生的法律责任在全部法律责任中占多数。第二是由于违约行为，即违反合同约定，没有履行一定法律关系总的作为的义务或不作为的义务。第三由于法律规定的原因，比如从表面上看责任人并没有侵犯任何人的权利，也没有违反任何契约义务，仅仅由于出现了法律所规定的法律事实，就要承担某种赔偿责任，如产品致人损害。

（2）法律责任的种类

对法律责任所作的划分为：民事责任、刑事责任、行政责任。

民事责任是根据民法所承担的对其不利的民事法律后果或者基于法律特别规定而应承担的民事法律责任。它主要是一种民事救济手段，目的是使受害人被侵犯的权益得以恢复。民事责任的形式主要有赔偿损失、支付违约金、消除影响、恢复名誉、赔礼道歉等。

刑事责任是依据国家刑事法律规定，对犯罪分子依照刑事法律的规定追究的法律责任。依照我国刑法的规定，刑罚包括主刑和附加刑两种。主刑分为管制、拘役、有期徒刑、无期徒刑和死刑。附加刑分为罚金、剥夺政治权利、没收财产等。

行政责任是指因违反行政法或因行政法规定而应承担的法律责任，行政法律规范要求国家行政机关及其公务人员在行政活动中履行和承担的义务。形式有行政处罚与行政处分。行政处罚是指国家行政机关及其他依法可以实施行政处罚权的组织，对违反经济、行政管理法律、法规、规章，尚不构成犯罪的公民、法人及其他组织实施的一种法律制裁。行政处分是国家行政机关依照行政隶属关系对违法失职的公务员给予的惩戒。

1.2 建设法规概述

1.2.1 建设法规的概念与特征

1. 建设工程法规的概念

建设法规是调整国家行政管理机关、法人、法人以外的其他组织、公民在建设活动中产生的社会关系的法律规范的总称。建设法律和建设行政法规构成了建设法的主体。建设法规是以市场经济中建设活动产生的社会关系为基础，规范国家行政管理机关对建设活动的监管、市场主体之间经济活动的法律法规。

2. 建设工程法规的特征

（1）行政性

这是建设法规区别于其他法律的主要特征。建设活动投入资金量大，需要消耗大量的人力、物力、财力及土地等资源，涉及面广，建筑产品的质量又关系到人民的生命和财产安全。建设法律规范中，调整方式的特点主要体现为行政强制性，调整方式有授权、命令、禁止、许可、免除、确认、计划、撤销等。

（2）广泛性

建设法规调整的是建设领域的各种社会经济关系。有行政机关或被授权组织与建设单位、勘察设计单位、施工单位、监理单位等"行政相对人"之间的行政管理和被管理关系，又有国家在协调经济运行过程中发生的经济关系，包括企业组织管理关系和市场管理关系等。还有公民个人、法人或法人组织等主体之间的民事、商事关系。

（3）经济性

建设法规是经济法的重要组成部分，因此也必然带有经济性特征。建筑业和房地产业等建设活动直接为社会创造财富，为国家增加积累。如房地产开发、商品房销售、建设工程勘察设计、施工安装等都是直接为社会创造财富的活动。

（4）技术性

工程建设与人们生存、进步、发展息息相关，建设产品的质量与人们的生命财产密切相关，这就需要大量的标准、规范、规程来对工程建设过程进行规范。例如，《建筑设计规范》、《城镇燃气管网抢修与维护技术规程》等，这些标准、规范、规程就称为技术规范。

3. 建设工程法规体系

建设工程法规体系是在建设工程的新建、扩建、改建和拆除等有关活动中产生的社会关系的法律法规的系统。我国建设法规体系确定为梯形结构方式，由以下几个层次组成：

（1）宪法

宪法是建筑业的立法依据，同时又明确规定国家基本建设的方针和原则，直接规范与调整建筑业的活动。

（2）建设法律

是建设法规体系的核心和基础，如《中华人民共和国建筑法》、《中华人民共和国城乡规划法》等。

（3）建设行政法规

建设行政法规在全国范围内有效，如《建设工程质量管理条例》、《建设工程安全生产管理条例》等。

（4）建设部门规章

建设部门规章是指住房和城乡建设部根据国务院规定的职责范围，或与国务院有关部门联合制定并发布的法规，如《建筑业企业资质管理规定》、《建筑业企业资质等级标准》、《建设工程监理范围和规模标准规定》等。

（5）地方建设法规与规章

由省、自治区、直辖市人大及其常委会以及省级人民政府所在地的市和经国务院批准的较大的市人大及其常委会制定并发布的建设方面的法规与规章。如2010年7月30日辽宁省第十一届人民代表大会常务委员会第十八次会议通过修正的《辽宁省建筑市场管理条例》。

（6）技术法规

技术法规分为全国性技术法规和地方性技术法规，如预算定额、设计规范、施工规范、验收标准等。如 2007 年 3 月 1 日实施的辽宁省地方标准《居住建筑节能设计标准》等。

（7）国际公约、国际惯例、国际标准

涉外的建设工程承包合同非常复杂，它涉及有形贸易、无形贸易、信贷、委托、技术规范、保险等诸多法律关系，这些法律关系的调整必须遵守我国承认的国际公约、国际惯例和国际通用的技术规程和标准。

1.2.2 建设工程法律关系

建设工程法律关系是法律关系中的一种，它是指由建设法律规范所确认和调整的，在建设活动中所产生的权利和义务关系，如建设工程承包合同关系。

1. 建设工程法律关系主体

建设工程法律关系主体是指参加建设业活动，受建设工程法律规范调整，在法律上享有权利、承担义务的机关、企事业单位、组织和个人。在建设活动中常见的主体有：

（1）国家机关

国家机关可分为国家权力机关和国家行政机关。国家权力机关是指全国人民代表大会及其常务委员会和地方各级人民代表大会及其常务委员会。国家行政机关组织管理国家行政事务的机关，它包括国务院及其所属各部、各委、地方各级人民政府及其职能部门。例如：国家建设主管部门主要指国家住房和城乡建设部以及各级地方建设行政主管部门，其职权是制定建设法规，对城市建设、村镇建设、工程建设、建筑业、房地产业、市政公用事业进行组织管理和监督。

（2）建设单位

建设单位是指进行工程建设的国家机关、企业或事业单位。在我国建筑市场上，建设单位一般被称之为业主方或甲方。由于建设项目的多样化，作为业主方的社会组织也是种类繁多的，有工业企业、商业企业、文化教育部门，医疗卫生单位、国家各机关等。建设单位作为工程的需要方，是建设投资的支配者，也是工程建设的组织者和监督者。

（3）承包单位

在我国建筑市场上，承包单位一般被称之为建筑企业或乙方，在国际工程承包中习惯被称为承包商。承包单位主要有：勘察设计企业，建筑安装施工企业，建筑装饰施工企业，建筑机械租赁单位以及专门提供建筑劳务的企业等。

（4）中介组织

中介组织是指具有相应的专业服务资质，在建筑市场中受发包方、承包方或政府管理机关的委托，对工程建设进行估算测量、咨询代理、建设监理等高智能服务，并取得服务费用的咨询服务机构和其他建设专业中介服务组织。如建筑业协会及其下属的设备安装、机械施工、装饰施工、产品厂商等专业分会，建设监理协会等。

（5）公民个人

公民个人作为建筑市场的主体参与建设活动的领域已经相当广泛，如公民作为注册建筑师、注册建造师、注册监理工程师、注册设备工程师等参与建筑活动，建设企业职工同企业单位签订劳动合同时，即成为建设法律关系的主体。

2. 建设工程法人制度

法人是建设工程活动中最主要的主体。我们要了解法人的定义、成立条件以及法人在建设工程中的地位与作用，特别要熟悉企业法人与项目经理部的法律关系。《民法通则》规定，法人是具有民事权利能力和民事行为能力，依法独立享有民事权利和承担民事义务的组织。

（1）法人应当具备的条件

1）依法成立。法人不能自然产生，它的产生必须经过法定的程序。法人的设立目的和方式必须符合法律的规定，设立法人必须经过政府主管机关的批准或者核准登记。

2）有必要的财产或者经费。有必要的财产或者经费是法人进行民事活动的物质基础。它要求法人的财产或者经费必须与法人的经营范围或者设立目的相适应，否则将不能被批准设立或者核准登记。

3）有自己的名称、组织机构和场所。法人的名称是法人相互区别的标志和法人进行活动时使用的代号。法人的组织机构是指对内管理法人事务、对外代表法人进行民事活动的机构。法人的场所则是法人进行业务活动的所在地，也是确定法律管辖的依据。

4）能够独立承担民事责任。法人必须能够以自己的财产或者经费承担在民事活动中的债务，在民事活动中给其他主体造成损失时能够承担赔偿责任。

法人的法定代表人是自然人。他依照法律或者法人组织章程的规定，代表法人行使职权。法人以它的主要办事机构所在地为住所。

（2）法人的分类

法人可以分为企业法人和非企业法人两大类。非企业法人包括行政法人、事业法人、社团法人。

企业法人依法经工商行政管理机关核准登记后取得法人资格。企业法人分立、合并或者有其他重要事项变更，应当向登记机关办理登记并公告。企业法人分立、合并，其权利和义务由变更后的法人享有和承担。

有独立经费的机关从成立之日起，具有法人资格。具有法人条件的事业单位、社会团体，依法不需要办理法人登记的，从成立之日起，具有法人资格；依法需要办理法人登记的，经核准登记，取得法人资格。

（3）法人在建设工程中的地位和作用

1）法人在建设工程中的地位

在建设工程中，大多数建设活动主体都是法人。施工单位、勘察设计单位、监理单位都是具有法人资格的组织。建设单位一般也应当具有法人资格。

法人在建设工程中的地位，表现在其具有民事权利能力和民事行为能力。依法独立享有民事权利和承担民事义务，方能承担民事责任。法人是社会组织在法律上的人格化，是法律意义上的"人"，而不是实实在在的生命体。

2）法人在建设工程中的作用

法人是建设工程中的基本主体。在计划经济时期，从事建设活动的各企事业单位实际上是行政机关的附属，是不独立的。但在市场经济中，每个法人都是独立的，可以独立开展建设活动。

（4）企业法人与项目经理部的法律关系

从项目管理的理论上说，各类企业都可以设立项目经理部，但施工企业设立的项目经理部具有典型意义。

1）项目经理部的概念和设立

项目经理部是施工企业为了完成某项建设工程施工任务而设立的组织。项目经理部是由一个项目经理与技术、生产、材料、成本等管理人员组成的项目管理班子，是一次性的具有弹性的现场生产组织机构。对于大中型施工项目，施工企业应当在施工现场设立项目经理部；小型施工项目，可以由施工企业根据实际情况选择适当的管理方式。施工企业应当明确项目经理部的职责、任务和组织形式。

项目经理部不具备法人资格，而是施工企业根据建设工程施工项目而组建的临时性的下属机构。项目经理根据企业法人的授权，组织和领导本项目经理部的全面工作。

2）项目经理是企业法人授权在建设工程施工项目上的管理者

企业法人的法定代表人，其职务行为可以代表企业法人。在每个施工项目上必须有一个经企业法人授权的项目经理。施工企业的项目经理，是受企业法人的委派，对建设工程施工项目全面负责的项目管理者，是一种施工企业内部的岗位职务。

建设工程项目上的生产经营活动，必须在企业制度的制约下运行，其质量、安全、技术等活动，须接受企业相关职能部门的指导和监督。推行项目经理责任制，绝不意味着可以搞"以包代管"，过分强调建设工程项目承包的自主权，过度下放管理权限，将会削弱施工企业的整体管理能力，给施工企业带来诸多经营风险。

3）项目经理部行为的法律后果由企业法人承担

由于项目经理部不具备独立的法人资格，无法独立承担民事责任。所以，项目经理部行为的法律后果将由企业法人承担。例如：项目经理部没有按照合同约定完成施工任务，则应由施工企业承担违约责任；项目经理签字的材料款，如果不按时支付，材料供应商应当以施工企业为被告提起诉讼。

3. 建设法律关系客体

建设法律关系客体分为财、物、行为和智力成果：

（1）财。在建设法律关系中表现为财的客体主要是建设资金，如基本建设贷款合同的标的，即一定数量的货币。

（2）物。在建设法律关系中表现为物的客体一般是建筑材料、机械设备、建筑物或构筑物等有形实体。某个建设项目本身也可以成为工程建设法律关系的客体。

（3）行为。在建设法律关系中，行为多表现为完成一定的工作，如勘察设计、施工安装、检查验收等活动。如勘察设计合同的标的（客体），即完成一定的勘察设计任务；建筑工程承包合同的标的，即按期完成一定质量要求的施工行为。

（4）智力成果。在建设法律关系中，如设计单位提供的具有创造性的设计成果，该设计单位依法可以享有专有权，使用单位未经允许不能无偿使用。如个人开发的预决算软件，开发者对之享有著作权（版权）。

4. 建设法律关系的内容

建设法律关系的内容即建设活动参与者具体享有的权利和应当承担的义务。建设权利是指建设法律关系主体在法定范围内，根据国家建设管理要求和自己业务活动需要，有权进行各种工程建设活动。建设义务是指工程建设法律关系主体必须按法律规定或约定应负的责任。

1.2.3　建设工程法律责任

1. 法律责任的种类

以引起责任的行为性质为标准，对法律责任所作的划分为：民事责任、行政责任、刑事责任。

民事责任是指由于违反民事法律、违约或者由于民法规定所应承担的一种法律责任。民事责任主要是财产责任，是一方当事人对另一方的责任，是补偿当事人的损失。在法律允许的条件下，民事责任可以由当事人协商解决。

行政责任是指因违反行政法或因行政法规定而应承担的法律责任。它的主要形式有行政处罚和行政处分。

刑事责任是指行为人因违反刑法的规定，实施了犯罪行为时所必须承受的，由司法机关代表国家所确定的否定性法律后果。与民事责任不同，刑事责任不存在无过错责任的问题；同时，行为人在主观上是故意还是过失，以及故意或过失的形式和程度，对刑事责任的有无、刑事责任的种类和大小，都有重要的意义，这一点也与民事责任明显不同。

2. 工程建设中的主要民事责任

工程建设中的主要民事责任可分为违约责任和侵权责任。

违约责任是指行为人不履行合同义务或者履行合同义务时不符合合同约定所产生的民事责任，也就是合同当事人对其违约行为所应承担的责任。

侵权责任是指行为人侵犯国家、集体和公民的财产权利以及侵犯法人名称权和自然人的人身权时所产生的民事责任。

承担民事责任的方式：停止侵害；排除妨碍；消除危险；返还财产；恢复原状；修理、重做、更换；赔偿损失；支付违约金；消除影响、恢复名誉；赔礼道歉。以上承担民事责任的方式，可以单独适用，也可以合并适用。

3. 工程建设中的行政责任和刑事责任的种类

（1）行政责任的种类

工程建设中的行政责任包括两种情况：一是公民和法人因违反行政管理法律、法规的行为而应承担的行政责任；二是国家工作人员因违反政纪或在执行职务时违反行政法规的行为。工程建设中承担行政责任的方式是行政处罚和行政处分。

行政处罚包括：警告、罚款、责令停业整顿、降低资质等级、吊销营业执照等。行政处分包括：警告、记过、记大过、降职、降薪、撤职、留用察看、开除等。

（2）刑事责任的种类

刑事责任是法律责任中最强烈的一种。工程建设中刑事责任的种类有：重大责任事故罪；重大劳动安全事故罪；工程重大安全事故罪；公司、企业人员受贿罪；向公司、企业人员行贿罪；贪污罪；介绍贿赂罪；单位行贿罪；签订、履行合同失职罪；强迫职工劳动罪；挪用公款罪；重大环境污染事故罪；玩忽职守罪；滥用职权罪；徇私舞弊罪。

刑事责任的承担方式是刑事处罚。刑事处罚的主要形式有两种：一是主刑，如管制、拘役、有期徒刑、无期徒刑、死刑等；二是附加刑，如罚金、没收财产、剥夺政治权利等。

需要指出：有些刑事责任可以根据犯罪的具体情况而免除刑事处罚。对免除刑事处罚的罪犯，有关部门可以根据法律的规定使其承担其他种类法律责任，如对贪污犯可以给予开除公职的行政处分等。

1.3 案 例 分 析

【案例 1-1】

1. 背景

地处沈阳市的某设计院承担了坐落在铁岭市的某项"设计－采购－施工"承包任务。该设计院将工程的施工任务分包给铁岭市的某施工单位。设计院在施工现场派驻了包括甲在内的项目管理班子，施工单位则由乙为项目经理组成了项目经理部。施工任务完成后，施工单位以设计院尚欠工程款为由向仲裁委员会申请仲裁，主要依据是有甲签字确认的所增加的工程量。设计院认为甲并不是该项目的设计院方的项目经理，不承认甲的签字效力。经查实，甲既不是合同中约定的设计院的授权负责人，也没有设计院的授权委托书。但合同中约定的授权负责人基本没有去过该项目现场。事实上，该项目一直由甲实际负责，且有设计院曾经认可甲签字付款的情形。

2. 问题

设计院是否应当承担付款责任？

3. 分析

设计院应当承担付款责任。因为，由于设计院方面的管理原因让施工单位认为甲具有签字付款的权力，致使付款纠纷的出现。《民法通则》第 43 条明确规定："企业法人对它的法定代表人和其他工作人员的经营活动，承担民事责任。"由于种种原因，我国目前经常存在着名义上的项目负责人经常不在现场的情况。本案的真实背景是设计院认为甲被施工单位买通而拒绝付款。本案对施工单位的教训是：施工单位需要让发包或总包单位签字时，一定要找其授权人；如果发包或总包单位变更授权人的，应当要求发包单位完成变更的手续。

【案例 1-2】

1. 背景

某建设单位委托某设计院进行一个建设工程项目的设计工作，合同中没有约定工程设计图的归属。设计院委派张某等完成了这一设计任务。该项目完成后，建设单位没有经过设计院同意，将该设计图纸用于另一类似项目。但由于地质条件的差别，工程出现质量问题，给建设单位造成了一定的损失。

2. 问题

（1）建设单位未经设计院同意，能否将该设计图纸用于另一类似项目？

（2）建设单位应当向设计院还是向张某等设计人员主张赔偿？这一赔偿请求能否获得支持？

3. 分析

（1）建设单位未经设计院同意，不得将设计图纸用于另一类似项目。该设计图纸对于设计院和建设单位而言，属于委托作品，建设单位是委托人，设计院是受托人。如果双方未做明确约定的，著作权属于受托人，即设计院。因此，如果建设单位要再次使用该设计图纸，应当经过设计院同意。

（2）建设单位应当向设计院主张赔偿。因为，虽然这一设计任务是张某等设计院人员完成的，但这一职务作品属于"主要是利用法人或者其他组织的物质技术条件创作，并由法人或者其他组织承担责任的工程设计图"。张某等设计院人员只享有署名权，著作权的其他权利由法人或者其他组织享有。因此，建设单位应当向设计院主张赔偿。但这一赔偿请求不能获得支持。因为，建设单位将图纸使用于另一工程没有经过设计院同意，设计院不但不承担责任，反而有权向建设单位要求赔偿。

【案例 1-3】

1. 背景

2013 年 7 月，某市一栋在建住宅楼发生楼体倒覆事故，造成 1 名工人身亡。经调查分析，事故调查组认定是一起重大责任事故。其直接原因是：紧贴该楼北侧，在短时间内堆土过高，最高处达 10m 左右，紧邻该楼南侧的地下车库基坑正在开挖，开挖深度 4.6m。大楼两侧的压力差使土体产生水平位移，过大的水平力超过了桩基的抗侧能力，导致房屋倾倒。此外，还存在 6 个方面的间接原因：一是土方堆放不当。在未对天然地基进行承载力计算的情况下，开发商随意指定将开挖土方短时间内集中堆放于该楼北侧。二是开挖基坑违反相关规定。土方开挖单位在未经监理方同意、未进行有效监测、工程监测单位不具备相应资质的情况下，没有按照相关技术要求开挖基坑。三是监理不到位。监理方对开发商、施工方的违法违规行为未进行有效处置，对施工现场的事故隐患未及时报告。四是管理不到位。开发商管理混乱，违章指挥，违法指定施工单位，不合理压缩施工工期。五是安全措施不到位。施工方对基坑开挖及土方处置未采取专项防护措施。六是围护桩施工不规范。施工方未严格按照相关要求组织施工，施工速度快于规定的技术标准要求。

事故发生后，该楼所在地的副区长和镇长、副镇长等公职人员，因对辖区内建设工程安全生产工作负有领导责任，分别被给予行政警告、行政记过、行政记大过处分；开发商、总包单位对事故发生负有主要责任，土方开挖单位对事故发生负有直接责任，基坑围护及桩基工程施工单位对事故发生负有一定责任，分别给予了经济罚款，其中对开发商、总包单位均处以法定最高限额罚款 50 万元，并吊销总包单位的建筑施工企业资质证书及安全生产许可证，待事故善后处理工作完成后吊销开发商的房地产开发企业资质证书；监理单位对事故发生负有重要责任，吊销其工程监理资质证书；工程监测单位对事故发生负有一定责任，予以通报批评处理。监理单位、土方开挖单位的法定代表人等 8 名责任人员，对事故发生负有相关责任，被处以吊销执业证书、罚款、解除劳动合同等处罚。秦某、张某、夏某、陆某、张某、乔某 6 人，犯重大责任事故罪，被追究刑事责任，分别被判处有期徒刑 3~5 年。

该楼的 21 户购房户，有 11 户业主退房，10 户置换，分别获得相应的赔偿费。

2. 问题

（1）本案中的民事责任有哪些？

（2）本案中的行政责任有哪些？

（3）本案中的刑事责任有哪些？

3. 分析

本案中所涉及的法律关系复杂，产生了多个法律责任：

（1）本案中存在着多个合同关系。这些合同关系都会产生民事责任。首先是开发商与购房者存在商品房买卖合同，由于发生楼体倒覆事故，开发商无法交付房屋，应当承担违约责任。在本案中，违约责任最主要的就是赔偿损失。开发商与其他责任主体也有合同关系，也会出现违约责任问题，但这些单位之间没有产生民事诉讼。

（2）本案中的行政责任包括了行政处分和行政处罚。副区长和镇长、副镇长等公职人员，对辖区内建设工程安全生产工作负有领导责任，分别被给予行政警告、行政记过、行政记大过处分，即属于行政处分。对开发商、总包单位等处以罚款、吊销资质证书等，对责任人处以吊销执业证书、罚款等，都属于行政处罚。

（3）本案中的被告人秦某、张某、夏某、陆某、张某、乔某在该楼工程项目中，分别作为建设方、施工方、监理方的工作人员以及土方施工的具体实施者，在工程施工的不同岗位和环节中，本应上下衔接、互相制约，却违反安全管理规定，不履行或者不能正确履行或者消极履行各自的职责与义务，最终导致该楼房整体倾倒的重大工程安全事故，致1人死亡，并造成重大经济损失。6名被告人均已构成重大责任事故罪，且属情节特别恶劣，依法应予惩处，承担相应的刑事责任。

本 章 小 结

本章以我国法律法规的概念、特征为基础，介绍了法律体系构成和基本形式以及不同等级法律法规的效力，阐述了违法行为的主要责任类型，为理解和掌握建设工程有关内容奠定法律知识基础。

建设工程法规体系是明确不同等级法律法规效力的基础，一般由建设法律、建设行政法规、建设部门规章、地方建设规章、技术法规、相关国际公约等组成。

建设工程法律关系主体是指参加建设活动，受建设工程法律法规调整，在法律上享有权利、承担义务的机关、企事业单位、组织和个人。常见建设工程法律关系主体一般有国家机关、建设单位、承包单位、中介组织、公民个人。

工程建设法律责任的种类是指工程建设法律责任的各种表现形式。以引起责任的行为性质为标准，对法律责任所作的划分为：民事责任、行政责任、刑事责任。

思 考 与 练 习 题

思考题：

1. 建设法规的概念与作用各是什么？
2. 工程建设法律关系的概念及构成要素各是什么？
3. 什么是法人？法人成立的条件有哪些？
4. 简述建设工程法律责任的种类。
5. 刑事责任的种类有哪些？
6. 承担民事责任的方式有哪些？
7. 行政处罚包括哪些？

练习题

单项选择

1. 下列与工程建设相关的法规，属于民法的是（　　　）。

A. 建筑法   B. 保险环境保护法

C. 合同法   D. 安全生产法

2. 在我国法律体系中，《建筑法》属于（   ）部门。

A. 民法   B. 商法   C. 经济法   D. 诉讼法

3. 行政规章是由（   ）制定的法律规范性文件，包括部门规章和地方政府规章。

A. 地方人民政府   B. 最高国家行政机关

C. 国务院   D. 国家行政机关

4. 法律效力等级是正确适用法律的关键，下述法律效力排序正确的是（   ）。

A. 国际条约＞宪法＞行政法规＞司法解释

B. 法律＞行政法规＞地方性法规＞部门规章

C. 行政法规＞部门规章＞地方性法规＞地方政府规章

D. 宪法＞法律＞行政法规＞地方政府规章

5. 下列规范性文件中，效力最高的是（   ）。

A. 行政法规   B. 司法解释   C. 地方性法规   D. 行政规章

6. 下列选项中，不属于法律关系要素的是（   ）。

A. 主体   B. 标的   C. 客体   D. 内容

7. 法律关系是由（   ）三要素构成的。

A. 主体、客体、内容   B. 当事人、经济行为、经济利益

C. 法人、经济合同、经济权益   D. 经济管理、经济协作、法律责任

8. 法人是指具有民事权利能力和民事行为能力的（   ）。

A. 自然人   B. 个体工商户

C. 单位最高行政负责人   D. 依法成立的社会组织

9. 行政处分是指（   ）对其工作人员违反行政法规或政纪的行为所实施的制裁，主要有警告、记
大过、降职、降薪、撤职、留用察看、开除等。

A. 由单位负责人   B. 由单位负责人和责任人

C. 由单位职员   D. 由国家行政机关

多项选择

1. 从法学理论上讲，法律关系客体可以分为（   ）。

A. 精神   B. 财

C. 物   D. 非物质财富

E. 行为

2. 法律关系的内容是指（   ）。

A. 法律权利   B. 客体

C. 标的   D. 价款

E. 法律义务

3. 法律关系主体的范围包括（   ）。

A. 自然人   B. 法人

C. 其他组织   D. 国家机关

E. 某企业的车间

4. 下列各选项中，属于法律关系客体的是（   ）。

A. 建设工程施工合同中的工程价款   B. 建设工程施工合同中的建筑物

C. 建材买卖合同中的建筑材料   D. 建设工程勘察合同中的勘察行为

E. 建设工程设计合同中的施工图纸

5. （　　）属于工程建设中承担民事责任的方式。

A. 支付违约金　　　　　　　　　B. 消除影响、恢复名誉

C. 赔礼道歉　　　　　　　　　　D. 精神赔偿

6. 刑事处罚的形式有（　　）两种。

A. 违约金　　　　B. 主刑　　　　C. 附加刑　　　　D. 赔偿损失

7. 在工程建设活动中，涉及的刑事处罚形式有（　　）。

A. 管制　　　　　　　　　　　　B. 拘役

C. 剥夺政治权利　　　　　　　　D. 赔偿损失

E. 没收财产

教学单元 2 建 筑 法 规

[知识目标] 了解建筑法规立法宗旨、适用范围和基本原则；掌握工程建设项目的一般程序；掌握建筑法中规定的基本法律制度；掌握建筑法关于施工许可等基本法律制度及相关的法律责任；熟悉建筑法中规定的法律责任的种类。

[能力目标] 能说出工程项目建设程序的概念、阶段划分及各阶段的主要内容；可以列举出建筑法中规定的 5 种基本法律制度；能说出施工许可证申领的范围，知道申领条件、时效性及办理程序；能举例说明建筑法中规定的责任种类；能够运用建筑法规的理论知识对典型案例做出分析和判断。

2.1 建 筑 法 规 概 述

2.1.1 《中华人民共和国建筑法》的适用范围和调整对象

1. 建筑与建筑法

广义的建筑活动，包括各种土木工程的建造活动及有关设施、设备的安装活动，既包括各类房屋建筑的建造活动，也包括铁路、公路、机场、港口、矿业、水库、通信线路等专业建筑工程建造及其设备安装活动。

适用《中华人民共和国建筑法》规定的建筑活动的范围限定为"是指各类房屋建筑及其附属设施的建造和与其配套的线路、管道、设备的安装活动。"

2. 《中华人民共和国建筑法》简介

中华人民共和国第十一届全国人民代表大会常务委员会第 20 次会议于 2011 年 4 月对原 1998 年 3 月实施的《中华人民共和国建筑法》进行了修订，自 2011 年 7 月 1 日起施行。

《建筑法》共八章，八十五条，包括总则、建筑许可、建筑工程发包与承包、建筑工程监理、建筑安全生产管理、建筑工程质量管理、法律责任及附则。

《建筑法》总则的第一条规定"为了加强对建筑活动的监督管理，维护建筑市场秩序，保证建筑工程的质量和安全，促进建筑业健康发展，制定本法。"

由此我们可以看出《建筑法》的立法目的是加强对建筑活动的监督管理，规范建筑市场，保障建筑业的正常健康发展；维护建筑市场秩序；保证建设工程的质量和安全，促进建筑业的健康发展。

"建筑市场"是指以建设工程项目的建设单位或称业主（发包方）和从事建设工程的勘察、设计、施工、监理等业务活动的法人或自然人（承包方）以及有关的中介机构为市场主体，以建设工程项目的勘察、设计、施工等建设活动的工作成果或者以工程监理的监理服务为市场交易客体的建设工程项目承发包交易活动的统称。

《建筑法》将保证工程的质量和安全作为贯穿建筑法的一条主线，确立从事建筑活动必须遵守的基本规范，依法加强对建筑过程的监督管理，促进建筑业的健康发展。

3. 《建筑法》适用范围和调整对象

法律的适用范围，也称法律的效力范围，包括法律的时间效力、空间效力和对人的效力。时间效力即法律从什么时候开始发生效力和什么时候失效；法律的空间效力，即法律适用的地域范围；法律对人的效力，即法律对什么人（指具有法律关系主体资格的自然人、法人和其他组织）适用。

（1）适用的地域范围

适用的地域范围是中华人民共和国境内。由于我国对香港、澳门特别行政区实行“一国两制”，根据《香港特别行政区基本法》与《澳门特别行政区基本法》的相关规定，《建筑法》不适用香港和澳门两个特别行政区。香港和澳门特别行政区有关建筑活动的立法，由这两个特别行政区的立法机关自行制定。

（2）适用的主体范围

主体范围包括一切从事建筑活动的主体和各级依法对建筑活动实施监督管理的政府机关。

1）一切从事本法所称的建筑活动的主体，包括从事建筑工程的勘察、设计、施工、监理等活动的国有企事业单位、私营企业、中外合资经营企业，以及从事建筑活动的个人，如注册建筑师、注册建造师、注册造价工程师、注册监理工程师等。

2）各级依法对建筑活动实施监督管理的政府机关，包括建设行政主管部门和其他有关主管部门。包括对从事建筑活动的施工企业、勘察单位、设计单位和工程监理单位进行资质审查，依法办理资质等级证书；对建设工程的招标投标活动进行监督管理；对违反本法的行为实施行政处罚等政府机关。

（3）调整的对象

各类房屋建筑及其附属设施的建造和与其配套的线路、管道、设备的安装活动都是本法调整的对象。

所谓“各类房屋建筑”，是指具有顶盖梁柱和墙壁，供人民生产生活等使用的建筑物，包括民用住宅、厂房、仓库、办公楼、影剧院、体育馆等各类房屋。建筑的“附属设施”，是指与房屋建筑配套建造的围墙、水塔、锅炉房等附属的建筑设施。“配套的线路、管道、设备的安装活动”，是指与建筑配套的电气、通信、煤气、给水、排水、供热通风、电梯、消防等线路、管道和设备的安装活动。

小型房屋、临时性房屋、农民自建低层住宅、抢险救灾工程、古建筑修缮、军用房屋等工程因具有自身的特殊性，《建筑法》不能完全适应，在附则中作了一些补充。抢险救灾及其他临时性房屋建筑和农民自建低层住宅的建筑活动，不适用《建筑法》。

2.1.2 《建筑法》中确立的基本制度

《建筑法》确立了建筑许可、建筑工程的发包与承包、建筑工程监理、建筑安全生产管理、建筑工程质量管理五项基本制度。

1. 建筑许可制度

建筑许可制度是建筑工程的许可制度和从事建筑活动的单位与个人从业资格制度所作的规定。实施建筑工程施工许可制度，既可以监督建设单位尽快建成拟建项目，防止土地闲置；又能保证建设项目开工后能够顺利进行，避免由于不具备条件而盲目开工，给参与建设的各方造成不必要的损失；同时也有助于建设行政主管部门对在建项目实施有效的监督管理。实行从事建筑活动的单位资质制度和个人资格制度，有利于从事建筑活动的单位和个人的素质提高，确保工程质量和投资效益。

2. 建筑工程的发包与承包制度

建筑工程发包与承包制度，对鼓励竞争，防止垄断，提高工程质量，控制工程造价和工期的市场经济建设起到了良好的促进作用。

3. 建筑工程监理制度

建筑工程监理，是指针对工程建设项目，具有相应资质的工程监理单位，接受建设单位的委托和授权，根据国家批准的工程项目建设文件，有关工程建设的法律、行政法规和工程建设委托监理合同、其他工程建设合同，承担项目管理工作，并代表建设单位对承建单位的建设行为进行监控的专业化的有偿技术服务活动。在发包商和承包商之间，引进第三方进行制约和监督对工程项目进行科学管理，对保证工程项目质量、工期、投资、安全目标的实现有着十分重要的意义。

4. 建筑安全生产管理制度

建筑安全生产管理，是指建设行政主管部门、建筑安全监督管理机构、建筑施工企业及其有关单位对建筑生产过程中的安全工作，包括施工现场的人身安全、财产设备等的安全，所进行的计划、组织、指挥、控制、监督等一系列的管理活动。目的是保证建筑工程安全和从业人员的人身安全。

5. 建筑工程质量管理制度

建筑工程质量管理一直是国家工程建设管理的重要内容，这种管理贯穿在工程的全过程和各个环节，包括规划、招投标、施工、验收等方面，以及发包单位和承包单位。建筑法中确立的建筑工程质量管理法律制度共涉及 12 个法律条文。建筑工程质量管理所涉及的主体包括了从事建筑活动的所有各方责任主体，包括建设单位、施工企业、勘察单位、设计单位和工程监理单位以及建筑材料构配件和设备供应单位。建设工程质量管理法律制度中主要有建设工程质量监督制度、建设工程质量检测制度、建筑材料使用许可制度、建设工程质量责任制度、建设工程质量竣工验收制度、建设工程质量保修制度等法律制度。

2.2 工程项目建设程序

2.2.1 工程项目建设程序及其重要性

1. 工程建设的内容

（1）工程建设的含义

是指投资建造固定资产和形成物质基础的经济活动。凡是固定资产扩大再生产的新建、扩建、改建、复建工程及与之相关的活动均称为工程建设。

工程建设是通过勘察、设计和施工等活动，以及与其他相关部门的经济活动来实现的。它包括从资源开发规划，确定工程建设规模、投资结构、建设布局、技术政策和技术结构、环境保护、项目决策，到建筑安装、生产准备、竣工验收、联动试车等一系列复杂的技术经济活动。

（2）工程建设的内容

主要有：建筑工程、机械设备及工器具购置与安装工程，以及工程建设等其他相关工作。

1）建筑工程

建筑工程是指永久性和临时性的各种建筑物和构筑物。如厂房、仓库、住宅、学校、桥梁、体育场等新建、扩建、改建或复建工程；各种民用管道和线路的敷设工程，设备基础以及农田水利工程等。

2）机械设备及工器具购置

机械设备及工器具购置是指按设计文件规定，对用于生产或服务于生产达到固定资产标准的设备、工器具的加工、订购和采购。

3）安装工程

安装工程是指永久性和临时性生产、动力、起重、运输、传动和医疗、试验等设备的装配、安装工程，以及附属于被安装设备的管线敷设、绝缘、保温、刷油等工程。

4）工程建设等其他相关工作

工程建设等其他相关工作是指上述三项工作之外而与建设项目有关的各项工作。其内容因建设项目性质的不同而有所差异，以新建工作而言，主要包括：征地、拆迁、安置，建设场地准备（三通一平），勘察、设计招标，承建单位招标，生产人员培训，生产准备，竣工验收等。

2. 建设项目及其分类

工程建设项目通常简称为建设项目。它是指按照一个总体设计进行施工，可以形成生产能力或使用价值的一个或几个单项工程的总体。在工业建设中，一般以一个工厂为一个建设项目；在民用建设中，一般以一个事业单位，如一所学校、一家医院为一个建设项目。

建设项目可以按不同标准进行分类。

（1）按建设项目的建设性质分类

建设项目按建设性质可分为基本建设项目和更新改造项目。基本建设项目是投资建设用于进行扩大生产能力或增加工程效益为主要目的的工程，包括新建项目、扩建项目、迁建项目和复建项目。

1）新建项目。它是指从无到有的新建设的项目。按现行规定，对原有建设项目重新进行总体设计，经扩大建设规模后，其新增固定资产价值超过原有固定资产价值三倍以上的，也属新建项目。

2）扩建项目。它是指现有企业或事业单位为扩大生产能力或新增效益而增建的主要生产车间或其他工程项目。

3）迁建项目。它是指现有企业或事业单位出于各种原因而搬迁到其他地点的建设项目。

4）复建项目。它是指现有企业或事业单位原有固定资产因遭受自然灾害或人为灾害等原因造成全部或部分报废，而后又重新建设的项目。

更新改造项目是指原有企业或事业单位为提高生产效益，改进产品质量等原因，对原有设备、工艺流程进行技术改造或固定资产更新，以及相应配套的辅助生产、生活福利等工程和有关工作。

（2）按建设项目的用途分类

按建设项目在国民经济各部门中的作用，可分为生产性建设项目和非生产性建设项目。

1）生产性建设项目。它是指直接用于物质生产或满足物质生产需要的建设项目。它包括工业、农业、林业、水利、交通、商业、地质勘探等建设工程。

2）非生产性建设项目。它是指用于满足人们物质文化需要的建设项目。它包括教学楼、住宅、公共建筑和其他建设工程项目。

（3）按建设项目规模分类

根据国家有关规定，基本建设项目可划分为大型建设项目、中型建设项目和小型建设项目；更新改造项目可划分为限额以上项目（能源、交通、原材料工业项目 5000 万元以上，其他项目总投资 3000 万元以上）和限额以下项目两类。

（4）按行业性质和特点分类

按行业性质和特点建设项目可分为竞争性项目、基础性项目和公益性项目。

1）竞争性项目。它主要是指投资效益比较高、竞争性比较强的一般性建设项目。这类项目应以企业为基本投资对象，由企业自主决策、自担投资风险。

2）基础性项目。它主要是指具有自然垄断性、建设周期长、投资额大、收益低的基础设施和需要政府重点扶持的一部分基础工业项目，以及直接增强国力的符合经济规模的支柱产业项目。这类项目主要由政府集中必要的财力、物力，通过经济实体进行投资。

3）公益性项目。它主要包括科技、文教、卫生、体育和环保等设施，公、检、法等政府机关、社会团体的办公设施等。公益性项目的投资主要由政府利用财政资金来安排。

3. 建设项目的组成

建设项目按照建设管理和合理确定工程造价的需要，划分为建设项目、单项工程、单位工程、分部工程和分项工程五个项目层次。

（1）建设项目

建设项目一般是指具有设计任务书和总体规划，经济上实行独立核算，管理上具有独立组织形式的基本建设单位。如一栋住宅楼、一家医院等均为一个建设项目。

（2）单项工程

单项工程又叫工程项目，是建设项目的组成部分。一个建设项目可能是一个单项工程，也可能包括若干个单项工程。单项工程是指具有独立的设计文件，建成后可以独立发挥生产能力和使用效益的工程。如一所学校的教学楼、办公楼、图书馆等，一座工厂中的各个车间、仓库等。

（3）单位工程

单位工程是单项工程的组成部分。单位工程是指具有独立的设计文件，可以独立组织施工，但建成后一般不能独立发挥生产能力和使用效益的工程。如教学楼是一个单项工程，该教学楼的土建工程、室内给排水工程、室内电气照明工程等，均属于单位工程。

（4）分部工程

分部工程是单位工程的组成部分。分部工程是指在一个单位工程中，按工程部位及使用材料和工种进一步划分的工程。如一般土建单位工程的土石方工程、混凝土和钢筋混凝土工程、楼地面工程、屋面工程，均属于分部工程。

（5）分项工程

分项工程是分部工程的组成部分。分项工程是指在一个分部工程中，按不同的施工方法、不同的材料和规格，对分部工程进一步划分的，通过较为简单的施工过程就能完成，以适当的计量单位就可以计算其工程量的基本单元。如砌筑工程可划分为砖基础、内墙、外墙、钢筋砖过梁等分项工程。分项工程没有独立存在的意义，它只是为了便于计算建筑工程造价而分解出来的"假定产品"。

综上所述，一个建设项目通常是由一个或几个单项工程组成的，一个单项工程是由几个单位工程组成的，而一个单位工程又是由若干个分部工程组成的，一个分部工程可按照选用的施工方法、使用材料、结构构件规格的不同等因素划分为若干个分项工程。

4．工程项目建设程序中的阶段划分

（1）工程项目建设的阶段划分

依据我国现行工程项目建设有关程序法规的规定，工程项目建设共分五个阶段：工程项目投资决策阶段、工程项目建设准备阶段、工程项目建设实施阶段、工程竣工验收与保修阶段、工程项目建设后评价阶段。

对于不同的工程建设项目，由于其性质不同、复杂程度不同、规模大小不同，以至在同一阶段内各环节的工作会有一些交叉，有些环节还可省略。因此，在具体执行时，根据各项目的特点，可在严格遵守工程项目建设程序的大前提下，灵活地开展各项工作。

（2）工程项目建设程序的重要性

不管什么工程项目，一般都必须先调查研究而后立项，先选址、勘察而后设计，先设计而后施工等。前一阶段的工作是后一阶段工作的依据、基础或先决条件，没有完成前一阶段的工作，后一阶段的工作就不能进行或无法进行。这种工程项目建设过程中各项工作的先后次序是不可颠倒、不可违反的，如果违反了它，人为地将工程建设的顺序颠倒，就会造成严重的资源浪费和经济损失。

2.2.2 工程建设项目各个阶段的主要内容

1．工程项目投资决策阶段的内容

投资决策是对工程项目投资的合理性进行考察和对工程项目进行选择的阶段。它将从根本上决定其投资效益。在该阶段包含投资意向、投资机会分析、项目建议书、可行性研究和审批立项五个环节。

（1）投资意向

投资意向是投资主体发现社会存在合适的投资机会所产生的投资愿望，它是工程建设活动的起点。

（2）投资机会分析

投资机会分析是投资主体对投资机会所进行的初步考察和分析，在认为机会合适、有良好的预后效益时，则可进行下一步的行动。

（3）项目建议书

项目建议书又称立项报告，是要求建设某一具体工程项目的建议文件。主要是从宏观上来分析项目建设的必要性，同时初步分析建设的可能性，看其是否具备建设条件，是否值得投资。经批准的项目建议书是编制可行性研究报告和作为拟建项目立项的依据。

（4）可行性研究

项目建议书一经批准，即可着手进行可行性研究，对项目在技术上是否可行和经济上是否合理进行科学的分析和论证。承担可行性研究工作的单位应是经过资格审定的规划、设计和工程咨询单位。通过对建设项目在技术、工程和经济上的合理性进行全面分析论证和多种方案比较，提出评价意见，所有基建项目都要在可行性研究通过的基础上，选择经济效益最好的方案编制可行性研究报告。

（5）审批立项

审批立项是有关部门对可行性研究报告的审查批准程序。审查通过后即予以立项，正式进入工程项目建设准备阶段。批准后的可行性研究报告不得随意修改和变更。经过批准的可行性研究报告，是确定建设项目、编制设计文件的依据。

2. 工程项目建设准备阶段的内容

在该阶段包含规划、获取土地使用权、拆迁和工程发包与承包四个环节。

（1）规划

在城市规划区内进行工程建设的，要依法先后领取城市规划行政主管部门核发的"选址意见书"、"建设用地规划许可证"、"建设工程规划许可证"方能进行获取土地使用权、设计、施工等相应建设活动。

（2）获取土地使用权

《中华人民共和国土地管理法》规定："城市市区的土地归国家所有，农村和城市郊区的土地除由法律规定属国家所有者外，属于农民集体所有。工程建设用地都必须通过国家对土地使用权的出让而取得，需在农民集体所有的土地上进行工程建设的，必须先由国家征用农民土地，然后再将土地使用权出让给建设单位或个人。"

（3）拆迁

2011年1月21日起施行的《国有土地上房屋征收与补偿条例》中规定，为了公共利益的需要，征收国有土地上单位、个人的房屋，应当对被征收房屋所有权人（以下称被征收人）给予公平补偿。对被征收房屋价值的补偿，不得低于房屋征收决定公告之日被征收房屋类似房地产的市场价格。因征收房屋造成搬迁的，房屋征收部门应当向被征收人支付搬迁费；选择房屋产权调换的，产权调换房屋交付前，房屋征收部门应当向被征收人支付临时安置费或者提供周转用房。房屋征收部门与被征收人就补偿方式、补偿金额和支付期限、用于产权调换房屋的地点和面积、搬迁费、临时安置费或者周转用房、停产停业损失、搬迁期限、过渡方式和过渡期限等事项，订立补偿协议。

（4）工程发包与承包

建设项目被批准立项，根据规定对拟建工程进行招投标，以择优选定工程勘察设计单位、施工单位、总承包单位和监理单位。

3. 工程项目建设实施阶段的内容

在该阶段包含工程勘察设计、施工准备、工程施工和生产准备四个环节。

（1）工程勘察设计

工程勘察设计文件是制定建设计划、组织施工和控制建设投资的依据，它直接关系着工程质量和将来的使用效果。建设项目的设计过程一般划分为两个阶段，即初步设计和施工图设计。对重大项目和技术复杂项目，可根据不同行业的特点和需要，增加技术设计阶段。即分为初步设计、技术设计和施工图设计三个阶段。

未经原勘察设计单位同意，任何单位和个人不得擅自修改勘察设计文件。

（2）施工准备

施工准备包括施工单位在技术、物资方面的准备和建设单位取得开工许可两方面内容。

施工单位技术、物资方面的准备是指：施工单位在接到施工图后，必须做细致的施工准备工作，以确保工程顺利完成。它包括熟悉、审查图纸，编制施工组织设计，向下属单位进行计划、技术、质量、安全、经济责任的交底，下达施工任务书，准备工程施工所需的设备、材料等活动。

取得开工许可是指建设单位具备申请施工许可证的条件后，可按国家有关规定向工程所在地县级以上人民政府建设行政主管部门申请领取施工许可证，未取得施工许可证的建设单位不得擅自组织开工。

（3）工程施工

工程施工是施工队伍具体配置各种施工要素，将工程设计物化为建筑产品的过程，也是投入劳动量最大、耗费时间较长的工作。其管理水平的高低、工作质量的好坏对建设项目的质量和所产生的效益起着十分重要的作用。

（4）生产准备

生产准备的内容很多，主要有：招收和培训人员，组织人员参加设备安装调试和工程验收；生产管理机构设置、管理制度的制定、生产人员配备；生产技术准备；落实原材料、产品、燃料、水、电的来源及其他需协作配合条件和生产物资的准备。

4. 工程竣工验收与保修阶段的内容

竣工验收是工程建设过程的最后一环，是全面考核基本建设成果、检验设计和工程质量的重要步骤，也是基本建设转入生产或使用的标志。

工程验收合格后，方可交付使用。建设单位收到建设工程竣工报告后，应当组织设计、施工、监理等有关单位进行竣工验收。

竣工验收的依据是已批准的可行性研究报告、初步设计或扩大初步设计、施工图和设备技术说明书以及现行施工技术验收的规范和主管部门（公司）有关审批、修改、调整的文件等。交付使用后，在保修期内发生质量问题，施工单位实行质量保修制度。

5. 工程项目建设后评价的内容

工程项目建设后评价是工程项目竣工投产、生产运营一段时间后，再对项目的立项决策、设计施工、竣工投产、生产运营等全过程进行系统评价的一种技术经济活动，是固定资产投资管理的一项重要的内容，也是固定资产投资管理的最后一个环节。

并不是所有的建设项目都要进行后评价，一般在投资额度大，专业性强，影响范围大，具有示范性的项目中开展。

2.3 建筑法律制度

2.3.1 建筑工程报建制度

为有效掌握建设规模，规范工程建设实施阶段程序管理，统一工程项目报建的有关规定，达到加强建筑市场管理的目的，我国实行建筑工程报建制度。

1. 报建制度概念

工程建设项目由建设单位或其代理机构在工程项目可行性研究报告或其他立项文件被批准后，须向当地建设行政主管部门或其授权机构进行报建，交验工程项目立项的批准文件，包括银行出具的资信证明以及批准的建设用地等其他有关文件。

2. 实行报建制度的工程范围

《工程建设项目报建管理办法》第十条规定，本办法适用我国境内兴建的所有工程建设项目，以及外国独资、合资、合作的工程建设项目。

凡在我国境内投资兴建的工程建设项目，都必须实行报建制度，接受当地建设行政主管部门或其授权机构的监督管理。工程建设项目是指各类房屋建筑、土木工程、设备安装、管道线路敷设、装饰装修等固定资产投资的新建、扩建、改建以及技改等建设项目。

3. 报建内容

工程建设项目的报建内容主要包括：工程名称，建设地点，投资规模，资金来源，当年投资额，工程规模，开工、竣工日期，发包方式，工程筹建情况。

4. 报建程序

（1）建设单位到建设行政主管部门或其授权机构领取《工程建设项目报建表》。

（2）按报建表的内容及要求认真填写。

（3）向建设行政主管部门或其授权机构报送《工程建设项目报建表》，并按要求进行招标准备。

工程建设项目报建实行分级管理，分管的权限由各地自行规定。工程建设项目的投资和建设规模有变化时，建设单位应及时到建设行政主管部门或其授权机构进行补充登记。筹建负责人变更时，应重新登记。

凡未报建的工程建设项目，不得办理招投标手续和发放施工许可证，设计、施工单位不得承接该项工程的设计和施工任务。

5. 建设行政主管部门管理措施

建设行政主管部门贯彻实施《建筑市场管理规定》和有关的方针政策，管理监督工程项目的报建登记。对报建的工程建设项目进行核实、分类、汇总，向上级主管机关提供综合的工程建设项目报建情况，查处隐瞒不报、违章建设的行为。

2.3.2 建筑工程许可制度

建筑许可，是指建设行政主管部门或其他有关行政主管部门依法准许、变更和终止公民、法人或非法人组织从事建设活动的具体行政行为。建筑工程许可制度主要分为建筑工程施工许可制度和从业许可制度。这一单元主要讲建筑工程施工许可制度。

施工许可制度，是指由国家授权有关建设行政主管部门，在建筑工程施工前，根据建设单位申请，对该项工程是否符合法定的开工条件进行审查，对符合条件的工程发给施工许可证，允许建设单位开工建设的制度。

1. 施工许可证的适用范围

（1）需要办理施工许可证的建设工程

根据《建筑法》第七条规定，工程开工前，建设单位应当按照国家有关规定向工程所在地县级以上人民政府建设行政主管部门申请领取施工许可证，但是，国务院建设行政主管部门确定的限额以下的小型工程除外。

（2）不需要办理施工许可证的建设工程

1）限额以下的小型工程

《建筑工程施工许可管理办法》规定：工程投资额在30万元以下或者建筑面积在300m² 以下的建筑工程，可以不申请办理施工许可证。省、自治区、直辖市人民政府建设行政主管部门可以根据当地的实际情况，对限额进行调整，并报国务院建设行政主管部门备案。

2）抢险救灾等工程

《建筑法》规定，抢险救灾及其他临时性房屋建筑和农民自建低层住宅的建筑活动，不适用本法。这几类工程有其特殊性，应从实际出发，不需办理施工许可证。军用房屋建筑工程是否实行施工许可由国务院、中央军委会另行规定。

2. 施工许可证的申领主体

《建筑法》规定，建筑工程开工前，建设单位应当按照国家有关规定向工程所在地县级以上人民政府建设行政主管部门申请领取施工许可证。

建设单位（又称业主或项目法人）是建设项目的投资者。施工许可证的申请领取，应该是由建设单位来负责，而不是施工单位或其他单位。

3. 申请领取施工许可证，应当具备下列条件

（1）已经办理该建筑工程用地批准手续

根据《城市房地产管理法》、《土地管理法》的规定，建设单位取得建筑工程用地土地使用权，可以通过两种方式即出让和划拨。

（2）在城市规划区的建筑工程，已经取得规划许可证

根据《城市规划法》的规定，规划许可证包括建设用地规划许可证和建设工程规划许可证。

（3）施工场地已经基本具备施工条件，需要拆迁的，其拆迁进度符合施工要求

这里的拆迁一般是指房屋拆迁。拆迁是一项复杂的综合性工作，必须按计划和施工进度要求进行，过早过迟都会造成损失和浪费。需要先期进行拆迁的，拆迁进度必须能满足建设工程开始和连续施工的要求。这也是申办施工许可证的基本条件之一。

（4）已经确定施工企业

建设单位确定建筑施工企业应当通过公开招标或邀请招标，公平、公正进行开标、评标、决标，择优选定建筑施工企业。按照规定应该招标的工程没有招标，应该公开招标的工程没有公开招标，或者肢解发包工程，以及将工程发包给不具备相应资质条件的，所确定的施工企业无效。

（5）有满足施工需要的施工图纸及技术资料，施工图设计文件已按规定进行了审查

施工图纸是实现建筑工程的最根本的技术文件，也是在施工过程中保证施工质量的重要依据。这就要求设计单位按工程的施工顺序和施工进度安排好施工图纸的配套交付计划，保证施工的需要。因此，在建筑工程开工前，必须要有满足施工需要的施工图纸和技术资料。

技术资料包括地形、地质、水文、气象等自然条件资料和主要原材料、燃料来源、水电供应和运输条件等技术经济条件资料。国家实施施工图设计文件审查制度。

（6）有保证工程质量和安全的具体措施

《建设工程质量管理条例》规定，建设单位在领取施工许可证或者开工报告前，应当按照国家有关规定办理工程质量监督手续。建设单位在申请领取施工许可证时，应当提供建设工程有关安全施工措施的资料。建设行政主管部门在审核发放施工许可证时，应当对建设工程是否有安全施工措施进行审查，对没有安全施工措施的，不得颁发施工许可证。

施工组织设计的编制是施工准备工作的中心环节，其编制的好坏直接影响建设工程质量和安全生产，影响组织施工能否顺利进行，施工组织设计由施工企业负责编制，并按照其隶属关系及建设工程的性质、规模、技术简繁等进行审批。

（7）建设资金已经落实

建设资金的落实是建筑工程开工后顺利实施的关键。《建筑工程施工许可管理办法》明确规定，建设工期不足 1 年的，到位资金原则上不得少于工程合同价的 50%，建设工期超过 1 年的，到位资金原则上不得少于工程合同价的 30%。建设单位应当提供银行出具的到位资金证明，有条件的可以实行银行付款保函或者其他第三方担保。

（8）法律、行政法规规定的其他条件

《建筑法》为今后法律、行政法规可能规定的施工许可证申领条件作了特别规定。目前，已增加的施工许可证申领条件主要是监理和消防设计审核。

1）按照《建筑法》的规定，国务院可以规定实行强制监理的建筑工程的范围。为此，《建设工程质量管理条例》明确规定国家重点建设工程，大中型公用事业工程，成片开发建设的住宅小区工程，用外国政府或者国际组织贷款、援助资金的工程，国家规定必须实行监理的其他工程必须实行监理。

2）《消防法》规定，依法应当经公安机关消防机构进行消防设计审核的建设工程，未经依法审核或者审核不合格的，负责审批该工程施工许可证的部门不得给予施工许可证，建设单位、施工单位不得施工；其他建设工程取得施工许可证后经依法抽查不合格的，应当停止施工。

需要注意的是，上述 8 个方面的法定条件必须同时具备，缺一不可。建设行政主管部门应当自收到申请之日起 15 日内，对符合条件的申请颁发施工许可证。

4. 施工许可证的有效条件和延期的限制

根据《建筑法》第九条规定，施工许可证的有效条件和延期的限制包括以下几个方面：

（1）建设单位应当自领取施工许可证之日起三个月内开工。所谓领取施工许可证之日，是指建设行政主管部门将施工许可证交给建设单位之日，自该日起三个月内开工。

（2）建设单位因客观原因可以延期，但不得无故拖延开工。这里的客观原因一般是指："三通一平"（通水、通电、通道路、场地平整）没有完成，材料、构件、必要的施工设备等没有按计划进场。

（3）延期最多两次，每次期限均不得超过三个月。延期必须有原因，原因应当是合理的，比如法律上规定的不可抗力的原因就是合理原因。延期最多为两次，延期最长六个月，再加上领取施工许可证之日起三个月内开工时间，建设单位开工期限最长时间为九个月。

建筑工程自颁发施工许可证之日起，不论何种原因，均须在九个月内开工，否则施工许可证自行废止。

2.3.3 建筑工程监理制度

1. 工程建设监理概念与性质

（1）工程建设监理概念

监理即监督和管理。建设工程监理也称工程建设监理，是指针对工程建设项目，由社会化、专业化的工程建设监理单位接受业主的委托和授权，根据国家批准的工程项目建设文件、有关工程建设的法律、法规和工程建设监理合同以及其他工程建设合同所进行的旨在实现项目投资目的的微观监督管理活动。

《建筑法》专门列出了"建筑工程监理"一章，从第三十条至第三十五条，对建筑工程监理的性质、含义、作用、范围、任务以及责、权、利等，第一次以法律的形式做出了规定。2001年，建设部发布了《工程监理企业资质管理规定》（以下简称《规定》），2007年又对该《规定》作了全面修订，《规定》对工程监理企业的资质等级、资质标准、申请与审批、业务范围等进行了规范。

（2）工程建设监理的性质

工程监理是一种特殊的与其他工程建设活动有着明显区别和差异的工程建设活动。

1）服务性

工程监理既不同于承包商的直接生产活动，也不同于业主的直接投资活动。它不需要投入大量资金、材料、设备、劳动力，只是在工程项目建设过程中，监理人员利用自己的工程建设方面的知识、技能和经验、信息以及必要的试验、检测手段为客户提供专业性、高智能的监督管理服务，以满足项目业主对项目管理的需要。但工程建设监理单位不能完全取代建设单位的管理活动。

2）独立性

监理单位是直接参与工程项目建设的"三方当事人"之一，它与项目业主、承包商之间的关系是平等的、横向的。为了保证工程建设监理行业的独立性，从事这一行业的监理单位和监理工程师必须与某些行业或单位断绝人事上的依附关系以及经济上的隶属或经营关系，也不能从事这些行业的工作。

3）公正性

由于建设监理制度赋予了监理单位在工程项目建设中具有监督管理的权力。被监理方必须接受监理方的监督管理。所以，要求监理单位能够办事公道，公正地开展工程建设监理活动。

4）科学性

工程建设监理是一种专业性、高智能的技术服务，要求从事工程建设监理活动必须遵循科学准则。工程建设监理提供的是技术服务，这就要求监理单位和监理工程师在开展监理服务时能够提供科学含量高的服务，以创造更大的价值。

5）工程建设监理与政府工程质量监督的区别

它们都属于工程建设领域的监督管理活动。但是工程建设监理属于社会的、民间的行为，后者属于政府行为。工程建设监理发生在工程项目组织系统范围内的平等主体之间的横向监督管理，而政府工程质量监督则是系统外的纵向监督管理行为。因此，它们在性质、任务、范围、工作深度和广度以及方法、手段等多方面存在着明显差异。

2. 工程建设监理的依据和工作内容

（1）工程建设监理的依据是国家或部门制定颁布的法律、法规、规章；国家现行的技术规范、技术标准、规程和工程质量验评标准；经审查批准的建设文件、设计文件和设计图纸；依法签订的各类工程合同文件等。

（2）工程建设强制监理的范围

根据原建设部 2001 年 1 月 17 日颁布的《建设工程监理范围和规模标准规定》，下列建设工程必须实行监理：

1）国家重点建设工程，是指依据《国家重点建设项目管理办法》所确定的对国民经济和社会发展有重大影响的骨干项目。

2）大中型公用事业工程

是指项目总投资额在 3000 万元以上的下列工程项目：供水、供电、供气、供热等市政工程项目；科技、教育、文化等项目；体育、旅游、商业等项目；卫生、社会、福利等项目；其他公共事业项目。

3）成片开发建设的住宅小区工程

其中，建筑面积在 5 万 m² 以上的住宅建设工程必须实行监理；5 万 m² 以下的住宅建设工程，可以实行监理，具体范围和规模标准，由省、自治区、直辖市人民政府建设行政主管部门规定；为了保证住宅质量，对高层住宅及地基、结构复杂的多层住宅应当实行监理。

4）利用外国政府或者国际组织贷款、援助资金的工程

这类工程包括：使用世界银行、亚洲开发银行等国际组织贷款资金的项目；使用国外政府及其机构贷款资金的项目；使用国际组织或者国外政府援助资金的项目。

5）国家规定必须实行监理的其他工程项目

主要是指学校、影剧院、体育场馆项目以及总投资额在 3000 万元以上关系社会公共利益、公众安全的工业、交通、信息、水利、生态保护等基础设施建设项目。工程建设监理的范围应包括工程建设的全过程，即工程立项、勘察、设计、施工、材料设备采购、设备安装调试环节，对工期、质量、造价、安全等诸方面进行监督管理。

3. 工程建设监理的任务和权限

工程建设监理的中心工作是进行项目目标控制，即投资、工期和质量的控制。在项目内部的管理主要是合同和信息管理，对项目外部主要是组织协调与监督。合同是控制、管理、协调的主要依据。

（1）工程监理的任务

概括起来建设工程监理的任务即"三控制、两管理、一协调"共六项任务。

1）"三控制"

"三控制"即质量控制、工期控制和投资控制。要达到高标准的工程质量，工期就要长一点，投资很有可能要增加一些。要缩短工期，质量就可能低一些，投资也可能多一点。一般来说，三项目标不可能同时达到最佳状态。工程建设监理的任务就是根据业主的不同侧重要求，尽力实现三项目标接近最佳状态的控制。

2）"两管理"

"两管理"指对工程建设承发包合同的管理和工程建设过程中有关信息的管理。

承发包合同管理是建设工程监理的主要工作内容，是实现三大目标控制的手段。其表

现形式就是定期和不定期地核查承发包合同的实施情况，纠正实施中出现的偏差，提出新一阶段执行承发包合同的预控性意见。

信息管理，是指信息收集、整理、存储、传递和应用等一系列工作的总称。

3）"一协调"

"一协调"是指协调参与某项工程建设的各方的工作关系。这项工作一般是通过定期和不定期召开会议的形式来完成的，或者通过分别沟通情况的方式，达到统一意见、协调一致的目的。

（2）建设工程监理的权限

《建筑法》规定了工程监理人员的监理权限和义务：工程监理人员认为工程施工不符合工程设计要求、施工技术标准和合同约定的，有权要求建筑施工企业改正。工程监理人员发现工程设计不符合建筑工程质量标准或者合同约定的质量要求的，应当报告建设单位要求设计单位改正。

4. 监理单位的权利、义务、法律责任

（1）监理单位在建设单位委托的工程范围内，享有以下权利：

1）选择工程总承包人的建议权，选择工程分包人的认可权。

2）对工程建设有关事项包括工程规模、设计标准、规划设计、生产工艺设计和使用功能要求，向建设单位提出建议。

3）对工程设计中的技术问题，按照安全和优化的原则，向设计单位提出建议。

4）审批工程施工组织设计和技术方案，按照保质量、保工期和降低成本的原则，向承包人提出建议，并向建设单位提出书面报告。

5）主持工程建设各有关协作单位的组织协调工作，重要协调事项应当事先向建设单位报告。

6）发布开工令、停工令、复工令，但应当事先向建设单位报告。

7）工程建设中使用的材料和施工质量的检验权、工程施工进度的检查、监督权，以及工程实际竣工日期提前或超过工程施工合同规定期限的签认权。

8）在工程施工合同约定的工程价格范围内，工程款支付的审核和签认权，以及工程结算确认权与否决权，未经总监理工程师签字确认，建设单位不支付工程款。

9）监理单位在建设单位授权下，可对任何承包人合同规定的义务提出变更。

10）在委托监理的工程范围内，建设单位或承包人对对方的任何意见和要求，必须首先向监理机构提出，由监理机构研究后提出处置意见，再同双方协商确定。

（2）监理单位的义务

1）按合同约定派出监理工作需要的监理机构及监理人员；向建设单位报送委派的总监理工程师及其监理机构主要成员名单和监理规划；完成监理合同专用条件中约定的监理工程的监理业务；按合同约定定期向建设单位报告监理工作。

2）应当认真、勤奋地工作，为建设单位提供与其水平相应的咨询意见，公正维护建设各方的合法权益。

3）使用建设单位提供的设施和物品，在监理工作完成或中止时，其设施和剩余的物品按合同约定的时间和方式移交给建设单位。

4）无论在合同期内还是在合同终止后，未征得有关方同意，不得泄露与本工程、本业务有关的保密资料。

（3）监理单位的法律责任

1）建设工程监理单位应当在资质等级许可的监理范围内，承担工程监理业务；应当根据建设单位的委托，客观、公正地执行监理任务。

2）建设工程监理单位与被监理工程的承包单位以及建筑材料、建筑构配件和设备供应单位不得有隶属关系或者其他利害关系。

3）建设工程监理单位不得转让工程监理业务。

4）建设工程监理单位不按照委托监理合同的约定履行监理义务，对应当监督检查的项目不检查或者不按规定检查，给建设单位造成损失的，应当承担相应的赔偿责任。

5）建设工程监理单位与承包单位串通，为承包单位牟取非法利益，给建设单位造成损失的，应当与承包单位承担连带赔偿责任。

2.4 建筑法律责任

2.4.1 建筑法律责任的类型

1. 建筑法律责任的概念

建筑法律责任是建筑法规中的重要组成部分。建筑法律责任是指在建筑法律关系中的主体违反了建筑法律制度，根据法律规定必须承担的消极的法律后果。建筑法律关系中的管理机关、建设单位、勘察设计单位、施工单位和监理单位等是承担建筑法律责任的主体。

2. 建筑法律责任的类型

法律责任是具有强制性的，建筑法律关系的主体不履行建筑法规中规定的义务，由国家司法机关、建设行政主管部门或其他有关主管部门等专门机构予以追究。

在建筑法律责任中，按照违法行为所违反法律的性质，可将建筑法律责任分为建筑行政法律责任、建筑民事法律责任、建筑刑事法律责任，其中以行政法律责任为最主要的责任形式。

（1）民事法律责任，是指民事主体因损害他人的合法权益，或者不按法律规定或合同约定履行民事义务，依照民事法律规范所应承担的法律后果。

（2）行政法律责任，是指当事人因为实施了违反有关行政管理的法律、法规或者规章的行为而引起的行政上必须承担的法律后果。

（3）刑事法律责任，是指因实施严重危害社会、依照刑事法律的规定构成犯罪的行为所应承担的法律后果。

2.4.2 违法行为与法律责任

《建筑法》的第七章共十七条，分别对下列建筑违法行为应承担的民事法律责任、行政法律责任作了规定；对其中构成犯罪的行为，要依法追究刑事法律责任。概要的说明如下：

1. 应承担民事法律责任的违法行为

民事法律责任的特点主要是以补偿性为主。建筑工程涉及的民事责任包括了勘察设计单位、施工单位、监理单位的民事责任，在责任形式上包括了赔偿损失、排除妨碍、消除危险、返工等，常有以下几种情况：

（1）建筑施工企业转让、出借资质证书或以其他方式允许他人以本企业的名义承揽工程，对因该工程不符合规定的质量标准造成的损失，建筑施工企业与使用本企业名义的单位或个人应承担连带赔偿责任。

（2）建筑承包单位擅自将工程转包或违法分包。对因转包工程或违法分包工程不符合规定的质量标准造成的损失，建筑承包单位应与转包或分包单位承担连带赔偿责任。

（3）建筑施工企业在施工中偷工减料，使用不合格的建筑材料、构配件、设备的，或不按工程设计图纸或技术标准施工的行为，造成建筑工程质量不符合规定的质量标准，应承担返工、修理并赔偿因此造成的损失。

（4）建筑施工企业不履行保修义务或拖延履行保修义务的，对在保修期内屋顶、墙面渗透、开裂等质量缺陷造成的损失，应承担赔偿责任。

（5）涉及建筑主体和承重结构变动的建筑装修工程擅自施工，造成损失的，承担赔偿责任。

（6）建筑设计单位不按照建筑工程质量、安全标准进行设计，造成损失的，应承担赔偿责任。

（7）工程监理单位与建设单位或者施工单位串通，弄虚作假，降低工程质量，造成损失的，应承担连带赔偿责任。

（8）负责颁发建筑工程施工许可证的部门及其工作人员对不符合施工条件的建筑工程颁发施工许可证，负责工程质量监督检查或竣工验收部门及其工作人员对不合格建筑工程出具质量合格文件或者按合格工程验收，造成损失的，由该部门承担相应的赔偿责任。

凡是因建筑工程质量不合格给他人造成的损害，包括人身伤害和财产损失，有关责任者都应当承担赔偿责任。

2. 应承担行政法律责任的违法行为

《建筑法》中规定的行政处罚有5类，即罚款；没收违法所得；责令停业整顿；降低资质等级；吊销资质证书。罚款和没收违法所得，由建设行政主管部门或者有关部门依照法律和国务院规定的职权范围决定。责令停业整顿、降低资质等级或吊销资质证书的行政处罚，由颁发资质证书的行政机关决定。

（1）建筑施工企业转让、出借资质证书或者以其他方式允许他人以本企业的名义承揽工程的，责令其改正，没收违法所得，并处罚款，可以责令停业整顿，降低资质等级；情节严重的，吊销资质证书。

（2）建筑施工企业对建筑安全事故隐患不采取措施予以消除的，责令改正，处以罚款；情节严重的，责令停业整顿，降低资质等级或者吊销资质证书。

（3）建筑施工企业在施工中偷工减料的，使用不合格的建筑材料、建筑构配件和设备的，或者有其他不按照工程设计图纸或者施工技术标准施工的行为的，责令改正，处以罚款；情节严重的，责令停业整顿，降低其资质等级或者吊销资质证书。

"情节严重"，包括在建筑工程的主体或承重结构等关键部位进行偷工减料、使用不合格的建筑材料或者有其他不按设计图纸及施工技术标准进行施工，给工程留下严重质量隐患，甚至因此造成严重质量事故的；偷工减料或者使用不合格的建筑材料、建筑构配件和设备数额较大的；以及多次发生偷工减料、使用不合格的建筑材料、建筑构配件和设备的违法行为的情况。

（4）建筑施工企业不依法履行保修义务或者拖延履行保修义务的，责令改正，可以处以罚款。由有关行政执法机关根据其违法行为的情节轻重、影响大小等因素决定，可以处罚款，也可不予以处罚款。

（5）未取得施工许可证或者开工报告未经批准擅自施工的，责令改正，对不符合开工条件的，则应责令建设单位停止施工；可以处以罚款。是否处以罚款由本法规定的行政执法部门根据违法行为的情节、影响大小等具体情况决定。

（6）涉及建筑主体或者承重结构变动的装修工程擅自施工的，责令改正，处以罚款。

（7）负责颁发建筑工程施工许可证的部门及其工作人员对不符合施工条件的建筑工程颁发施工许可证，负责工程质量监督检查或者竣工验收的部门及其工作人员对不合格的建筑工程出具质量合格文件或者按合格工程验收的，由上级机关责令改正，对责任人员给予相应的行政处分。

（8）未取得资质证书承揽工程的行为的，予以取缔，并处以罚款；有违法所得的，予以没收。

（9）以欺骗手段取得资质证书的，吊销资质证书，处以罚款。

"以欺骗手段取得资质证书的"行为，是指建筑施工企业、勘察单位、设计单位和工程监理单位用瞒报、谎报其拥有的注册资金、专业技术人员、技术装备和已完成的建筑工程业绩等手段欺骗资质等级管理机关取得资质证书的行为。

3. 应承担刑事法律责任的违法行为

（1）建筑施工企业对建筑安全事故隐患不采取措施予以消除，构成犯罪的，依法追究刑事责任。

（2）建筑施工企业的管理人员违章指挥、强令工人冒险作业，因而发生重大伤亡事故或者造成其他严重后果的，依法追究刑事责任。

（3）建筑施工企业在施工中偷工减料的，使用不合格的建筑材料、建筑构配件和设备的，或者有其他不按照工程设计图纸或者施工技术标准施工的行为，构成犯罪的，依法追究刑事责任。

（4）工程监理单位与建设单位或者建筑施工企业串通，弄虚作假、降低工程质量的行为，构成犯罪的，依法追究刑事责任。

（5）涉及建筑主体或者承重结构变动的装修工程擅自施工，构成犯罪的，依法追究刑事责任。

（6）建设单位违法要求建筑设计单位或者建筑施工企业违反建筑工程质量、安全标准，降低工程质量，构成犯罪的，依法追究刑事责任。

（7）建筑设计单位不按照建筑工程质量、安全标准进行设计，构成犯罪的，依法追究刑事责任。

（8）对不具备相应资质等级条件的单位颁发该等级资质证书，构成犯罪的，依法追究刑事责任。应分别依照《刑法》的有关规定追究刑事责任。

（9）负责颁发建筑工程施工许可证的部门及其工作人员对不符合施工条件的建筑工程颁发施工许可证，负责工程质量监督检查或者竣工验收的部门及其工作人员对不合格的建筑工程出具质量合格文件或者按合格工程验收，构成犯罪的，依法追究刑事责任。本条规定所涉及的犯罪，根据不同情况，主要可能构成滥用职权罪、玩忽职守罪和受贿罪。

（10）在工程发包与承包中索贿、受贿、行贿，构成犯罪的，依法追究刑事责任。

2.5 案 例 分 析

【案例 2-1】

1. 背景

某建筑公司甲与医院乙于 2013 年 5 月 26 日签订一份建筑安装工程施工合同。合同规定：建筑公司为医院乙建设一幢面积为 26607m² 的住宅楼。甲按期完工，并向乙发出了竣工通知书。乙请质量监督部门对工程进行了验收，经验收合格后，乙接收了该住宅楼，并与甲按约定的方式和期限进行了工程决算，支付了全部工程款。但是乙单位职工搬入住宅楼的半年后，工程基础出现沉降现象，底层住户家中地板出现较大裂缝。乙认为这是由于甲施工水平低造成工程质量低劣，遂向市人民法院起诉，要求甲在规定期限内无偿返工或修理，并赔偿乙因此遭受的经济损失，承担违约责任。人民法院审理查明，乙单位住宅楼建设工程基础出现沉降现象，是由于提供施工图纸的该市设计院丙的设计不当所致。

2. 问题

此案例中双方矛盾如何处理？

3. 分析

《建筑法》第五十六条规定："建筑工程的勘察、设计单位必须对其勘察、设计的质量负责。勘察、设计文件应当符合有关法律、行政法规的规定和建筑工程质量、安全标准、建筑工程勘察、设计技术规范以及合同的约定。设计文件选用的建筑材料、建筑构配件和设备，应当注明其规格、型号、性能等技术指标，其质量要求必须符合国家规定的标准。"在本案中，由于丙的设计人员的过错，未按合同的规定履行义务，没有为工程施工提供准确的技术资料和依据，直接导致医院住宅楼的基础出现沉降，给乙造成一定的经济损失。但是，工程设计人员的违约行为并没有导致人员伤亡和住宅楼倒塌等重大建筑事故，他们的违约行为符合民事法律责任的构成要件，只承担相应的民事法律责任。因此，乙有权要求丙完善施工图设计，解决工程出现的质量问题，并有权要求丙赔偿因住宅楼工程出现沉降现象给乙及其住户造成的经济损失。

【案例 2-2】

1. 背景

2012 年，某房地产开发公司与某科技公司合作（合并称建设方），共同开发房地产项目。该项目其中一部分为纯住宅工程，另一部分为综合楼，住宅部分手续证件齐全，于 2013 年 4 月已经竣工验收。由于建设双方对综合楼的建设计划意见未统一，从而使综合楼建设工程的各项审批手续未能办理。由于住宅工程已竣工验收，配套工程急需跟上，在综合楼施工许可证未经审核批准的情况下开始施工。该行为被监督执法大队发现后及时制止，并责令停工。

2. 问题

建设方在综合楼项目的建设中有何过错？应如何处理？

3. 分析

本案中，建设方在综合楼项目的建设中违反了《建筑法》第7条规定："建筑工程开工前，建设单位应当按照国家有关规定向工程所在地县级以上人民政府建设行政主管部门申请领取施工许可证。"建设方在未取得施工许可证的情况下擅自开工的行为属于严重的违法行为。

《建设工程质量管理条例》第57条规定："建设单位未取得施工许可证或者开工报告未经批准，擅自施工的，责令停止施工，限期改正，处工程合同价款百分之一以上百分之二以下的罚款。"

据此，该监督执法大队责令其停工的做法是正确的，并应当处以罚款。

【案例2-3】

1. 背景

某镇为改善当地的经济环境，大力发展果品产业。某果品加工厂决定投资800万元建设果汁生产分厂，计划用地30亩，用于水果储存加工。经镇政府土地管理科批准，果品加工厂获批了该项目30亩农用地的《建设用地规划许可证》和《建设工程规划许可证》，并筹备3个月之后开工建设。但在开工不久，县城建局便发现了此项违法建设的工程，责令立即停工，限期补办施工许可证，要处以罚款。

2. 问题

本案中果品加工厂有何违法行为？应如何处理？

3. 分析

《建筑法》第7条规定："建筑工程开工前，建设单位应当按照国家有关规定向所在地县级以上人民政府建设行政主管部门申请领取施工许可证。"该果品加工厂未取得施工许可证，就擅自开工建设，属于违反施工许可法律规定行为。对于此类违法行为，《建筑法》第64条规定："违反本法规定，未取得施工许可证或者开工报告未经批准擅自施工的，责令改正，对不符合开工条件的责令停工，可以处以罚款。"《建筑工程质量管理条例》第57条规定："违反本条例规定，建设单位未取得施工许可证或者开工报告未经批准擅自施工的，责令停止施工，限期整改，处工程合同价价款百分之一以上百分之二以下的罚款。"据此，县城建局有权依法责令其停工，限期补办施工许可证，还可以根据情况处以工程合同价款1％以上2％以下的罚款。

此外，该果品加工厂开工建设依据的《建设用地规划许可证》和《建设工程规划许可证》均为镇政府的土地管理科颁发，超越了《城乡规划法》第37、38、40条所规定的核发权限，还应依法追究有关机构和责任人的法律责任。

【案例2-4】

1. 背景

对黄河某灌区节水改造工程2008年度项目开工报告的批复为：你局2007年12月24日报来的《关于黄河灌区节水改造工程2008年度项目开工的请示》文件已收悉。根据水利部《关于加强水利工程建设项目开工管理工作的通知》有关要求，对你局2008年度大型灌区续建配套与节水改造项目开工条件进行了审查，经研究，批复如下：

黄河灌区节水改造工程2008年度项目的项目法人、设计批复、筹资方案、质量监督、施工监理以及招标投标、工程合同、材料准备等工作符合开工条件的有关要求，同意于2008年元月15日起开工建设该项目。

但是，该项目开工报告被批准后，因故未能按时开工。该水利管理局于 2008 年 3 月 10 日、5 月 10 日两次向省水利厅报告工程项目开工准备的进展情况，一直到 2008 年 7 月 1 日方始开工建设。

2. 问题

该项目是否需重新办理开工报告的批准手续，为什么？

3. 分析

该项目不需要重新办理开工报告的批准手续。根据《建筑法》第 11 条规定，"按照国务院有关规定批准开工报告的建筑工程，因故不能按期开工或者中止施工的，应当及时向批准机关报告情况。因故不能按期开工超过 6 个月的，应当重新办理开工报告的批准手续。"

在本案中，该项目开工报告从被批准到开工建设，虽然一再拖延开工，但是该水利管理局于 2008 年 3 月 10 日、5 月 10 日两次向省水利厅报告工程项目开工准备的进展情况，且延迟开工的期间并未超过 6 个月。因此，按照法律的规定不需要重新办理开工报告的批准手续。

【案例 2-5】

1. 背景：

2009 年，某市一服装厂为扩大生产规模需要建设一栋综合楼，10 层框架结构，建筑面积两万 m^2。通过工程监理招标，该市某建设监理有限公司中标并与该服装厂于 2009 年 7 月 16 日签订了委托监理合同，合同价款 34 万元。通过施工招标，该市某建筑公司中标，并与服装厂于 2009 年 8 月 16 日签订了建设工程施工合同，合同价款 4200 万元。合同签订后，建筑公司进入现场施工。在施工过程中，服装厂发现建筑公司工程进度拖延并出现质量问题，为此双方出现纠纷，并告到当地政府主管部门。当地政府主管部门在了解情况时，发现该服装厂的综合楼工程项目未办理规划许可、施工许可手续。

2. 问题

本案中该服装厂有何违法行为，应该如何处理？

3. 分析

（1）该服装厂未办理综合楼工程项目的规划、施工许可手续，属违法建设项目。根据《建筑法》第 7 条规定，"建筑工程开工前，建设单位应当按照国家有关规定向工程所在地县级以上人民政府建设行政主管部门申请领取施工许可证。"该服装厂未申请领取施工许可证就让建筑公司开工建设，属于违法擅自施工。

（2）该服装厂不具备申请领取施工许可证的条件。根据《建筑法》第 8 条第二款中规定，"在城市规划区的建筑工程，已经取得规划许可证"。该服装厂未办理该项工程的规划许可证，不具备申请领取施工许可证的条件。所以，该服装厂即使申请也不可能获得施工许可证。

（3）该服装厂应该承担的法律责任。根据《建筑法》第 64 条规定，"未取得施工许可证或者开工报告未经批准擅自施工的，责令改正，不符合开工条件的责令停止施工，可以处以罚款。"《建设工程质量管理条例》第 57 条规定："建设单位未取得施工许可证或者开工报告未经批准，擅自施工的，责令停止施工，限期改正，处工程合同价款 1‰ 以上 2‰ 以下的罚款。"结合本案情况，对该工程应该责令停止施工，限期改正，对建设单位处以罚款，其额度在 42～84 万元之间。

此外，依据《建筑工程施工许可管理办法》第 10 条规定，"对于未取得施工许可证或者违规避办理施工许可证将工程项目分解后擅自施工的，由有管辖权的发证机关责令改正，对于不符合开工条件的，责令停止施工，并对建设单位和施工单位分别处以罚款。"第 13 条规定："本办法中的罚款，法律、法规有幅度规定的从其规定。无幅度规定的，有违法所得的处 5000 元以上 30000 元以下的罚款，没有违法所得的处 5000 元以上 10000 元以下的罚款。"因此，对建筑公司也要处以 5000 元以上 30000 元以下的罚款。

（4）对该服装公司违法不办理规划许可的问题，由城乡规划主管部门依据《城乡规划法》给予相应处罚。至于施工进度、质量等纠纷，应当依据合同的约定，选择和解、调解、仲裁或诉讼等法律途径解决。

【案例 2-6】

1. 背景

王某是某监理公司派出的监理工程师。自 2004 年入驻施工现场之后，王某工作努力，认真负责，积极为施工单位出谋划策，为施工单位解决了不少技术难题。出于感激，施工单位决定每个月为王某提供补助费 1000 元。王某认为自己确实为施工单位作出了不少工作，就收下了这些补助费。

2. 问题

王某可以收下这些补助费吗？

3. 分析

不可以。如果王某收下这些补助费，王某实质上就与施工单位存在了实质上的利害关系，这与《建筑法》不符。

本 章 小 结

根据《建筑法》的规定，建筑许可包括三种制度，即：建筑工程的施工许可制度、从事建筑活动单位的资质制度、个人的资格制度。工程开工前，建设单位应当按照国家有关规定向工程所在地县级以上人民政府建设行政主管部门申请领取施工许可证，但是，国务院建设行政主管部门确定的限额以下的小型工程除外。

工程建设项目由建设单位或其代理机构在工程项目可行性研究报告或其他立项文件被批准后，须向当地建设行政主管部门或其授权机构进行报建，交验工程项目立项的批准文件，包括银行出具的资信证明以及批准的建设用地等其他有关文件。

工程建设监理是指具有相应资质的工程监理单位，接受建设单位的委托和授权，根据国家批准的工程项目建设文件，有关工程建设的法律、法规和工程建设监理合同以及其他工程建设合同，承担其项目管理工作，并代表建设单位对承建单位的建设行为进行监控的专业化的服务活动。其工作任务是"三控两管一协调"。

思 考 与 练 习 题

思考题：

1. 《建筑法》中确立的基本制度有哪些？

2. 工程项目的建设程序是什么？

3. 简述工程施工许可证的申领时间、申领范围及时效性。

4. 申请领取工程施工许可证应具备哪些条件？

5. 作为监理单位应做好哪些工作？

练习题

单项选择

1.《建筑法》中确立的基本制度不包括（   ）。

A. 建筑许可制度

B. 建筑工程的发包与承包制度

C. 工程建设的保险制度

D. 建筑工程质量管理制度

2. 下列违法行为应承担民事法律责任的是（   ）。

A. 承包单位擅自将工程转包或违法分包，对因转包工程或违法分包工程不符合规定的质量标准造成损失的

B. 建筑施工企业对建筑安全事故隐患不采取措施予以消除的，构成犯罪的

C. 建筑设计单位不按照建筑工程质量、安全标准进行设计的，构成犯罪的

D. 建筑施工企业转让、出借资质证书或者以其他方式允许他人以本企业的名义承揽工程责令停业整顿的

3. 下列选项中哪一个不是工程项目投资决策阶段的内容（   ）。

A. 编制项目建议书   B. 编制科研报告

C. 立项审批   D. 工程施工

4. 建筑工程开工前，（   ）应当按照国家有关规定申请领取施工许可证。

A. 施工单位   B. 建设单位   C. 设计单位   D. 监理单位

5. 工程开工前，向工程所在地（   ）以上人民政府建设行政主管部门申领施工许可证。

A. 乡级   B. 县级   C. 市级   D. 省级

6. 在建的建筑工程因故中止施工的，（   ）应当及时向施工许可证发证机关报告，并按规定做好建筑工程的维护管理工作。

A. 施工单位   B. 建设单位   C. 设计单位   D. 监理单位

7. 建设单位应当自领施工许可证之日起（   ）内开工。

A．1 个月   B. 3 个月   C. 6 个月   D. 1 年

8. 建设单位领取施工许可证后因故不能按期开工的，应当向发证机关申请延期，延期以（   ）为限。

A.1 次   B. 3 次   C.6 个月   D.4 次

9.（   ）不是领取施工许可证必须具备的条件。

A. 已办理建筑工程用地批准手续   B. 建设资金已经落实

C. 已经确定施工企业   D. 法律法规和规章规定的其他条件

多选题

1. 下列选项中领取建筑工程施工许可证的法律后果有（   ）。

A. 建设单位应当自领取施工许可证之日起三个月内开工

B. 在建的建筑工程因故中止施工的，建设单位应当自中止施工之日起三个月内，向建筑工程施工许可证发证机关报告

C. 中止施工满一年的工程恢复施工前，建设单位应当报建筑工程施工许可证发证机关核验施工许可证

D. 同时发包、同时施工、同时竣工

2. 下列选项中属于建设单位领取施工许可证条件的选项是（　　）。

A. 已经办理了建筑工程用地批准手续

B. 在城市规划区的建筑工程，已经取得建设工程规划许可证

C. 有满足施工需要的施工图纸及技术资料

D. 已经确定施工企业

E. 建设资金正在筹措

教学单元 3 建设工程从业者资格管理制度

[**知识目标**] 了解建设工程从业资格相关法规概述；熟悉建设工程企业资质管理的相关内容；掌握建设工程从业人员资格管理的相关内容。

[**能力目标**] 能说出最新的从业资格法规；能说出不同等级的建设工程企业的类别及等级；能说出建设工程从业人员注册资格的报考条件和考试内容。

3.1 建设工程从业资格相关法规概述

3.1.1 建设工程从业资格法律制度

建设工程种类很多，不同的建设项目，其建设规模和技术要求的复杂程度可能有很大的差别。而从事建筑活动的施工企业、勘察单位、设计单位和工程监理单位的情况也各有不同，有的资本雄厚，专业技术人员较多，有关技术装备齐全，有较强的经济和技术实力，而有的经济和技术实力则比较薄弱，良莠不齐。因此规范建设工程企业的资质与专业技术人员的资格才能保证工程建设的质量和效益，为此我国出台了相关建设工程从业资格法规。

从事建筑活动的建筑施工企业、勘察单位、设计单位和工程监理单位，按照其拥有的注册资本、专业技术人员、技术装备和已完成的建筑工程业绩等资质条件，划分为不同的资质等级，经资质审查合格，取得相应等级的资质证书后，方可在其资质等级许可的范围内从事建筑活动。

从事建筑活动的专业技术人员，应当依法取得相应的执业资格证书，并在执业资格证书许可的范围内从事建筑活动。执业资格制度是指对具备一定专业学历、资历的从事建筑活动的专业技术人员，通过考试和注册确定其执业的技术资格，获得相应建筑工程文件签字权的一种制度。

3.1.2 关于建设工程从业资格管理的法律规定

《建筑法》第十三条明确规定："从事建筑活动的建筑施工企业、勘察单位、设计单位和工程监理单位，按照其拥有的注册资本、专业技术人员、技术装备和已完成的建筑工程业绩等资质条件，划分不同的资质等级，经资质审查合格，取得相应等级资质证书后，方可在其资质等级许可证的范围内从事建筑活动。"这在法律上确定了我国从业资格许可制度。我国在对建筑活动的监督管理中，将从事建筑活动的单位按其具有的不同经济、技术条件，划分为不同的资质等级，并对不同的资质等级的单位所能从事的建筑活动范围作出了明确的规定。

《建筑法》第十四条规定："从事建筑活动的专业技术人员，应当依法取得相应的执业资格证书，并在执业资格证书许可的范围内从事建筑活动。"国家按照有利于经济发展、社会公认、国际可比、事关公共利益的原则，在涉及国家、人民生命财产安全的专业技工作领域，实行专业技术人员执业资格制度。开展职业技能鉴定，推行执业资格证书制度，是我国人力资源开发的一项战略措施。这对于提高劳动者素质，促进劳动力市场的建设以及深化国有企业改革，促进经济发展都具有重要意义。从业资格制度是建立和维护建筑市场的正常秩序，保证建筑工程质量的一项有效措施。

3.2 建设工程企业资质管理

3.2.1 建筑业企业资质管理

1. 建设工程企业资质管理机关

国务院建设行政主管部门负责全国建筑业企业资质、建设工程勘察、设计资质、工程监理企业资质的归口管理工作，国务院铁道、交通、水利、信息产业、民航等有关部门配合国务院建设行政主管部门实施相关资质类别和相应行业企业资质的管理工作。

新设立的企业，应到工商行政管理部门登记注册手续并取得企业法人营业执照后，方可到建设行政主管部门办理资质申请手续。任何单位和个人不得涂改、伪造、出借、转让企业资质证书，不得非法扣押、没收资质证书。

2. 建筑业分类管理

建筑业企业，是指从事土木工程、建筑工程、线路管道设备安装工程、装修工程的新建、扩建、改建等活动的企业。

《建筑业企业资质管理规定》中规定，建筑业企业资质分为施工总承包、专业承包和劳务分包三个序列。施工总承包资质、专业承包资质、劳务分包资质序列按照工程性质和技术特点分别划分为若干资质类别。各资质类别按照规定的条件又划分为若干资质等级。

（1）施工总承包企业可以承揽的业务范围

取得施工总承包资质的企业（以下简称施工总承包企业），可以承接施工总承包工程。施工总承包企业可以对所承接的施工总承包工程内各专业工程全部自行施工，也可以将专业工程或劳务作业依法分包给具有相应资质的专业承包企业和劳务分包企业。

（2）专业承包企业可以承揽的业务范围

取得专业承包资质的企业（以下简称专业承包企业），可以承接施工总承包企业分包的专业工程和建设单位依法发包的专业工程，专业承包企业可以对所承接的专业工程全部自行施工，也可以将劳务作业依法分包给具有相应资质的劳务分包企业。

（3）劳务分包企业可以承揽的业务范围

取得劳务分包资质的企业（以下简称劳务分包企业），可以承接施工总承包企业或专业承包企业分包的劳务作业。

3.2.2 施工企业资质管理

工程建设活动不同于一般的经济活动，其从业单位所具备条件的高低直接影响到建设工程质量和安全生产。因此，从事工程建设活动的单位必须符合相应的资质条件。

1. 施工企业的资质类别和等级

施工总承包、专业承包、劳务分包三个资质序列，分别按照工程性质和技术特点划分为若干资质类别；各资质类别又按照规定的条件划分为若干资质等级。

《建筑业企业资质等级标准》中规定：

（1）施工总承包企业资质序列，划分为房屋建筑工程、公路工程、铁路工程、港口与航道工程、水利水电工程、电力工程、矿山工程、冶炼工程、化工石油工程、市政公用工程、通信工程、机电安装工程等12个资质类别；每个资质类别划分3至4个资质等级，即特级、一级、二级或特级、一级至三级。

（2）专业承包企业资质序列，划分为地基与基础工程、土石方工程、建筑装修装饰工程、建筑幕墙工程、预拌商品混凝土、混凝土预制构件、园林古建筑工程、钢结构工程、高耸构筑物、电梯安装工程、消防设施工程、建筑防水工程、防腐保温工程、附着升降脚手架、金属门窗工程、预应力工程、起重设备安装工程、机电设备安装工程、爆破与拆除工程、建筑智能化工程、环保工程、电信工程、电子工程、桥梁工程、隧道工程、公路路面工程、公路路基工程、公路交通工程、铁路电务工程、铁路铺轨架梁工程、铁路电气化工程、机场场道工程、机场空管工程及航站楼弱电系统工程、机场目视助航工程、港口与海岸工程、港口装卸设备安装、航道、通航建筑、航道设备安装、水上交通管制、水工建筑物基础处理、水工金属结构制作与安装、水利水电机电设备安装、河湖整治工程、堤防工程、水工大坝、水工隧洞、火电设备安装、送变电工程、核工业、炉窑、冶炼机电设备安装、化工石油设备管道安装、管道工程、无损检测工程、海洋石油、城市轨道交通、城市及道路照明、体育场地设施、特种专业（建筑物纠偏和平移、结构补强、特殊设备的起吊、特种防雷技术等）共60个资质类别；每个资质类别分为1至3个资质等级或者不分等级。

（3）劳务分包企业资质序列，划分为木工作业、砌筑作业、抹灰作业、石制作、油漆作业、钢筋作业、混凝土作业、脚手架作业、模板作业、焊接作业、水暖电安装、钣金作业、架线作业等13个资质类别；每个资质类别分为一级、二级两个资质等级或者不分等级。

2. 施工企业资质的法定条件

根据《建筑法》、《行政许可法》、《建设工程质量管理条例》、《建设工程安全生产管理条例》等法律、行政法规，2007年6月建设部发布的《建筑业企业资质管理规定》中规定，建筑业企业应当按照其拥有的注册资本、专业技术人员、技术装备和已完成的建筑工程业绩等条件申请资质，经审查合格，取得建筑业企业资质证书后，方可在资质许可的范围内从事建筑施工活动。

（1）有符合规定的注册资本

所有从事工程建设施工活动的企业组织，都必须具备基本的责任承担能力，能够担负与其承包施工工程相适应的财产义务。这既是法律上权利与义务相一致、利益与风险相一致原则的体现，也是维护债权利益的需要。因此，施工企业的注册资本必须能够适应从事施工活动的需要，不得低于最低限额。

建设部2007年3月发布的《施工总承包企业特级资质标准》规定：房屋建筑工程施工总承包企业中特级企业的注册资本金3亿元以上，企业净资产3.6亿元以上；一级企业注册资本金5000万元以上，企业净资产6000万元以上；二级企业注册资本金2000万元以上，企业净资产2500万元以上；三级企业注册资本金600万元以上，企业净资产700万元以上。

（2）有符合规定的专业技术人员

工程建设施工活动是一种专业性、技术性很强的活动。因此，从事工程建设施工活动的企业必须拥有足够的专业技术人员，其中一些专业技术人员还需要通过考试和注册取得法定执业资格。

如房屋建筑工程施工总承包企业中一级企业的企业经理具有 10 年以上从事工程管理工作经历或具有高级职称；总工程师具有 10 年以上从事建筑施工技术管理工作经历并具有本专业高级职称；总会计师具有高级会计职称；总经济师具有高级职称。企业有职称的工程技术和经济管理人员不少于 300 人，其中工程技术人员不少于 200 人；工程技术人员中，具有高级职称的人员不少于 10 人，具有中级职称的人员不少于 60 人。企业具有的一级资质项目经理不少于 12 人。

（3）有符合规定的技术装备

随着工程建设机械化程度的不断提高，大跨度、超高层、结构复杂的建设工程越来越多，施工单位必须使用与其从事施工活动相适应的技术装备。同时，为提高机械设备的使用率和降低施工成本，我国的机械租赁市场发展也很快，许多大中型机械设备都可以采用租赁或融资租赁的方式取得。因此，目前的企业资质标准对技术装备的要求并不多，主要是企业应具有与其承包工程范围相适应的施工机械和质量检测设备。

（4）有符合规定的已完成工程业绩

工程建设施工活动是一项重要的实践活动。有无承担过相应工程的经验及其业绩好坏，是衡量其实际能力和水平的一项重要标准。

3. 施工企业禁止超级承揽工程

《建筑法》和《建设工程质量管理条例》均规定，禁止施工单位超越本单位资质等级许可的业务范围承揽工程。在联合共同承包和分包工程活动中依然存在着超越资质等级承揽工程的问题。

（1）联合共同承包的有关法律规定

《建筑法》规定，两个以上不同资质等级的单位实行联合共同承包的，应当按照资质等级低的单位的业务许可范围承揽工程。

联合共同承包是国际工程承包的一种通行的做法，一般适用于大型或技术复杂的建设工程项目。采用联合承包的方式，可以优势互补，增加中标机会，并可降低承包风险。联合承包各方都必须具有与其承包工程相符合的资质条件，不能超越资质等级去联合承包。如果几个联合承包方的资质等级不一样，则须以低资质等级的承包方为联合承包方的业务许可范围。这样的规定，可有效地避免在实践中以联合承包为借口进行"资质挂靠"的不规范行为。

（2）分包工程的有关法律规定

《建筑法》规定，禁止总承包单位将工程分包给不具备相应资质条件的单位。《房屋建筑和市政基础设施工程施工分包管理办法》进一步规定，分包工程承包人必须具有相应的资质，并在其资质等级许可的范围内承揽业务。

在分包工程活动中，较为常见的越级承揽工程的现象，即施工承包企业将超越劳务企业资质等级或超越劳务范围的工程分包给劳务企业，并签订劳务分包合同。

3.2.3 工程监理、工程勘察、工程设计等企业资质管理

1. 工程监理企业资质管理

《建筑法》第三十一条规定："实行监理的建筑工程，由建设单位委托具有相应资质条件的工程监理单位监理"。第三十四条规定："工程监理单位应在其资质等级许可的监理范围内，承担工程监理业务"。这是政府对从事工程监理的单位资质许可的强制性规定，也是从事监理活动的首要的原则。

工程监理企业资质分为综合资质、专业资质和事务所资质。其中，专业资质按照工程性质和技术特点划分为若干工程类别。

综合资质、事务所资质不分级别。专业资质分为甲级、乙级，其中房屋建筑、水利、水电、公路和市政公用专业资质可设立丙级。

工程监理企业可以开展相应类别建设工程的项目管理、技术咨询等业务。

（1）综合资质可以承揽的业务范围

可以承担所有专业工程类别建设工程项目的工程监理业务。

（2）专业资质可以承揽的业务范围

专业甲级资质可承担相应专业工程类别建设工程项目的工程监理业务。

专业乙级资质可承担相应专业工程类别二级以下（含二级）建设工程项目的工程监理业务。

专业丙级资质可承担相应专业工程类别三级建设工程项目的工程监理业务。

（3）事务所资质可以承揽的业务范围

可承担三级建设工程项目的工程监理业务，但是，国家规定必须实行强制监理的工程除外。

2. 工程勘察资质的分类及可以承揽的业务范围

工程勘察资质分为工程勘察综合资质、工程勘察专业资质、工程勘察劳务资质。

工程勘察综合资质只设甲级；工程勘察专业资质设甲级、乙级，根据工程性质和技术特点，部分专业可以设丙级；工程勘察劳务资质不分等级。

取得工程勘察综合资质的企业，可以承接各专业（海洋工程勘察除外），各等级、各类别工程勘察，专业资质的企业，可以承接相应等级相应专业的工程勘察业务；取得工程勘察劳务资质的企业，可以承接岩土工程治理、工程钻探、凿井等工程勘察劳务业务。

3. 工程设计资质的分类及可以承揽的业务范围

工程设计资质分为工程设计综合资质、工程设计行业资质、工程设计专业资质和工程设计专项资质。

工程设计综合资质只设甲级；工程设计行业资质、工程设计专业资质、工程设计专项资质设甲级、乙级。

根据工程性质和技术特点，个别行业、专业、专项资质可以设丙级，建筑工程专业资质可以设丁级。

取得工程设计综合资质的企业，可以承接各行业、各等级的建设工程设计业务；取得工程设计行业资质的企业，可以承接相应行业相应等级的工程设计业务及本行业范围内同级别的相应专业、专项（设计施工一体化资质除外）工程设计业务；取得工程设计专业资质的企业，可以承接本专业相应等级的专业工程设计业务及同级别的相应专项工程设计业务（设计施工一体化资质除外）；取得工程设计专项资质的企业，可以承接本专项相应等级的专项工程设计业务。

3.2.4 机电安装工程施工总承包企业资质管理

机电安装工程施工总承包企业资质分为一级、二级。下面主要介绍一级资质标准、二级资质标准和各自的工程承包范围。

1. 一级资质标准

（1）企业近5年承担过2项以上单项工程合同额3000万元以上的机电安装工程施工总承包或主体工程承包，工程质量合格。

（2）企业经理具有10年以上从事工程管理工作经历或具有高级职称；总工程师具有10年以上从事施工技术管理工作经历并具有本专业高级职称；总会计师具有高级会计职称；总经济师具有高级职称。

企业有职称工程技术和经济管理人员不少于200人，其中工程技术人员不少于120人；工程技术人员中，具有高级职称的人员不少于20人，具有中级职称的人员不少于60人。企业具有的一级资质项目经理不少于15人。

（3）企业注册资本金5000万元以上，企业净资产6000万元以上。

（4）企业近3年最高年工程结算收入2亿元以上。

（5）企业具有与承包工程范围相适应的施工机械和质量检测设备。

2. 二级资质标准

（1）企业近5年承担过2项以上单项工程合同额1500万元以上机电安装工程施工总承包或主体工程承包，工程质量合格。

（2）企业经理具有8年以上从事工程管理工作经历或具有中级以上职称；技术负责人具有8年以上从事施工技术管理工作经历并具有本专业高级职称，财务负责人具有中级以上会计职称。

企业有职称的工程技术和经济管理人员不少120人。其中工程技术人员不少于80人；工程技术人员中，具有高级职称的人员不少于10人，具有中级职称的人员不少于30人。企业具有的二级资质以上项目经理不少于15人。

（3）企业注册资本金2000万元以上，企业净资产2500万元以上。

（4）企业近3年最高年工程结算收入6000万元以上。

（5）企业具有与承包工程范围相适应的施工机械和质量检测设备。

3. 承包工程范围

一级企业：可承担各类一般工业、公用工程及公共建筑的机电安装工程的施工。

二级企业：可承担投资额3000万元及以下的一般工业、公用工程和公共建筑的机电安装工程的施工。

一般工业机电安装工程是指未列入港口与航道、水利水电、电力、矿山、冶炼、化工石油、通信工程的机械、电子、轻工、纺织及其他工业机电安装工程。

3.2.5 机电设备安装工程专业承包企业资质管理

机电安装是个工程规模比较大的工作，有些大型企业迁移，一个工程就需要花近半年来实施，而且对于安装的技术要求也是相当大的。工程内容包括锅炉、通风空调、制冷、电气、仪表、电机、压缩机机组和广播电影、电视播控等设备。机电设备安装工程专业承包企业资质分为一级、二级、三级。

1. 一级资质标准

（1）企业近 5 年承担过 2 项以上单项工程合同额 1000 万元以上机电设备安装工程，工程质量合格。

（2）企业经理具有 10 年以上从事工程管理工作经历或具有高级职称；总工程师具有 10 年以上从事机电设备安装技术管理工作经历并具有本专业高级职称；总会计师具有高级会计职称。企业有职称的工程技术和经济管理人员不少于 100 人，其中工程技术人员不少于 60 人；工程技术人员中，具有高级职称的人员不少于 10 人，具有中级职称的人员不少于 30 人。企业具有的一级资质项目经理不少于 10 人。

（3）企业注册资本金 1500 万元以上，企业净资产 1800 万元以上。

（4）企业近 3 年最高年工程结算收入 4000 万元以上。

（5）企业具有与承包工程范围相适应的施工机械和质量检测的设备。

2. 二级资质标准

（1）企业近 5 年承担过 2 项以上单项工程合同额 500 万元以上机电设备安装工程，工程质量合格。

（2）企业经理具有 8 年以上从事工程管理工作经历或具有中级职称；技术负责人具有 8 年以上从事机电设备安装技术管理工作经历并具有本专业高级职称；财务负责人具有中级以上会计职称。企业有职称的工程技术和经济管理人员不少于 60 人，其中工程技术人员不少于 30 人；工程技术人员中，具有中级以上职称的人员不少于 20 人。企业具有的二级资质以上项目经理不少于 10 人。

（3）企业注册资本金 800 万元以上，企业净资产 1000 万元以上。

（4）企业近 3 年最高年工程结算收入 2000 万元以上。

（5）企业具有与承包工程范围相适应的施工机械和质量检测设备。

3. 三级资质标准

（1）企业近 5 年承担过 2 项以上单项工程合同额 250 万元以上机电设备安装工程，工程质量合格。

（2）企业经理具有 5 年以上从事工程管理工作经历；技术负责人具有 5 年以上从事机电设备安装技术管理工作经历并具有本专业中级以上职称；财务负责人具有中级以上会计职称。企业有职称的工程技术和经济管理人员不少于 30 人，其中工程技术人员不少于 15 人；工程技术人员中，具有中级以上职称的人员不少于 5 人。企业具有的三级资质以上项目经理不少于 5 人。

（3）企业注册资本金 300 万元以上，企业净资产 360 万元以上。

（4）企业近 3 年最高年工程结算收入 500 万元以上。

（5）企业具有与承包工程范围相适应的施工机械和质量检测设备。

4. 承包工程范围

一级企业：可承担各类一般工业和公共、民用建设项目的设备、线路、管道的安装，35 千伏及以下变配电站工程，非标准钢构件的制作、安装。

二级企业：可承担投资额 1500 万元及以下的一般工业和公共、民用建设项目的设备、线路、管道的安装，10 千伏及以下变配电站工程，非标准钢构件的制作、安装。

三级企业：可承担投资额 800 万元及以下的一般工业和公共、民用建设项目的设备、线路、管道的安装，非标准钢构件的制作、安装。

注：工程内容包括锅炉、通风空调、制冷、电气、仪表、电机、压缩机机组和广播电影、电视播控等设备。

3.2.6　水暖电安装作业分包企业资质管理

1. 资质标准

水暖电安装作业分包企业资质不分等级。根据《建筑业企业资质等级标准》，要求企业注册资本金 30 万元以上；企业具有相应专业助理工程师或技术师以上的技术负责人；企业具有初级以上水暖、电工及管道技术工人不少于 30 人，其中，中、高级工不少于 50％；企业作业人员持证上岗率 100％。企业近 3 年承担过 2 项以上水暖电安装作业分包，工程质量合格。企业具有与作业分包范围相适应的机具。

2. 申请要求

《建筑业企业资质管理规定》第十四条首次申请或者增项申请建筑业企业资质，应当提交以下材料：建筑业企业资质申请表及相应的电子文档；企业法人营业执照副本；企业章程；企业负责人和技术、财务负责人的身份证明、职称证书、任职文件及相关资质标准要求提供的材料；建筑业企业资质申请表中所列注册执业人员的身份证明、注册执业证书；建筑业企业资质标准要求的非注册的专业技术人员的职称证书、身份证明及养老保险凭证；部分资质标准要求企业必须具备的特殊专业技术人员的职称证书、身份证明及养老保险凭证；建筑业企业资质标准要求的企业设备、厂房的相应证明；建筑业企业安全生产条件有关材料；资质标准要求的其他有关材料。

可承担各类工程的水暖电安装作业分包业务，但单项业务合同额不超过企业注册资本金的 5 倍。

3.3　建设工程从业人员执业资格法规

建筑业专业人员执业资格制度指的是我国的建筑业专业人员在各自的专业范围内参加全国或行业组织的统一考试，获得相应的执业资格证书，经注册后在资格许可范围内执业的制度。建筑业专业人员执业资格制度是我国强化市场准入制度、提高项目管理水平的重要举措。

我国目前有多种建筑业专业职业资格，其中主要有：注册结构工程师；注册造价工程师；注册土木（岩土）工程师；注册监理工程师；注册建造工程师；注册设备工程师；注册环评工程师；注册咨询工程师等。

这些不同岗位的执业资格存在许多共同点，这些共同点正是我国建筑专业技术人员执业资格的核心内容。均需要参加统一考试；均需要注册，只有经过注册后才能成为注册执业人员。没有注册的，即使通过了统一考试，也不能以注册工程师的名义去执业。均有各自的执业范围，每个执业资格证书都限定了一定的执业范围，注册执业人员不得超越范围执业。均须接受继续教育，由于知识在不断更新，每一位注册执业人员都必须要及时更新知识，因此必须要接受继续教育。

3.3.1　注册结构工程师

注册结构工程师是指经全国统一考试合格，依法登记注册，取得中华人民共和国注册结构工程师执业资格证书和注册证书，从事房屋结构、桥梁结构及塔架结构等工程设计及相关业务的专业技术人员。全国注册结构工程师执业资格考试分为一级和二级，一级注册结构工程师执业资格考试又分为基础考试和专业考试，二级只设专业考试。

注册结构工程师考试，实行分级考试制。对于备考一级资格证书的人员，只有通过基础考试，并从事结构工程设计或相关业务满规定年限，方可申请参加专业考试。

3.3.2 注册建造师

我国工程建设领域最早建立的执业资格制度是注册建筑师制度，1995年9月国务院颁布了《中华人民共和国注册建筑师条例》；之后又相继建立了注册监理工程师、结构工程师、造价工程师等制度。2002年12月9日人事部、建设部（即现在的人力资源和社会保障部、住房和城乡建设部，下同）联合颁发了《建造师执业资格制度暂行规定》，标志着我国建造师制度的建立和建造师工作的正式启动。

注册建造师是指通过考核认定或考试合格取得中华人民共和国建造师资格证书，并按照规定注册，取得中华人民共和国建造师注册证书和执业印章，担任施工单位项目负责人及从事相关活动的专业技术人员。注册建造师有两个级别，分别是一级建造师和二级建造师。

1. 考试内容和时间

《建造师执业资格制度暂行规定》中规定，一级建造师执业资格考试，分综合知识与能力和专业知识与能力两个部分。执业资格考试设《建设工程经济》、《建设工程法规及相关知识》、《建设工程项目管理》和《专业工程管理与实务》4个科目。目前，《专业工程管理与实务》科目分为：建筑工程、公路工程、铁路工程、民航机场工程、港口与航道工程、水利水电工程、市政公用工程、通信与广电工程、矿业工程、机电工程10个专业类别。考生在报名时可根据实际工作需要选择专业类别。

（1）一级建造师执业资格考试时间定于每年的第三季度。一级建造师执业资格考试分4个半天，以纸笔作答方式进行。《建设工程经济》科目的考试时间为2小时，《建设工程法规及相关知识》和《建设工程项目管理》科目的考试时间均为3小时，《专业工程管理与实务》科目的考试时间为4小时。

（2）二级建造师执业资格考试设《建设工程施工管理》、《建设工程法规及相关知识》、《专业工程管理与实务》3个科目。

符合规定的报名条件，于2003年12月31日前取得建设部颁发的《建筑业企业一级项目经理资质证书》，并符合下列条件之一的人员，可免试《建设工程经济》和《建设工程项目管理》2个科目，只参加《建设工程法规及相关知识》和《专业工程管理与实务》2个科目的考试：一是受聘担任工程或工程经济类高级专业技术职务。二是具有工程类或工程经济类大学专科以上学历并从事建设项目施工管理工作满20年。

2. 报考条件和考试申请

《建造师执业资格制度暂行规定》中规定，凡遵守国家法律、法规，具备下列条件之一者，可以申请参加一级建造师执业资格考试：

（1）取得工程类或工程经济类大学专科学历，工作满6年，其中从事建设工程项目施工管理工作满4年；

（2）取得工程类或工程经济类大学本科学历，工作满4年，其中从事建设工程项目施工管理工作满3年；

（3）取得工程类或工程经济类双学士学位或研究生班毕业，工作满3年，其中从事建设工程项目施工管理工作满2年；

（4）取得工程类或工程经济类硕士学位，工作满2年，其中从事建设工程项目施工管理工作满1年；

（5）取得工程类或工程经济类博士学位，从事建设工程项目施工管理工作满1年。

凡遵纪守法并具备工程类或工程经济类中等专科以上学历并从事建设工程项目施工管理工作满2年，可报名参加二级建造师执业资格考试。已取得一级建造师执业资格证书的人员，还可根据实际工作需要，选择《专业工程管理与实务》科目的相应专业，报名参加考试。考试成绩实行2年为一个周期的滚动管理办法，参加全部4个科目考试的人员须在连续的两个考试年度内通过全部科目，免试部分科目的人员须在一个考试年度内通过应试科目。

一级建造师执业资格证书在全国范围内有效。二级建造师执业资格证书在所在行政区域内有效。

3. 建造师的注册

建设部《注册建造师管理规定》中规定，注册建造师实行注册执业管理制度，注册建造师分为一级注册建造师和二级注册建造师。取得资格证书的人员，经过注册方能以注册建造师的名义执业。

（1）注册申请

应当通过聘用单位向单位工商注册所在地的省、自治区、直辖市人民政府建设行政主管部门提出注册申请。申请初始注册时应当具备以下条件：①经考核认定或考试合格取得资格证书；②受聘于一个相关单位；③达到继续教育要求；④没有《注册建造师管理规定》中规定不予注册的情形。初始注册者，可自资格证书签发之日起3年内提出申请。逾期未申请者，须符合本专业继续教育的要求后方可申请初始注册。

申请初始注册需要提交下列材料：①注册建造师初始注册申请表；②资格证书、学历证书和身份证明复印件；③申请人与聘用单位签订的聘用劳动合同复印件或其他有效证明文件；④逾期申请初始注册的，应当提供达到继续教育要求的证明材料。

（2）延续注册与增项注册

建造师执业资格注册有效期一般为3年。应当在注册有效期届满30日前，按照规定申请延续注册。延续注册的，有效期为3年。

申请延续注册的，应当提交下列材料：①注册建造师延续注册申请表；②原注册证书；③申请人与聘用单位签订的聘用劳动合同复印件或其他有效证明文件；④申请人注册有效期内达到继续教育要求的证明材料。注册建造师需要增加执业专业的，应当按照规定申请专业增项注册，并提供相应的资格证明。

（3）不予注册和注册证书的失效、注销

《注册建造师执业管理规定》中规定，申请人有下列情形之一的，不予注册：①不具有完全民事行为能力的；②申请在两个或者两个以上单位注册的；③未达到注册建造师继续教育要求的；④受到刑事处罚，刑事处罚尚未执行完毕的；⑤因执业活动受到刑事处罚，自刑事执行完毕之日起至申请注册之日止不满5年的；⑥因前项规定以外的原因受到刑事处罚，自处罚决定之日起至申请注册之日止不满3年的；⑦被吊销注册证书，自处罚决定之日起至申请注册之日止不满 2 年的；⑧在申请注册之日前 3 年内担任项目经理期间，所负责项目发生过重大质量和安全事故的；⑨申请人的聘用单位不符合注册单位要求的；⑩年龄超过 65 周岁的；⑪法律、法规规定不予注册的其他情形。

注册建造师有下列情形之一的，其注册证书和执业印章失效：①聘用单位破产的；②聘用单位被吊销营业执照的；③聘用单位被吊销或者撤回资质证书的；④已与聘用单位解除聘用合同关系的；⑤注册有效期满且未延续注册的；⑥年龄超过 65 周岁的；⑦死亡或不具有完全民事行为能力的；⑧其他导致注册失效的情形。

注册建造师有下列情形之一的，由注册机关办理注销手续，收回注册证书和执业印章或者公告其注册证书和执业印章作废：①有以上规定的注册证书和执业印章失效情形发生的；②依法被撤销注册的；③依法被吊销注册证书的；④受到刑事处罚的；⑤法律、法规规定应当注销注册的其他情形。

（4）变更、续期、注销注册的申请办理

在注册有效期内，注册建造师变更执业单位，应当与原聘用单位解除劳动关系，并按照规定办理变更注册手续，变更注册后仍延续原注册有效期。

申请变更注册的，应当提交下列材料：①注册建造师变更注册申请表；②注册证书和执业印章；③申请人与新聘用单位签订的聘用合同复印件或有效证明文件；④工作调动证明（与原聘用单位解除聘用合同或聘用合同到期的证明文件、退休人员的退休证明）。

4. 建造师的受聘单位和执业岗位范围

（1）建造师的受聘单位

《建造师执业资格制度暂行规定》中规定，建造师的执业范围包括：①担任建设工程项目施工的项目经理。②从事其他施工活动的管理工作。③法律、行政法规或国务院建设行政主管部门规定的其他业务。

一级建造师可以担任特级、一级建筑业企业资质的建设工程项目施工的项目经理；二级建造师可以担任二级及以下建筑业企业资质的建设工程项目施工的项目经理。

（2）建造师执业工程范围

注册建造师应当在其注册证书所注明的专业范围内从事建设工程施工管理活动。注册建造师分 10 个专业，各专业的执业工程范围如下：

1）建筑工程专业，执业工程范围为：房屋建筑、装饰装修、地基与基础、土石方、建筑装修装饰、建筑幕墙、预拌商品混凝土、混凝土预制构件、园林古建筑、钢结构、高耸建筑物、电梯安装、消防设施、建筑防水、防腐保温、附着升降脚手架、金属门窗、预应力、爆破与拆除、建筑智能化、特种专业。

2）公路工程专业，执业工程范围为：公路，地基与基础、土石方、预拌商品混凝土、混凝土预制构件、钢结构、消防设施、建筑防水、防腐保温、预应力、爆破与拆除、公路路面、公路路基、公路交通、桥梁、隧道、附着升降脚手架、起重设备安装、特种专业。

3）铁路工程专业，执业工程范围为：铁路，土石方、地基与基础、预拌商品混凝土、混凝土预制构件、钢结构、附着升降脚手架、预应力、爆破与拆除、铁路铺轨架梁、铁路电气化、铁路桥梁、铁路隧道、城市轨道交通、铁路电务、特种专业。

4）民航机场工程专业，执业工程范围为：民航机场，土石方、预拌商品混凝土、混凝土预制构件、钢结构、高耸构筑物、电梯安装、消防设施、建筑防水、防腐保温、附着升降脚手架、金属门窗、预应力、爆破与拆除、建筑智能化、桥梁、机场场道、机场空管、航站楼弱电系统、机场目视助航、航油储运、暖通、空调、给排水、特种专业。

5）港口与航道工程专业，执业工程范围为：港口与航道，土石方、地基与基础、预拌商品混凝土、混凝土预制构件、消防设施、建筑防水、防腐保温、附着升降脚手架、爆破与拆除、港口及海岸、港口装卸设备安装、航道、航运梯级、通航设备安装、水上交通管制、水工建筑物基础处理、水工金属结构制作与安装、船台、船坞、滑道、航标、灯塔、栈桥、人工岛、筒仓、堆场道路及陆域构筑物、围堤、护岸、特种专业。

6）水利水电工程专业，执业工程范围为：水利水电，土石方、地基与基础、预拌商品混凝土、混凝土预制构件、钢结构、建筑防水、消防设施、起重设备安装、爆破与拆除、水工建筑物基础处理、水利水电金属结构制作与安装、水利水电机电设备安装、河湖整治、堤防、水工大坝、水工隧洞、送变电、管道、无损检测、特种专业。

7）矿业工程专业，执业工程范围为：矿山，地基与基础、土石方、高耸构筑物、消防设施、防腐保温、环保、起重设备安装、管道、预拌商品混凝土、混凝土预制构件、钢结构、建筑防水、爆破与拆除、隧道、窑炉、特种专业。

8）市政公用工程专业，执业工程范围为：市政公用，土石方、地基与基础、预拌商品混凝土、混凝土预制构件、预应力、爆破与拆除、环保、桥梁、隧道、道路路面、道路路基、道路交通、城市轨道交通、城市及道路照明、体育场地设施、给排水、燃气、供热、垃圾处理、园林绿化、管道、特种专业。

9）通信与广电工程专业，执业工程范围为：通信与广电，通信线路、微波通信、传输设备、交换、卫星地球站、移动通信基站、数据通信及计算机网络、本地网、接入网、通信管道、通信电源、综合布线、信息化工程、铁路信号、特种专业。

10）机电工程专业，执业工程范围为：机电、石油化工、电力、冶炼，钢结构、电梯安装、消防设施、防腐保温、起重设备安装、机电设备安装、建筑智能化、环保、电子、仪表安装、火电设备安装、送变电、核工业、炉窑、冶炼机电设备安装、化工石油设备、管道安装、管道、无损检测、海洋石油、体育场地设施、净化、旅游设施、特种专业。

5. 建造师的基本权利和义务

（1）建造师的基本权利

《建造师执业资格制度暂行规定》中规定，建造师经注册后，有权以建造师名义担任建设工程项目施工的项目经理及从事其他施工活动的管理。

《注册建造师管理规定》进一步规定，注册建造师享有下列权利：①使用注册建造师名称；②在规定范围内从事执业活动；③在本人执业活动中形成的文件上签字并加盖执业印章；④保管和使用本人注册证书、执业印章；⑤对本人执业活动进行解释和辩护；⑥接受继续教育；⑦获得相应的劳动报酬；⑧对侵犯本人权利的行为进行申述。

（2）建造师的基本义务

注册建造师不得有下列行为：①不履行注册建造师义务；②在执业过程中，索贿、受贿或者谋取合同约定费用外的其他利益；③在执业过程中实施商业贿赂；④签署有虚假记载等不合格的文件；⑤允许他人以自己的名义从事执业活动；⑥同时在两个或者两个以上单位受聘或者执业；⑦涂改、倒卖、出租、出借、复制或以其他形式非法转让资格证书、注册证书和执业印章；⑧超出执业范围和聘用单位业务范围内从事执业活动；⑨法律、法规、规章禁止的其他行为。

（3）注册建造师的继续教育

住房和城乡建设部《注册建造师继续教育暂行规定》中规定，注册建造师按规定参加继续教育，是申请初始注册、延续注册、增项注册和重新注册（以下统称注册）的必要条件。

注册一个专业的建造师在每一注册有效期内应参加继续教育不少于120学时，其中必修课60学时，选修课60学时。注册两个及以上专业的，每增加一个专业还应参加所增加专业60学时的继续教育，其中必修课30学时，选修课30学时。

必修课包括以下内容：①工程建设相关的法律法规和有关政策；②注册建造师职业道德和诚信制度；③建设工程项目管理的新理论、新方法、新技术和新工艺；④建设工程项目管理案例分析。

6. 违法行为应承担的法律责任

（1）建造师注册违法行为应承担的法律责任

《注册建造师管理规定》中规定，隐瞒有关情况或者提供虚假材料申请注册的，建设主管部门不予受理或者不予注册，并给予警告，申请人1年内不得再次申请注册。

以欺骗、贿赂等不正当手段取得注册证书的，由注册机关撤销其注册，3年内不得再次申请注册，并由县级以上地方人民政府建设主管部门处以罚款。其中没有违法所得的，处以1万元以下的罚款；有违法所得的，处以违法所得3倍以下且不超过3万元的罚款。

（2）建造师执业活动中违法行为应承担的法律责任

《注册建造师管理规定》中规定，注册建造师在执业活动中有下列行为之一的，由县级以上地方人民政府建设主管部门或者其他有关部门给予警告，责令改正，没有违法所得的，处以1万元以下的罚款；有违法所得的，处以违法所得3倍以下且不超过3万元的罚款：①不履行注册建造师义务；②在执业过程中，索贿、受贿或者谋取合同约定费用外的其他利益；③在执业过程中实施商业贿赂；④签署有虚假记载等不合格的文件；⑤允许他人以自己的名义从事执业活动；⑥同时在两个或者两个以上单位受聘或者执业；⑦涂改、倒卖、出租、出借或以其他形式非法转让资格证书、注册证书和执业印章；⑧超出执业范围和聘用单位业务范围内从事执业活动；⑨法律、法规、规章禁止的其他行为。

3.3.3 注册设备工程师、注册监理工程师

注册公用设备工程师是指取得《中华人民共和国注册公用设备工程师执业资格考试实施办法》和《〈注册公用设备工程师执业资格考核认定办法〉的通知》（人发〔2003〕24号），国家对从事公用设备专业性工程设计活动的专业技术人员实行执业资格注册管理制度。

1. 注册公用设备工程师的考试条件

根据《注册公用设备工程师执业资格制度暂行规定》（2003年3月27日人事部、建设部人发〔2003〕24号发布）

基础考试报名条件：

（1）取得本专业（指公用设备专业工程中的暖通空调、动力、给水排水专业，详见专业对照表，下同）或相近专业（详见专业对照表，下同）大学本科及以上学历或学位。

（2）取得本专业或相近专业大学专科学历，累计从事公用设备专业工程设计工作满

1 年。

（3）取得其他工科专业大学本科及以上学历或学位，累计从事公用设备专业工程设计工作满 1 年。

基础考试合格，并具备以下条件之一者，可申请参加专业考试：

（1）取得本专业博士学位后，累计从事公用设备专业工程设计工作满 2 年；或取得相近专业博士学位后，累计从事公用设备专业工程设计工作满 3 年。

（2）取得本专业硕士学位后，累计从事公用设备专业工程设计工作满 3 年；或取得相近专业硕士学位后，累计从事公用设备专业工程设计工作满 4 年。

（3）取得含本专业在内的双学士学位或本专业研究生班毕业后，累计从事公用设备专业工程设计工作满 4 年；或取得相近专业双学士学位或研究生班毕业后，累计从事公用设备专业工程设计工作满 5 年。

（4）取得通过本专业教育评估的大学本科学历或学位后，累计从事公用设备专业工程设计工作满 4 年；或取得未通过本专业教育评估的大学本科学历或学位后，累计从事公用设备专业工程设计工作满 5 年；或取得相近专业大学本科学历或学位后，累计从事公用设备专业工程设计工作满 6 年。

（5）取得本专业大学专科学历后，累计从事公用设备专业工程设计工作满 6 年；或取得相近专业大学专科学历后，累计从事公用设备专业工程设计工作满 7 年。

（6）取得其他工科专业大学本科及以上学历或学位后，累计从事公用设备专业工程设计工作满 8 年。

（7）取得其他工科专业大学专科学历后，累计从事公用设备专业工程设计工作满 15 年。

（8）取得本专业中专学历后，累计从事公用设备专业工程设计工作满 25 年；或取得相近专业中专学历后，累计从事公用设备专业工程设计工作满 30 年。

2. 注册公用设备工程师的考试科目

（1）暖通空调专业

基础课程（第一年）

高等数学、普通物理、普通化学、理论力学、材料力学、流体力学、计算机应用基础、电工电子技术、工程经济、热工学、工程流体力学及泵与风机、自动控制、热工测试技术、机械基础、职业法规

专业课程：（第二年）

采暖、通风、空气调节、制冷技术、空气洁净技术、民用建筑房屋卫生设备

（2）给水排水专业

基础课程（第一年）

高等数学、普通物理、普通化学、理论力学、材料力学、流体力学、计算机应用基础、电工电子技术、工程经济、水文学和水文地质、水处理微生物学、水力学、水泵及水泵站、水分析化学、工程测量、职业法规

专业课程：（第二年）

给水工程、排水工程、建筑给水排水工程

（3）动力专业

基础课程（第一年）

高等数学、普通物理、普通化学、理论力学、材料力学、流体力学、计算机应用基础、电工电子技术、工程经济、热工学、工程流体力学及泵与风机、自动控制、热工测试技术、机械基础、职业法规

专业课程：（第二年）

燃料与燃烧、锅炉原理、汽轮机原理、锅炉房工艺设计、汽机房工艺设计、热力网及热力站、煤化学、制气原理及工艺、燃气净化、化学产品回收与加工、城镇燃气输配、燃气燃烧与应用、燃气工程设计、气体压缩机、制冷与低温原理、供气、制冷工程设计

3. 注册公用设备工程师的注册管理规定

（1）注册公用设备工程师执业资格注册有效期为 2 年。有效期满需继续执业的，应在期满前 30 日内办理再次注册手续。

（2）有下列情形之一的，不予注册：

① 不具备完全民事行为能力的；

② 在从事公用设备专业工程设计或相关业务中犯有错误，受到行政处罚或者撤职以上行政处分，自处罚、处分决定之日起至申请注册之日不满 2 年的；

③ 自受刑事处罚完毕之日起至申请注册之日不满 5 年的；

④ 国务院各有关部门规定的不予注册的其他情形。

（3）注册公用设备工程师注册后，有下列情形之一的，由公用设备专业委员会撤销其注册：

① 不具备完全民事行为能力的；

② 受刑事处罚的；

③ 在公用设备专业工程设计和相关业务中造成工程事故，受到行政处罚或者撤职以上行政处分的；

④ 经查实有与注册规定不符的；

⑤ 严重违反职业道德规范的。

4. 注册监理工程师的考试条件

注册监理工程师，是指经考试取得《中华人民共和国监理工程师执业资格证书》（以下简称资格证书），并按照有关规定注册，取得《中华人民共和国注册施行办法》（以下简称资格证书），并按照有关规定注册，取得《中华人民共和国注册监理工程师注册执业证书》（以下简称注册证书）和执业印章，从事工程监理及相关业务活动的专业技术人员。

（1）凡在中华人民共和国公民，遵纪守法并具备以下条件之一者，均可申请参加全国监理工程师执业资格考试。

工程技术或工程经济专业大专（含大专）以上学历，按照国家有关规定，取得工程技术或工程经济专业中级职称，并任职满 3 年。按照国家有关规定，取得工程技术或工程经济专业高级职称。1970 年（含 1970 年）以前工程技术或工程经济专业中专毕业，按照国家有关规定，取得工程技术或工程经济专业中级职称，并任职满 3 年。

（2）对于从事工程建设监理工作且同时具备下列四项条件的报考人员，可免试"建设工程合同管理"和"建设工程质量、投资、进度控制"两个科目，只参加"建设工程监理基本理论与相关法规"和"建设工程监理案例分析"两个科目的考试。

5. 注册监理工程师的成绩管理及注册

（1）考试成绩实行两年为一个周期的滚动管理办法，参加全部四个科目考试的人员必须在连续考试年度内通过全部科目；免试部分科目的人员必须在当年通过应试科目。

在规定时间内全部考试科目合格，颁发《中华人民共和国监理工程师资格证书》。取得资格证书者，经过注册方能以注册监理工程师的名义执业。申请注册由省、自治区、直辖市人民政府建设主管部门初审，国务院建设主管部门审批。

（2）具体程序为：①取得资格证书并受聘于一个建设工程勘察、设计、施工、监理、招标代理、造价咨询等单位的人员，应当通过聘用单位向单位工商注册所在地的省、自治区、直辖市人民政府建设主管部门提出注册申请；②省、自治区、直辖市人民政府建设主管部门受理后提出初审意见，并将初审意见和申请材料报国务院建设主管部门审批；③符合条件的，由国务院建设主管部门核发注册证书和执业印章。

（3）注册监理工程师每一注册有效期为3年，注册有效期满需继续执业的，应当在注册有效期满30日前，按照规定的程序申请延续注册。延续注册有效期3年。

3.3.4　注册造价工程师、注册环评工程师

注册造价工程师是指由国家授予资格并准予注册后执业，专门接受某个部门或某个单位的指定、委托或聘请，负责并协助其进行工程造价的计价、定价及管理业务，以维护其合法权益的工程经济专业人员。国家在工程造价领域实施造价工程师执业资格制度。凡从事工程建设活动的建设、设计、施工、工程造价咨询、看工程造价管理等单位和部门，必须在计价、评估、审查（核）、控制及管理等岗位配套有造价工程师执业资格的专业技术人员。

1. 考试条件

凡中华人民共和国公民，遵纪守法并具备以下条件之一者，均可申请注册造价工程师执业资格考试。

工程造价专业大专毕业，从事工程造价业务工作满5年；工程或工程经济类大专毕业，从事工程造价业务工作满6年。工程造价专业本科毕业，从事工程造价业务工作满4年；工程或工程经济类大专毕业，从事工程造价业务工作满5年。获上述专业第二学士学位或研究生班毕业和获硕士学位，从事工程造价业务工作满3年。获上述专业博士学位，从事工程造价业务工作满2年。上述报考条件中有关学历的要求是指经国家教育部承认的正规学历，从事相关工作经历年限要求是指取得规定学历前、后从事该相关工作时间的总和，其截止日期为2007年底。

2. 考试科目

考试科目包括：工程造价管理理论与相关法规、工程造价计价与控制、建设工程技术与计量（土建或安装）、工程造价案例分析。

3. 注册环评工程师

环境影响评价工程师职业资格制度适用于从事规划和建设项目环境影响评价、技术评估和环境保护验收等工作的专业技术人员。环境影响评价师考试是由国家环保总局与人事部共同组织的考试，该考试包括如下四个科目：《环境影响评价相关法律法规》、《环境影响评价技术导则与标准》、《环境影响评价技术方法》和《环境影响评价案例分析》。考试成绩实行两年为一个周期的滚动管理办法。考试分4个半天进行，各科目的考试时间均为

3 小时，采用闭卷笔答方式。

3.4 从业者的相关法律责任

3.4.1 从事建筑活动的企业及其资质许可机关的法律责任

1. 建设工程勘察设计、建筑施工、工程监理、工程造价咨询等从业单位的违法行为和法律责任

(1) 企业隐瞒有关情况或者提供虚假材料申请资质的，资质许可机关不予受理或者不予行政许可，并给予警告，该企业在 1 年内不得再次申请该资质。

(2) 企业以欺骗、贿赂等不正当手段取得资质证书的，由县级以上地方人民政府建设主管部门或者有关部门给予警告，并依法处以罚款；该企业在 3 年内不得再次申请资质。

(3) 企业不及时办理资质证书变更手续的，由资质许可机关责令限期办理；逾期不办理的，可处以 1000 元以上 1 万元以下的罚款。

(4) 企业未按照规定提供信用档案信息的，由县级以上地方人民政府建设主管部门给予警告，责令限期整改的，可处以 1000 元以下的罚款。

(5) 涂改、倒卖、出借或者以其他形式非法转让资质证书的，由县级以上地方人民政府建设主管部门或者有关部门给予警告，责令改正，并处以 1 万元以上 3 万元以下的罚款；造成损失的，依法承担赔偿责任；构成犯罪的，依法追究刑事责任。

2. 建设主管部门及工作人员的违法行为和法律责任

建设主管部门及其工作人员，违反本规定，有下列情形之一的，由其上级行政机关或监察机关责令改正；情节严重的，对直接负责的主管人员和其他直接责任人员，依法给予行政处分。

(1) 对不符合条件的申请人准予工程勘察、设计资质许可的。

(2) 对符合条件的申请人不予工程勘察、设计资质许可或者未在法定期限内作出许可决定的。

(3) 对符合条件的申请不予受理或者未在法定期限内初审完毕的。

(4) 利用职务上的便利，收受他人财物或者其他好处的。

(5) 不依法履行监督职责或者监督不力，造成严重后果的。

3.4.2 注册人员的法律责任

1. 结构工程师、造价工程师等注册人员的违法行为和法律责任

(1) 隐瞒有关情况或者提供虚假材料申请的，审批部门不予受理，并给予警告，申请人一年之内不得再次申请注册。

(2) 以欺骗、贿赂等不正当手段取得注册证书的，由负责审批的部门撤销其注册，3 年内不得再次申请注册；并由县级以上人民政府建设主管部门或者有关部门处以罚款，其中没有违法所得的，处以 1 万元以下的罚款；有违法所得的，处以违法所得 3 倍以下且不超过 3 万元罚款；构成犯罪的，依法追究行事责任。

(3) 未办理变更注册而连续执业的，由县级以上人民政府建设主管部门责令限期改正；逾期未改正的，可处以 5000 元以下罚款。

(4) 主持人员或者其聘用单位未按照要求提供注册人员信用档案信息的，由县级以上

地方人民政府建设主管部门或者其他有关部门责令改正；逾期未改正的，可处以 1000 元以上 1 万元以下罚款。

（5）注册勘察设计工程师、监理工程师在执行活动中有下列行为之一的，由县级以上人民政府建设主管部门或者其他有关部门予以警告，责令其改正，没有违法所得的，处以 1 万元以下的罚款；有违法所得的，处以违法所得 3 倍以下且不超过 3 万元的罚款；造成损失的，应承担赔偿责任；构成犯罪的，依法追究刑事责任。

1）以个人名义承接业务的。

2）涂改、出租、出借或者以非法形式转让注册证书或者执业印章的。

3）泄漏执业中应当保守的秘密并造成严重后果的。

4）超出本专业规定范围或者超出聘用单位业务范围从事执业活动。

5）弄虚作假提供执业活动成果的。

6）同时受聘于两个或者两个以上的单位，从事执业活动的。

7）其他违反法律、法规、规章的行为。

（6）建筑师，未受聘并注册于中华人民共和国境内一个具有工程设计资质的单位，从事建筑工程设计执业活动的，由县级以上人民政府建设主管部门给予警告，责令停止违法活动，并可处以 1 万元以上 3 万元以下的罚款。

（7）监理工程师，未经注册，擅自以注册监理工程师的名义从事工程监理及相关业务活动的，由县级以上地方人民政府建设主管部门给予警告，责令停止违法行为，处以 3 万元以下罚款；造成损失的依法承担赔偿责任。

（8）造价工程师，未经注册而以注册造价工程师的名义从事工程造价活动的，所签署的工程造价成果文件无效，由县级以上地方人民政府主管部门或者其他有关部门给予警告，责令停止违法活动，并可处以 1 万元以上 3 万元以下的罚款。

2. 聘用单位的违法行为和法律责任

聘用单位为申请人提供虚假注册材料的，由县级以上地方人民政府建设主管部门或者其他有关部门给予警告，并可处以 1 万元以上 3 万元以下的罚款。

3. 建设主管部门的违法行为和法律责任

县级以上人民政府建设主管部门及有关部门的工作人员，在注册工程师管理工作中，有下列情形之一的，依法给予行政处分；构成犯罪的，依法追究刑事责任。

（1）对不符合法定条件的申请人颁发注册证书和执业印章的。

（2）对符合法定条件的申请人不予颁发注册证书和执业印章的。

（3）对符合法定条件的申请人未在法定期限内颁发注册证书和执业印章的。

（4）利用职务上的便利，收受他人财物或者其他好处的。不依法履行监督管理职责，或者发现违法行为不予查处的。

3.5 案 例 分 析

【案例 3-1】

1. 背景

2012 年 1 月 18 日，原告张某与被告李某签订了一份协议书，约定双方共同合股承包某俱乐部工程。原告占25%的股份，出资50万元，被告占75%股份，出资剩余部分（即150万元）。该协议签订后，被告于同年1月18日和1月19日先后两次收取了原告入股金15万元。被告在收到原告的15万元资金后，并没有让原告参与管理，原告因此与被告多次协商，但被告拒不理睬。依据相关法律规定，承包工程必须有相关建筑资质，原告、被告个人承接工程，违反了我国的强制性法律规定，应属无效。据此，请求法院判令：

（1）确认原告、被告双方签订的合股承包经营协议无效。

（2）被告退还原告入股金人民币15万元，支付利息人民币5000元，并赔偿损失人民币7000元，合计人民币16.2万元。

（3）本案诉讼费用由被告承担。

2. 案件审理

被告未到庭，无答辩。经审理查明，2012年1月18日，原告张某与被告李某签订协议书一份。深圳市南山区人民法院作出一审判决如下：

（1）原告、被告双方签订的合股承包经营协议书无效。（2）被告李某应本判决生效之日起10日内返还原告张某人民币15万元。（3）驳回原告张某的其他诉讼请求。本案受理费人民币4749元，由原告张某负担人民币351元，被告李某负担人民币4398元（此款原告已预缴，不退，被告负担之数应于上述付款期内一并支付给原告）。判决下达后，原告、被告均未上诉。

3. 案例评析

本案是合伙纠纷。被告经法院合法传唤，无正当理由未到庭应诉，应视为其放弃对原告主张的抗辩，法院对原告主张的事实予以确认。根据我国《建筑法》规定，承包建筑工程的单位应当持有依法取得的资质证书，并在其资质等级许可的业务范围内承揽工程。原告、被告是个人，双方关于共同承包建设某俱乐部工程的协议，违反了上述法律、法规的强制性规定，应为无效，被告因该合同取得的财产应予返还。原告诉请返还入股金人民币15万元，法院给予支持。原告明知自己及被告没有建筑施工企业资质，而与被告签订协议，存在过错，应承担相应的法律后果，其对利息及交通费、住宿费的诉讼请求，法院不予支持。

【案例3-2】

1. 背景

四川省某市玻璃厂2010年4月为增加生产规模扩建厂房，在原来天然坡度约22°的岩石地表平整场地，即在原地表向下开挖近5m，距水厂原蓄水池3m左右，该蓄水池长12m、宽9m、深8.2m，容水约900m。

玻璃厂及水厂厂方为安全起见，通过熟人介绍，请了一位高级工程师对玻璃厂扩建开挖坡角是否会影响水厂蓄水池安全作技术鉴定。该高工在其出具的书面技术鉴定中认定："该水池池基基础稳定，不可能产生滑移形成滑坡影响安全；可以从距水池3m处按5%开挖放坡，开挖时沿水池边先打槽隔开，用小药量浅孔爆破，只要施工得当，不会影响水池安全；……本人负责该鉴定的技术法律责任。"最后还盖了县勘察设计师的"图纸专用章"予以认可。

工程于2010年5月初按此方案平基结束后，就开始厂房工程施工，至2010年6月6日建成完工。然而，就在2010年9月7日下午5时许，边坡岩体突然崩塌，岩体及水流砸毁新建厂房两榀屋架，工人3死5伤，酿成了一起重大伤亡事故。

2. 问题

事故发生的根本原因是什么？

3. 分析

该工程虽然属于中小型工程，但环境条件复杂，施工爆破、水池渗漏、坡体卸荷变形等不确定的不利影响因素甚多，在没有基本的勘察设计资料的前提下采用直立边坡，破坏了原边坡的稳定坡角，而且未采用任何有效的支挡结构措施，该边坡失稳是必然会发生的。若有正确的工程鉴定，并严格按基建程序办事，采用经过勘察设计的岩石锚桩（或锚杆）挡墙和做好水池处理措施是能有效保证工程边坡安全的。

该高工的"技术鉴定"内容过于简略，分析评价肤浅、武断，未明确指出及贯彻执行现行勘察设计技术规范的技术原则及技术方法，主要结论建议缺乏技术依据。他的误导为该工程事故埋下了安全隐患。该"技术鉴定"虽然盖有县勘察设计室的"图纸专用章"，但却无一般勘察、设计单位通常执行的"审核"、"批准"等技术管理保证体系，从技术鉴定的内容到形式都缺乏严肃性；而且这种技术鉴定缺乏委托与承担方之间的有关目的、任务、质量要求等基本的书面约定，这就从根本上影响了技术鉴定工作的深度和技术质量。

基坑开挖施工过程中及完工前后所发现的漏水等边坡岩体不稳定因素的征兆，由于缺乏专业技术知识与经验，未能采取相应措施，而继续盲目施工，使整个工程的安全问题过分依赖于个人狭隘的专业技术知识与经验。

综上所述，此次安全事故主要是违章进行工程鉴定、处理方案错误所致。作为工程技术人员，超出职业范围，该高工对事故负主要责任，玻璃厂及水厂厂方没有履行正常的鉴定程序也有一定的责任。

【案例3-3】

1. 背景

某劳务分包企业，其注册资本金为50万元，有木工作业一级、砌筑作业二级、抹灰作业（不分资质等级）的劳务企业资质证书。在某工程施工中，与该工程的施工总承包企业签订的劳务分包合同额为158万元，最终实际结算额为1536万元。该劳务分包企业实际承揽的劳务作业工程，除木工、砌筑、抹灰作业外，还包括脚手架、模板、混凝土等作业内容。

2. 问题

本案中的劳务分包企业在承揽该劳务分包工程中有无违法行为？

3. 分析

（1）《建筑业企业资质等级标准》中"建筑业劳务分包企业资质等级标准"规定，承担劳务分包业务"单项业务合同额不超过企业注册资本金的5倍"。本案中，该劳务分包签订的劳务合同额为158万元，没有超过其注册资本金的5倍，但实际结算额却达1536万元，为其注册资本金的30.72倍，远远超过最高允许值5倍的规定。

（2）按照《建筑业企业资质等级标准》中"建筑业劳务分包企业资质等级标准"的规定，劳务分包企业分为13个资质类别。该劳务分包企业具有3项劳务作业资质，但超出其资质允许范围承担了脚手架、模板、混凝土等劳务作业。另经查实，该劳务分包企业的劳务合同费用中，除人工费外，还包含了主要材料、大中型周转设备和机具、安全文明施工的设施等内容及费用，实际上是让该劳务分包企业承担了应当由总承包企业或专业承包企业承担的施工内容。

（3）《建筑法》第29条第3款规定"禁止总承包单位将工程分包给不具备相应资质条件的单位。"《建设工程质量管理条例》第78条第2款规定"本条例所称违法分包，是指下列行为：总承包单位将建设工程分包给不具备相应资质条件的单位的；……"《房屋建筑和市政基础设施工程施工分包管理办法》进一步规定"禁止将承包的工程进行违法分包。下列行为，属于违法分包：分包工程发包人将专业工程或者劳务作业分包给不具备相应资质条件的分包工程承包人的；……"综上所述，该劳务分包可以定性为违法分包工程和违法越级承揽工程，应当依法对施工总承包企业和劳务分包企业作出处罚。

【案例 3-4】

1. 背景

某工程项目由甲施工企业总承包，该企业将工程的土石方工程分包给乙分包公司，乙分包公司又与社会上的刘某签订任务书，约定由刘某组织人员负责土方开挖、装卸和运输，负责施工的项目管理、技术指导和现场安全，单独核算，自负盈亏。

2. 问题

该分包公司与刘某签订土石方工程任务书的行为应当如何定性？该作何处理？

3. 分析

本案中，分包企业允许刘某以工程任务书形式承揽土石方工程，并将现场全权交由刘某负责，该项目施工中的技术、质量、安全管理及核算人员均由刘某自行组织而非该分包公司的人员，按照《房屋建筑和市政基础设施工程施工分包管理办法》第15条的规定，这种情况应视同允许他人以本企业名义承揽工程。

《建设工程质量管理条例》第61条规定，"……勘察、设计施工、工程监理单位允许其他单位或者个人以本单位名义承揽工程的，责令改正，没收违法所得，……对施工单位处工程合同价款2％以上4％以下的罚款；可以责令停业整顿，降低资质等级；情节严重的，吊销资质证书。"据此，对该分包公司应当作出相应的处罚。

【案例 3-5】

1. 背景

某建设集团在2012年一级建造师注册过程中连续发生4人次违规行为：一是该公司李某在申请一级建造师注册时，隐瞒其已在另一个单位注册的事实，提供虚假材料；二是该公司张某在申请一级建造师注册时，未能完成法定的建造师继续教育内容；三是该公司王某在申请一级建造师注册时，提供虚假材料，其实际年龄已67周岁；四是陈某因不赡养父母，被该市某区法院判处遗弃罪有期徒刑2年，缓刑2年执行的处罚。陈某在申请一级建造师注册时，没有告知其被刑事处罚的事实。

2. 问题

本案中4名当事人的行为应当作何处理？

3. 分析

（1）《注册建造师继续教育管理暂行办法》第26条规定："注册建造师应按规定参加继续教育，接受培训测试，不参加继续教育或继续教育不合格的不予注册。"据此，本案中的张某未能完成建造师继续教育内容，按规定不能予以注册。

（2）《注册建造师管理规定》第 15 条第 1 款第 4 项的规定："申请人有下列情形之一的，不予注册：受到刑事处罚，刑事处罚尚未执行完毕的。"本案中陈某隐瞒事实，申请一级建造师注册属违法行为，应当不予注册。

（3）《注册建造师管理规定》第 33 条规定："隐瞒有关情况或者提供虚假材料申请注册的，建设主管部门不予受理或者不予注册，并给予警告，申请人 1 年内不得再次申请注册。"本案中的李某、张某、王某和陈某 4 人均分别隐瞒事实、提供虚假材料，政府主管部门应当不予受理或者不予注册，并给予警告，在 1 年内不得再次申请注册。

本 章 小 结

围绕建筑企业资质管理要求，明确不同类型和等级企业的业务范围。

介绍注册建造师、注册设备师、注册监理工程师、注册造价师等考试报名条件、考试内容以及注册管理等方面的内容。

介绍不同企业和注册工程师违反资质和资格管理有关规定的处罚、处理要求和罚则。

思 考 与 练 习 题

思考题

1. 注册建造工程师考试的报考条件？

2. 一级注册建造师考试的科目有哪些？

3. 注册设备师工程师考试的报考条件？

4. 注册建造师不予注册和注册证书失效的情形有哪些？

5. 机电设备安装工程专业承包企业资质分哪几级？

练习题

单项选择

1. 根据《建筑法》的有关规定，在我国境内从事建设工程活动的相关人员必须取得相应的（　　）。

A. 资质　　　　　　　B. 允许　　　　　　　C. 资格　　　　　　　D. 等级

2. 我国建筑业企业资质分为（　　）三个序列。

A. 工程总承包、施工总承包和专业承包

B. 工程总承包、专业分包和劳务分包

C. 施工总承包、专业分包和劳务分包

D. 施工总承包、专业承包和劳务分包

3. 建筑业企业资质分为（　　）个序列，每个序列又分为若干资质类别，每个类别又分若干等级。

A. 一　　　　　　　　B. 二　　　　　　　　C. 三　　　　　　　　D. 四

4. 工程勘察企业资质不包括以下（　　）类别。

A. 综合资质　　　　　B. 行业资质　　　　　C. 专业资质　　　　　D. 劳务资质

5. 工程设计综合资质只设（　　）。

A. 甲级　　　　　　　B. 一级　　　　　　　C. 特级　　　　　　　D. 甲级和乙级

6. 机电设备安装工程专业承包企业资质分（　　）级。

A. 1　　　　　　　　B. 2　　　　　　　　C. 3　　　　　　　　D. 4

7. 关于注册设备工程师的说法正确的是（　　）。

A. 注册设备工程师的考试均分为基础考试和专业考试两项

B. 注册设备工程师只能在一个固定的省市执业

C. 注册设备工程师的执业业务，应当加入一个勘察设计单位

D. 取得注册设备工程师的执业资格证书者，即可以注册设备工程师的身份从事设计工作

8. 某甲于 2006 年参加并通过了一级建造师执业资格考试，下面说法正确的是（　　）。

A. 他已经成为项目经理了

B. 只要经所在单位聘任，他马上就可以成为项目经理

C. 只要经过注册他就可以以建造师的名义执业了

D. 只要经过注册他就可以成为项目经理了

9. 关于建造师的说法正确的是（　　）。

A. 经注册的建造师就是项目经理

B. 建造师必须经过注册才可成为项目经理

C. 施工企业的经理必须由建造师担任

D. 建造师如果没有被聘任为项目经理，就没有别的工作可以承担了

10. 注册建造师卫某 2006 年 1 月办理了延续注册，2007 年 1 月因工作调动而办理了变更注册，变更后他的注册证书和执业印章在（　　）年内有效。

A. 2　　　　　　　　B. 3　　　　　　　　C. 4　　　　　　　　D. 5

11. 二级注册建造师每一注册有效期为（　　）年。

A. 1　　　　　　　　B. 2　　　　　　　　C. 3　　　　　　　　D. 4

12. 下列选项中，不属于我国建造师注册类型的是（　　）。

A. 初始注册　　　　B. 年检注册　　　　C. 变更注册　　　　D. 增项注册

13. 注册设备工程师的每一注册有效期为（　　）年。

A. 1　　　　　　　　B. 2　　　　　　　　C. 3　　　　　　　　D. 4

多项选择

1. 以欺骗、贿赂等不正当手段取得注册证书的，由负责审批的部门给予（　　）处罚。

A. 由负责审批的部门撤销其注册，3 年内不得再次申请注册

B. 由县级以上人民政府建设主管部门或者有关部门处以罚款，其中没有违法所得的，处以 1 万元以下的罚款

C. 有违法所得的，处以违法所得 3 倍以下且不超过 3 万元罚款

D. 构成犯罪的，依法追究刑事责任

2. 注册勘察设计工程师、监理工程师在执行活动中有下列（　　）行为之一的，由县级以上人民政府建设主管部门或者其他有关部门予以警告，责令其改正，没有违法所得的，处以 1 万元以下的罚款。

A. 以个人名义承揽业务的

B. 涂改、出租、出借或者以其他形式非法转让注册证书或者执行印章的

C. 泄漏执业中应当保守的秘密并造成严重后果的

D. 超出本专业规定范围或者聘用单位业务范围从事执业活动

E. 弄虚作假提供执业活动成果的

3. 下列哪一个注册工程师的每一注册有效期为 3 年（　　）。

A. 注册监理工程师　　　　　　　　B. 注册建筑工程师

C. 注册建造工程师　　　　　　　　D. 注册设备工程师

教学单元 4　城乡规划及土地管理法规

[知识目标] 了解城乡规划类型；熟悉乡村建设规划许可证基本要求；掌握建设用地许可证的基本要求；掌握建设工程许可证的基本要求；掌握选址意见书的基本要求；了解土地出让、划拨、转让的有关规定。

[能力目标] 记住城乡规划法处罚要求；举例说明三证一书的发放条件的类别；能解释城乡规划法的相关内容；能解释土地管理法的相关内容。

4.1　城乡规划法规

4.1.1　《城乡规划法》概述

1. 城乡规划基础知识

（1）城乡规划是政府对一定时期内城市、镇、乡、村庄的建设布局、土地利用以及经济和社会发展有关事项的总体安排和实施措施。

城乡规划不是指一部规划，而是由城镇体系规划、城市规划、镇规划、乡规划和村庄规划组成的有关城镇和乡村建设和发展的规划体系；城市规划、镇规划分为总体规划和详细规划。详细规划分为控制性详细规划和修建性详细规划。

（2）城乡规划类型

城乡规划，包括城镇体系规划、城市规划、镇规划、乡规划和村庄规划。城市规划、镇规划分为总体规划和详细规划。详细规划分为控制性详细规划和修建性详细规划。在城乡规划体系中，下位规划不得违背上位规划，并要将上位规划确定的规划指导思想、城镇发展方针和空间政策贯彻落实到本层次规划的具体内容中。下面着重介绍城市详细规划、控制性详细规划、修建性详细规划与乡和村规划的具体内容。

1）城市详细规划

城市详细规划是指以城市的总体规划为依据，对一定时期内城市的局部地区的土地利用、空间布局和建设用地所作的具体安排和设计。

2）城市控制性详细规划

控制性详细规划是指以总体规划为依据，确定建设地区的土地使用性质和使用强制性控制指标，道路和工程管线控制性位置以及空间环境控制的规划要求，它是城镇规划实施管理的最直接法律依据，是国有土地使用权出让、开发和建设管理的法定前置条件。

控制性详细规划的主要内容包括：确定规划范围内各类不同使用性质用地的界线，规定各类用地内适宜建设、不适宜建设或者有条件地允许建设的建筑类型；确定各地块建筑高度、建筑密度、容积率、绿地率等控制指标；确定交通出入口方位、停车泊位、建筑后退红线距离、建筑间距等要求；提出各地块的建筑位置、体型、色彩等要求；确定各级支路的红线位置、控制点坐标和标高；根据规划容量，确定工程管线的走向、管径和工程设施的用地界线；制定相应的土地使用与建筑管理规定。

3）城市修建性详细规划

城市修建性详细规划是指以城市的总体规划或控制性详细规划为依据，制定用以指导城市各项建筑和工程设施及其施工的规划设计。

修建性详细规划的主要内容包括：建设条件分析及综合技术经济论证；作出建筑、道路和绿地等的空间布局和景观规划设计，布置总平面图；道路交通规划设计；绿地系统规划设计；工程管线规划设计；竖向规划设计；估算工程量、拆迁量和总造价，分析投资效益。

4）乡规划和村庄规划

乡规划和村庄规划，分别是指对一定时期内乡、村庄的经济和社会发展、土地利用、空间布局以及各项建设的综合部署、具体安排和实施措施。

乡规划和村庄规划是做好农村地区各项建设工作的先导和基础，是各项建设管理工作的基本依据，对改变农村落后面貌，加强农村地区生产生活服务设施、公益事业等各项建设，推进社会主义新农村建设具有重大意义。

编制乡村规划应从农村实际出发，尊重村民意愿，体现地方特色和农村特色。

2. 城乡规划法概述

中华人民共和国第十届全国人民代表大会常务委员会第三十次会议于 2007 年 10 月 28 日通过《中华人民共和国城乡规划法》，并于 2008 年 1 月 1 日起施行，共 7 章 70 条。

城乡规划法规体系，就是国家调整城乡规划和规划管理方面所产生的社会关系的法律及各种法规、规章的总和。根据《中华人民共和国立法法》规定，城乡规划法规体系的等级层次应包括法律、行政法规、地方性法规、自治条例和单行条例、规章（部门规章、地方政府规章）等，以构成完整的法规体系。

（1）《城乡规划法》

《城乡规划法》是我国城乡规划法规体系中的基本法律，对各级城乡规划法规与规章的制定具有不容违背的规范性和约束力。

（2）城乡规划行政法规

国务院有权根据宪法和法律制定行政法规。国务院 1993 年 6 月发布的《村庄和集镇规划建设管理条例》和 2008 年 4 月发布的《历史文化名城名镇名村保护条例》等就是我国城乡规划法规体系中的行政法规。行政法规与法律虽是两个不同等级层次，但它同样是地方性法规、部门规章和地方政府规章制定的基本依据。

（3）地方性法规

省、自治区、直辖市的人民代表大会及其常务委员会以及较大的市的人民代表大会及其常务委员会，根据本行政区域的具体情况和实际需要，根据《城市规划法》相继制定了地方性的规划条例或者实施细则、实施办法。在《城乡规划法》颁布实施后，各地要根据《城乡规划法》修改或重新编制有关城乡规划的地方性法规。

较大的市是指：省、自治区的人民政府所在地的市；经济特区所在地的市；经国务院批准的较大的市。

（4）部门规章

原建设部等所公布的《城市规划编制办法》、《建制镇规划建设管理办法》、《城市国有土地使用权出让转让规划管理办法》、《城市规划强制性内容暂行规定》、《城市绿线管理办法》、《城市黄线管理办法》等都属于部门规章范畴，是我国城乡规划法规体系中的重要组成部分。

（5）地方政府规章

省、自治区、直辖市和较大的市的人民政府，都根据城乡规划方面的法律、法规和本省、自治区、直辖市的地方性法规，制定了配套的地方行政规章。

3.《城乡规划法》的基本内容

《城乡规划法》的基本框架如下。

第一章　总则。共十一条，主要对本法的立法目的和宗旨，适用范围、调整对象、城乡规划制定和实施的原则、城乡规划与其他规划的关系、城乡规划编制和管理的经济来源保障，以及城乡规划组织编制和管理与监督管理体制等作出了明确的规定。

第二章　城乡规划的制定。共十六条，主要对城乡规划的组织编制和审批机构、权限、审批程序，省域城镇体系规划、城市和镇总体规划、乡规划和村庄规划等应当包括的内容，以及对城乡规划编制单位应当具备的资格条件和基础资料，城乡规划草案的公告和公众、专家和有关部门参与等作了明确的规定。

第三章　城乡规划的实施。共十八条，主要对地方各级人民政府实施城乡规划时应遵守的基本原则，城市、镇、乡和村庄各项规划、建设和发展实施规划时应遵守的原则，近期建设规划、建设项目选址规划管理、建设用地规划管理、建设工程规划管理、乡村建设规划管理、临时建设和临时用地规划管理等及其建设项目选址意见书、建设用地规划许可证、建设工程规划许可证、乡村建设规划许可证的核发以及规划条件的变更，建设工程竣工验收和有关竣工验收资料的报送等作了明确的规定。

第四章　城乡规划的修改。共五条，主要对省域城镇体系规划、城市总体规划、镇总体规划、控制性详细规划、乡规划、村庄规划的修改组织编制与审批机关、权限、条件、程序、要求，近期建设规划的修改，建设项目选址意见书、建设用地规划许可证、建设工程规划许可证或乡村建设规划许可证发放后城乡规划的修改，修建性详细规划、建设工程设计方案总平面的修改要求等作了明确的规定。

第五章　监督检查。共七条，主要对城乡规划编制、审批、实施、修改的监督检查机构、权限、措施、程序、处理结果以及行政处分、行政处罚等作出了明确的规定。

第六章　法律责任。共十二条，主要对有关人民政府及其负责人和其他直接责任人，在城乡规划编制、审批、实施、修改中所发生的违法行为，城乡规划编制单位所出现的违法行为，建设单位或者个人所产生的违法建设行为的具体行政处分、行政处罚等作出了明确的规定。

第七章　附则。共一条，规定了本法自2008年1月1日起施行，《中华人民共和国城市规划法》同时废止。

4.1.2　建设项目选址意见书制度

城乡规划经依法批准后，有权公布的机关是城乡规划组织编制机关，全国城镇体系规划应当由国务院城乡规划主管部门会同国务院有关部门公布。

省域城镇体系规划由省、自治区人民政府公布，城市总体规划由城市人民政府公布；城市的控制性详细规划由城市人民政府城乡规划主管部门公布。

县人民政府所在地镇的总体规划由县人民政府公布,其他镇的总体规划由镇人们政府公布;县人民政府所在地镇的控制性详细规划,由县人民政府城乡规划主管部门公布。

镇的控制性详细规划由镇人民政府公布;乡规划、村庄规划由乡、镇人民政府公布。

除法律、行政法规规定不得公开的内容外,城乡规划的其他内容都应当公布。城乡规划的公布确保了社会公众对城乡规划的知情权、参与权和监督权。

1. 城乡规划实施管理制度

《城乡规划法》规定,我国城镇规划实施管理实行"一书三证"(选址意见书、建设用地规划许可证、建设工程规划许可证和乡村建设规划许可证)的规划管理制度。

(1) 选址意见书是城乡规划主管部门依法审核建设项目选址的法定凭证;

(2) 建设用地规划许可证是经城乡规划主管部门依法审核,建设用地符合城乡规划要求的法律凭证;

(3) 建设工程规划许可证是经城乡规划主管部门依法审核,建设工程符合城乡规划要求的法律凭证;

(4) 乡村建设规划许可证是经城乡规划主管部门依法审核,在集体土地上有关建设工程符合城乡规划要求的法律凭证。

《城乡规划法》明确规定,国家鼓励采用先进的科学技术,增强城乡规划的科学性,并提高城乡规划实施及监督管理的效能。

2. 城乡规划管理中公民和单位的权利和义务

(1) 任何单位和个人都有必须遵守经依法批准并公布的城乡规划的义务。例如,在城市、镇规划区内以划拨方式提供国有土地使用权的建设项目,必须经有关部门批准、核准、备案后,向城乡规划主管部门提出建设用地规划许可申请,并取得建设用地规划许可证等。

(2) 任何单位和个人有权就涉及其利害关系的建设活动是否符合规划的要求向城乡规划主管部门查询。法律也鼓励居民以主人翁的精神,对城乡规划工作提出意见和建议,促进城乡规划主管部门依法行使职能。

(3) 任何单位和个人都有权向城乡规划主管部门或者其他有关部门进行举报或者控告违反城乡规划的行为。"违反城乡规划的行为"包括:一是建设单位或者个人虽然已经取得规划许可证,但没有按照许可证所要求的范围、条件和程序从事建设活动;二是未取得规划许可证就从事建设活动;三是有关行政机关违反城乡规划法的规定核发规划许可证的行为。

3. 建设项目选址意见书制度

按照国家规定需要有关部门批准或者核准的建设项目,以划拨方式提供国有土地使用权的,建设单位在报送有关部门批准或核准前,应当向城乡规划主管部门申请核发选址意见书。选址意见书是城乡规划主管部门依法审核建设项目选址的法定凭证。

通过建设项目选址意见书的核发,既可以从规划上对建设项目加以引导和控制,充分合理利用现有的土地资源,避免各自为政,无序建设,又可以为项目审批或核准提供依据。对于促进从源头上把好项目开工建设关,维护投资建设秩序,促进国民经济又好又快地发展有重要的意义。

(1) 建设项目选址意见书适用范围

建设项目选址意见书适用于按国家规定需要有关部门进行批准或核准，通过行政划拨方式取得用地使用权的建设项目。其他建设项目则不需要申请选址意见书。其中，按照国家规定需要有关部门批准或者核准的建设项目主要是指列入《国务院关于投资体制改革的决定》之中关系国计民生的重大建设项目。

（2）建设项目选址意见书的内容

1）建设项目的基本情况：主要指建设项目的名称、性质、用地与建设规模、供水与能源的需求量，采取的运输方式与运输量，以及废水、废气、废渣的排放方式和排放量。

2）建设项目规划选址的依据。

3）建设项目地址、用地范围和具体规划要求。

4）建设项目地址和用地范围的附图和明确有关问题的附件。

（3）建设项目选址意见书办理程序

从实施城乡规划的要求看，城乡规划管理首先应对其用地情况按照批准的城乡规划进行确认或选择，保证建设项目的选址、定点符合城乡规划、有利于城乡统筹发展和城乡各项功能的协调，之后才能办理相关规划审批手续。

建设项目选址意见书作为法定审批项目和划拨土地的前置条件，建设单位在报送有关部门批准或核准前，应当向城乡规划主管部门申请核发选址意见书，省、市、县人民政府城乡规划主管部门收到申请后，应当根据有关法律法规的规章和依法制定的城乡规划，在法定的时间内对其申请作出答复，对于符合城乡规划的选址，应当颁发建设项目选址意见书，对于不符合城乡规划的选址，不予核发建设项目选址意见书并说明理由，给予书面答复。

4.1.3 建设用地规划许可证制度

建设用地规划许可证是建设单位在向土地管理部门申请征用、划拨土地前，经城乡规划行政主管部门确认建设项目位置和范围符合城乡规划的法定凭证，是建设单位用地的法律凭证。没有此证的用地单位属非法用地，不能领取房地产权属证件。

1. 在划拨用地的情况下，建设用地规划许可证的核发程序

建设单位在取得人民政府城乡规划主管核发的建设项目选址意见书后，建设项目经有关部门批准、核准后，向城市（县）人民政府城乡规划主管部门送审建设工程设计方案，申请建设用地规划许可证。

城市（县）人民政府城乡规划主管部门应当审核建设单位申请建设用地规划许可证的各项文件、资料、图纸等是否完备，并依据控制性详细规划，审核建设用地的位置、面积及建设工程总平面图，确定建设用地范围。

对于具备相关文件且符合城乡规划的建设项目，应当核发建设用地规划许可证；对于不符合法定要求的建设项目，不予核发建设用地规划许可证并说明理由，给予书面答复。

建设单位只有取得建设用地规划许可证，明确建设用地范围及界线之后，方可向县级以上地方人民政府土地主管部门申请用地，经县级以上人民政府审批后，由土地主管部门划拨土地。

2. 在土地有偿使用的情况下，建设用地规划许可证的核发程序

（1）在土地使用权出让前，城市、县人民政府城市规划主管部门应当依据控制性详细规划，提出出让地块的位置、使用性质、开发强度等规划条件，作为国有土地使用权有偿

出让合同的附件，在签订国有土地使用权有偿出让合同、申请办理法人的登记注册手续、申领企业批准证书后，持建设项目的批准、核准、备案文件和国有土地使用权有偿出让合同，向城市、县人民政府城乡规划主管部门申请办理建设用地规划许可证。

（2）城市、县人民政府城乡规划主管部门，应当审核建设单位申请建设用地规划许可证。城市、县人民政府城乡规划主管部门，应当审核建设单位申请建设用地规划许可证的各项文件、资料、图纸等是否完备，并依据依法批准的控制性详细规划，对国有土地使用权出让合同中规定的规划设计条件进行核验，审核建设用地的位置、面积及建设工程总平面图，确定建设用地范围。

（3）对于具备相关文件且符合程序的规划的建设项目，应当核发建设用地规划许可证；对不符合法定要求的建设项目，不予核发建设用地规划许可证并说明理由，给予书面答复。

4.1.4 建设工程规划许可证制度

建设工程规划许可证是城乡规划主管部门依法核发的，确认有关建设工程符合规划要求的法律凭证，是建设活动中接受监督检查时的法定依据。没有此证的建设单位，其工程建筑是违章建筑。

1. 实行建设工程规划许可证制度的意义

（1）可以确认城市中有关建设活动符合法定规划的要求，确保建设主体的合法权益。

（2）可以作为建设活动进行过程中接受监督检查时的法定依据。

（3）可以作为城乡建设档案的重要内容。

2. 建设工程规划许可证的办理程序

建设单位或者个人办理建设工程规划许可证。应当向所在地城市、县人民政府城乡规划主管部门或者经省级人民政府确定的镇人民政府提出申请，并提交使用土地的有关证明文件、建设工程设计方案图纸，需要编制修建性详细规划的还应当提供修建性详细规划及其他相关材料。

城市、县人民政府城乡规划主管部门收到建设单位或者个人的申请后，应当在法定期限内对申请人的申请及提交的资料进行审核。

审核的具体内容包括：

一是要审核申请人是否符合法定资格，申请事项是否符合法定程序和法定形式，申请材料、图纸是否完备等。

二是依据控制性详细规划、相关的法律法规以及其他具体要求，对申请事项的内容进行审核。

三是依据控制性详细规划对修建性详细规划进行审定。对于符合条件的申请，审查机关要及时给予审查批准，并在法定的期限内颁发建设工程规划许可证；经审查认为不合格并决定不予许可的，应说明理由，并给予书面答复。

4.1.5 乡村建设规划许可证制度

乡村建设规划许可证是建设单位或者个人在进行乡镇企业、乡村公共设施和公益事业建设前，经乡、镇人民政府审核后，报城市、县城乡规划行政主管部门确认建设项目位置和范围符合规划的法定凭证，是建设单位和个人用地的法律凭证。

实行乡村建设规划许可证管理制度是《中华人民共和国城乡规划法》对乡村建设的新

要求。建设部《贯彻实施中华人民共和国城乡规划法的指导意见》提出，我国将建立乡村建设规划许可证制度。乡村建设规划许可证制度要充分体现农村特点，体现便民利民和以人为本，满足农民生产和生活需要，遏制农村无序建设和浪费土地。

《中华人民共和国城乡规划法》第 41 条规定：在乡、村庄规划区内进行乡镇企业、乡村公共设施和公益事业建设的，建设单位或者个人应当向乡、镇人民政府提出申请，由乡、镇人民政府报城市、县人民政府城乡规划主管部门核发乡村建设规划许可证。

1. 申请乡村建设规划用地许可证的一般程序

（1）凡在乡、村庄规划区内进行乡镇企业、乡村公共设施和公益事业建设的，建设单位或者个人应当持批准建设项目的有关文件，向乡、镇人民政府提出建设用地申请，由乡、镇人民政府报县级人民政府建设规划主管部门核发乡村建设规划许可证。

（2）县级人民政府建设规划行政主管部门按照乡、村庄规划的要求和项目的性质，核定用地规模等，确定用地项目的具体位置和界限。

（3）根据需要，征求有关行政主管部门对用地位置和界限的具体意见。

（4）建设规划行政主管部门根据乡、村庄规划的要求向用地单位和个人提供规划设计条件。

（5）审核用地单位和个人提供的规划设计图。

（6）核发乡村建设规划用地许可证。

2. 在原有宅基地上建房的申请程序

（1）经乡级人民政府核实，向县级人民政府规划建设行政主管部门提出建房申请；

（2）根据需要，征求四邻对用地位置和界限的具体意见；

（3）县级建设规划行政主管部门根据乡、村庄规划的要求，向用地建房人提出设计要求；

（4）核发乡村建设规划用地许可证。

3. 应提交的申请材料

（1）村民住宅建设项目

1）乡村建设规划许可证（村民住宅建设项目）申报表；

2）建设项目申请书；

3）相应测绘资质单位出具的建设工程规划放线测量技术报告；

4）多层建筑需提供相应资质单位设计的施工图 2 份；

5）消防审核意见；

6）建设用地相关证明，占用农用地建设的需提供农用地转用审批文件；

7）建设项目对四邻有影响的，需提供四邻签字认可意见；

8）申报单位（人）委托代理的，提交授权委托书及被委托人身份证复印件，同时交验原件；

9）法律、法规、规章规定的其他材料。

（2）乡镇企业、乡村公共设施和公益性事业建设

1）乡村建设规划许可证（乡镇企业、乡村公共设施和公益性事业建设）申报表；

2）建设项目申请书；

3）相应测绘资质单位出具的建设工程规划放线测量技术报告；

4）相应资质单位设计的施工图 3 份；

5）消防审核意见；

6）建设用地相关证明，占用农用地建设的需提供农用地转用审批文件；

7）申报单位（人）委托代理的，提交授权委托书及被委托人身份证复印件，同时交验原件；

8）法律、法规、规章规定的其他材料。

《乡村建设规划许可证》包括标有建设用地具体界限的附图和明确具体规划要求的附件。附图和附件是乡村建设规划用地许可证的配套证件，具有同等的法律效力。

4.1.6 违反《城乡规划法》的法律责任

1. 城乡规划的监督检查

《城乡规划法》对城乡规划工作的监督检查作了明确的规定。

（1）行政监督检查

包括县级人民政府及其城乡规划主管部门对下级政府及其城乡规划主管部门执行城乡规划编制、审批、实施、修改情况的监督检查。也包括县级以上地方人民政府及其城乡规划主管部门对城乡规划实施情况进行的监督检查，并对有权采取的措施作了明确规定。

（2）人大对城乡规划工作的监督

人民代表大会对政府的工作具有监督职能，地方各级人民政府应当向本级人民代表大会常务委员会或者乡、镇人民代表大会报告城乡规划的实施情况，并接受监督。

（3）公众对城乡规划工作的监督

县级以上人民政府及其城乡规划主管部门的监督检查，县级以上地方各级人民代表大会常务委员会或者乡、镇人民代表大会对城乡规划工作的监督检查，其监督检查情况和处理结果应当依法公开，以便公众查阅和监督。

2. 法律责任

对违反《城乡规划法》的行为所应承担的行政法律责任：

（1）对有关人民政府违反《城乡规划法》的行为所应承担的法律责任，按照第五十七条、第五十八条的规定，包括责令改正、通报批评和行政处分。

（2）对城乡规划行政主管部门违反《城乡规划法》的行为所应承担的法律责任，按照第六十条的规定，包括责令改正、通报批评和行政处分。

（3）对县级以上人民政府有关部门违反《城乡规划法》的行为所应承担的法律责任，按照第六十一条的规定，包括责令改正、通报批评和行政处分。

（4）对城乡规划编制单位违反《城乡规划法》的行为所应承担的法律责任按照第六十二条、第六十三条的规定，包括责令限期改正、罚款、责令停业整顿、降低资质等级、吊销资质证书、依法赔偿等。

（5）对于城镇违法建设行为所应承担的法律责任，按照第六十四条的规定，包括责令停止建设、限期改正并处罚款、限期拆除、没收实物或者违法收入亦可以并处罚款等。

（6）对乡村建设的违法行为所应承担的法律责任，按照第六十五条规定，包括责令停止建设、限期改正和拆除。

（7）对建设单位或者个人临时建设违法所应承担的法律责任，按照第六十六条的规定，包括责令限期拆除、并处罚款。

（8）对建设单位未依法报送有关竣工验收资料所应承担的责任，按照第六十七条的规定，包括责令限期补报、罚款等。

（9）强制措施。城乡规划主管部门作出责令停止建设或者限期拆除的决定后，当事人不停止建设或者逾期不拆除的，建设工程所在地县级以上地方人民政府可以责成有关部门采取查封施工现场、强制拆除等措施。

4.2 土 地 管 理 法 规

4.2.1 《土地管理法》的概况

1. 土地的分类与土地管理制度

我国土地制度的基本模式是土地公有，即国家所有和集体所有。城市及其郊区的土地、山脉、矿藏、草原以及河流、交通要道等属于国家所有，农村耕地及农民使用的宅基地、自留地、自留山是农村集体所有。

（1）土地的用途分类

我国依土地的用途将土地分为农用地、建设用地和未利用地三大类。农用地是指直接用于农业生产的土地，包括耕地、林地、草地、农田水利用地、养殖水面等；建设用地是指建造建筑物、构筑物的土地，包括城乡住宅和公共设施用地、工矿用地、交通水利设施用地、旅游用地、军事设施用地等；未利用土地是指农用地和建设用地以外的土地。

土地利用总体规划是国家实行土地用途管制的基础。它的任务是在确保耕地总量动态平衡的前提下，统筹安排各类用地，控制城镇建设用地规模。通过规划分区和规划指标对下级土地利用总体规划进行控制。

（2）土地管理法的作用

土地管理法指对国家运用法律和行政的手段对土地财产制度和土地资源的合理利用所进行管理活动予以规范的各种法律规范的总称。我国制定土地管理法的目的是：为了加强土地管理，维护土地的社会主义公有制，保护、开发土地资源，合理利用土地，切实保护耕地，促进社会经济的可持续发展。

2. 土地管理法的主要内容

根据 2004 年 8 月 28 日第三次修正后公布的《中华人民共和国土地管理法》（中华人民共和国主席令第 28 号），该法共 8 章：总则、土地的所有权和使用权、土地利用总体规划、耕地保护、建设用地、监督检查、法律责任、附则。其主要内容概括如下：

（1）保护耕地

保护耕地是我国土地管理法的核心内容，主要包括以下几个方面。

1）确立了耕地总量动态平衡制度，明确了省级政府保护耕地的责任。省、自治区、直辖市人民政府应当严格执行土地利用总体规划和土地利用年度计划，采取措施，确保本行政区内耕地总量不减少。

2）确立了耕地占用平衡制度，规定非农业建设经批准占用耕地的，必须按照"占多少，垦多少"的原则，由占用耕地的单位负责开垦与所占用耕地的数量和质量相当的耕地。

3）将基本农田保护制度上升为法律，规定国家实行基本农田保护制度，各省、自治区、直辖市规定的基本农田应当占本行政区域内耕地的 80% 以上，并对基本农田保护区的耕地实行特殊保护。

4）加强了对建设用地总量和城市建设用地规模的控制，规定下级土地利用总体规划中的建设用地总量不超过上级土地利用总体规划确定的控制指标；城市建设用地规模应当符合国家规定的标准等。

（2）实行土地用途管制制度

现行的土地用途管制制度将我国土地资源分为农用地、建设用地和未用地三类。

实行土地用途管制制度，可以严格控制建设用地总量，促进集约利用，提高资源配置效率，有利于建设用地市场的正常化和规范化；可以严格控制农田地流向建设用地，有利于从根本上保护耕地。同时，通过增设农用地审批环节，为土地利用总体规划的有效实施提供保证。

（3）合理划分各级政府的土地管理职权

《土地管理法》依据《中华人民共和国宪法》（以下简称《宪法》）第三条确立的划分中央与地方国家机构职权的原则，按照市场经济和用途管制的要求，明确了各级政府的土地管理职责。凡涉及土地管理全局性的决策权，如土地利用总体规划的审批权、农用地转用和土地征用的审批权、耕地开垦的监督权、土地供应总量的控制权由中央与省两级政府行使；凡涉及土地管理执行性的权力，如土地登记权、规划和计划的执行权、在已经批准的建设用地区域内具体项目用地的审批权、土地违法案件的查处权等，由市、县政府行使。

（4）对农民的土地财产权利给予法律保护

土地制度是最基本的财产制度之一，实行严格的用途管制，从根本上来说是调动人民群众珍惜土地，保护耕地的积极性，并保护农民的土地财产权。

（5）强化国家土地所有权权益

《地方管理法》规定："国家管理的土地的所有权由国务院代表国家行使。"这为国有土地资产产权代表的确立提供了法律基础，同时《土地管理法》还确立了土地收益分配的新机制，规定"自本法施行之日起，新增建设用地的土地有偿使用费，百分之三十上缴中央财政，百分之七十留给有关地方人民政府，专项用于耕地开发。"这些规定即维护了国家所有权益，又从机制上改变了地方政府"多卖地，多收益"的做法。

（6）对土地违法行为的处罚

土地管理法赋予土地行政主管部门履行监督检察职责，赋予土地行政主管部门直接行政处分权，对非法转让土地、非法批准土地、非法占用土地以及土地行政主管部门工作人员的违法行为规定了法律责任。

4.2.2 建设用地使用制度

土地使用权是指土地使用者对其使用的土地，依法享有实际利用和取得收益的权利。土地使用权是我国土地使用制度在法律上的体现。

《土地管理法》第九条规定："国有土地和集体所有的土地，可以依法确定给单位或者个人使用。使用土地的单位或个人，有保护、管理和合理利用土地的义务。"可见，我国法律确立了土地所有权与土地使用权相分离的土地经营制度。我国土地所有权与使用权分离，土地使用权分为国有和集体土地使用权。

国有土地使用权是指公民、法人或非法人组织依法对国有土地所享有的使用权。

1. 国有土地使用权出让

根据 1990 年 5 月 19 日国务院发布的《中华人民共和国城镇国有土地使用权出让和转让暂行条例》（简称第 55 号令）第八条规定，土地使用权出让是国家以土地所有者身份将土地使用权在一定年限内出让与土地使用者，并由土地使用者向国家支付土地使用权出让金的行为。

（1）土地使用权出让的年限

出让土地使用权的最高使用年限，就是法律规定的一次签约出让土地使用权的最高年限。《中华人民共和国国有土地使用权出让和转让暂行条例》第 12 条按照出让土地的用途不同规定了各类用地使用权出让的最高年限：①居住用地 70 年；②工业用地 50 年；③教育、科技、文化、卫生、体育用地 50 年；④商业、旅游、娱乐用地 40 年；⑤综合或者其他用地 50 年。

（2）土地使用权出让应遵循的原则

国有土地使用权招标、拍卖或者挂牌的出让活动，应当有计划地进行。

市、县人民政府土地行政主管部门应当按照出让计划，会同城市规划等有关部门共同拟订将要招标、拍卖、挂牌、出让地块的用途、年限、出让方式、时间和其他条件等方案，报经市、县人民政府批准后，由市、县人民政府土地行政主管部门组织实施。

（3）土地使用权出让的方式

现行国有建设用地使用权的出让方式包括四种：拍卖、招标、挂牌和协议出让。

1）拍卖出让国有土地使用权

拍卖出让国有土地使用权，是指出让人发布拍卖公告，由竞买人在指定时间、地点进行公开竞价，根据出价结果确定土地使用者的行为。这种方式主要适用于投资环境好、盈利大、竞争性强的商业、金融业、旅游业和娱乐业用地，特别是大中城市的黄金地段。

2）招标出让国有土地使用权

招标出让国有土地使用权，是指市、县人民政府土地行政主管部门（以下简称出让人）发布招标公告，邀请特定或者不特定的公民、法人和其他组织参加国有土地使用权投标，根据投标结果确定土地使用者的行为。招标出让的方式主要适用于一些大型或关键性的发展计划与投资项目。

3）挂牌出让

挂牌出让国有土地使用权，是指出让人发布挂牌公告，按公告规定的期限将拟出让宗地的交易条件在指定的土地交易场所挂牌公布，接受竞买人的报价申请并更新挂牌价格，根据挂牌期限截止时的出价结果确定土地使用者的行为。

4）协议出让

协议出让，是指土地使用权的有意受让人直接向国有土地的代表提出有偿使用土地的愿望，由国有土地的代表与有意受让人进行谈判，协商出让土地使用的有关事宜的一种出让方式。它主要适用于工业项目、市政公益事业项目、非盈利项目及政府为调整经济结构、实施产业政策而需要给予扶持、优惠的项目，采取此方式出让土地使用权的出让金不得低于国家规定所确定的最低价。

2. 国有土地使用权划拨

（1）划拨土地使用权的含义

2007 年 8 月 30 日修改并通过的《中华人民共和国城市房地产管理法》第二十三条规定："土地使用权划拨，是指县级以上人民政府依法批准，在土地使用者缴纳补偿、安置费用后将该幅土地交付其使用，或者将土地使用权无偿交付给土地使用者使用的行为。"划拨土地使用权有以下含义：

1）划拨土地使用权有两种形式。《城市房地产管理法》中提出了两种土地使用权划拨的方式，一种是将土地使用权无偿交付给使用者使用；另一种是附条件的使用，是土地使用者缴纳补偿、安置费用后，才能获取土地使用权。

2）划拨土地使用权没有期限限制。《城市房地产管理法》第二十二条规定："依照本法规定以划拨方式取得土地使用权的，除法律、行政法规另有规定外，没有使用期限的限制。"

3）取得划拨土地使用权，必须经有批准权的人民政府核准并按法定的程序办理手续。

4）取得划拨土地使用权，不可转让、出租、抵押。

（2）划拨土地使用权的适用范围

2004 年 8 月 28 日修改并通过的《中华人民共和国土地管理法》第五十四条规定：建设单位使用国有土地，应当以出让有偿方式取得；但是，下列建设用地，经县级以上人民政府依法批准，可以以划拨方式取得：

1）国家机关用地和军事用地；

2）城市基础设施用地和公益事业用地；

3）国家扶持的能源、交通、水利等基础设施用地；

4）法律、行政法规规定的其他用地。

3. 国有土地使用权转让

土地使用权转让是指土地使用者将土地使用权再转移的行为，包括出售、交换和赠予等。未按土地使用权出让合同规定的期限和条件投资开发，利用土地的，土地使用权不得转让。土地使用权转让应当签订转让合同。土地使用权转让时、土地使用权出让合同和登记文件中所载明的权利、义务随之转移，土地使用权转让时，其地上建筑物、其他附着物的所有权转让，应当依照规定办理过户登记。土地使用权和地上建筑物、其他附着物所有权分割转让的，应当经市、县人民政府土地管理部门和房产管理部门批准，并依法办理过户登记。土地使用权转让须符合上述规定，否则即为非法转让。

4.2.3 工程建设用地的具体管理

建设用地包括土地利用总体规划中已确定的建设用地和因经济与社会发展的需要，由规划中的非建设用地转成建设用地。

1. 工程建设用地的预审

各项工程建设项目用地土地使用权都必须严格按照法定权限和程序报批。在建设项目可行性研究报告评审阶段，土地行政主管部门就要对项目用地进行预审，并提出意见。预审的内容包括：项目用地是否符合土地利用总体规划和年度土地利用计划，是否符合建设用地标准，是否符合根据国家产业政策确定的鼓励性、限制性和禁止性项目的供地目录。符合条件的，土地行政主管部门应当提出同意建设项目用地的意见，建设项目方可立项。

2. 工程建设用地的审批

建设项目立项后，凡需要使用国有土地的，都必须由建设单位向有审批权的县级以上人民政府土地行政管理部门提出申请。同时，建设单位须持建设项目的批准文件，包括项目建议书、可行性研究报告、规划许可证等。最后，经土地行政主管部门审查同意后，报本级人民政府批准。

3. 工程建设用地的取得方式

建设用地的取得，是指取得土地的使用权，而非所有权。取得的方式主要有两种：一种是有偿使用方式，一般是通过签订土地使用权出让合同，并缴纳土地出让金取得；另一种是行政划拨方式，由县级以上人民政府依法批准后，无偿取得。其中，以出让等有偿使用方式为原则，只有在特殊情况下才考虑行政划拨。

4. 工程建设用地的用途变更

工程建设用地，必须按照批准文件的规定或出让合同约定的用途来使用，如果确需要改变该幅土地的建设用途，建设单位必须报经有关人民政府土地行政管理部门同意，并报原批准用地的人民政府批准。其中，在城市规划区内改变土地用途的，在报批前，应当先经有关城市规划行政主管部门同意。

5. 工程建设临时用地

所谓临时用地，是指建设项目施工和地质勘察需要使用的国有土地或农民集体所有的土地。

临时用地也需报批，批准权在县级以上人民政府土地行政主管部门。其中，在城市规划区内的临时用地，在报批前，应当先经有关城市规划行政主管部门同意。临时用地的使用期限一般不得超过两年。

临时用地的使用者应按临时使用土地合同约定的用途使用土地，并不得修建永久性建筑。临时用地为耕地的，临时用地的使用者应自临时用地期满之日起 1 年内恢复种植条件。

4.2.4 违反《土地管理法》的法律责任

我国在土地管理方面制定了一系列的法律法规对土地所有权和使用权、征用和占用、审批权限和审批程序等，都有比较明确的规定。加强土地管理首先要增强法制意识，自觉遵守土地管理法律法规。

1. 买卖或者以其他形式非法转让土地的违法行为及其法律责任

买卖或者以其他形式非法转让土地的，由县级以上人民政府土地行政主管部门没收违法所得；对违反土地利用总体规划擅自将农民用地改为建设用地的，限期拆除在非法转让的土地上新建的建筑物和其他设施，恢复土地原状，对符合土地利用总体规划的，没收在非法转让的土地上新建的建筑物和其他设施；可以并处罚款；对直接负责的主管人员和其他直接责任人员，依法给予行政处分；构成犯罪的，依法追究刑事责任。

2. 破坏耕地的违法行为及其法律责任

违法占用耕地建窑、建坟或者擅自在耕地上建房、挖沙、采石、采矿、取土等，破坏种植条件的，或者因开发土地造成土地荒漠化、盐渍化的，由县级以上人民政府土地行政主管部门责令限期改正或者治理，可以并处罚款；构成犯罪的，依法追究刑事责任。

3. 非法占用土地的违法行为及其法律责任

未经批准或者采取欺骗手段骗取批准，非法占用土地的，由县级以上人民政府土地行政主管部门责令退还非法占用的土地，对违反土地利用总体规划的擅自将农用地改为建设用地的，限期拆除在非法占用的土地上新建的建筑物和其他设施，恢复土地原状，对符合土地利用总体规划的，没收在非法占用的土地上新建的建筑物和其他设施，可以并处罚款；对非法占用土地单位的直接负责的主管人员和其他直接责任人员，依法给予行政处分；构成犯罪的，依法追究刑事责任。超过批准的数量占用土地，多占的土地以非法占用土地论处。

4. 非法批地违法行为及其法律责任

无权批准征收、使用土地的单位或者个人非法批准占用土地的，超越批准权限非法批准占用土地的，不按照土地利用总体规划确定的用途批准用地的，或者违反法律规定的程序批准占用、征收土地的，其批准文件无效，对非法批准征收、使用土地的直接负责的主管人员和其他直接责任人员，依法给予行政处分；构成犯罪的，依法追究刑事责任。

非法批准、使用的土地应当收回，有关当事人拒不归还，以非法占用土地论处。

非法批准征用、使用土地，对当事人造成损失的，依法应当承担赔偿责任。

5. 非法侵占与挪用征地费的违法行为及其法律责任

侵占、挪用被征用土地单位的征地补偿费用和其他有关费用，构成犯罪的，依法追究刑事责任；尚不构成犯罪的，依法给予行政处分。

6. 拒不交还土地的违法行为及其法律责任

依法收回国有土地使用权当事人拒不交出土地的，临时使用土地期满拒不交还的，或者不按照批准的用途使用国有土地的，由县级以上人民政府土地行政主管部门责令交还土地，并处以罚款。

7. 非法转让土地的违法行为及其法律责任

擅自将农民集体所有的土地的使用权出让、转让或者出租用于非农业建设的，由县级以上人民政府土地行政主管部门责令限期改正，没收违法所得，并处罚款。

这里需要指出的是，依照《土地管理法》的有关规定，符合土地利用总体规则，并依法取得建设用地的企业，因破产、兼并等情形致使集体土地使用权发生转移的，不构成非法转让集体土地的违法行为。

8. 土地行政主管部门的工作人员的违法行为及其法律责任

土地行政主管部门的工作人员玩忽职守、滥用职权、徇私舞弊、构成犯罪的，依法追究刑事责任；尚不构成犯罪的，依法给予行政处分。

4.3 案 例 分 析

【案例 4-1】

1. 背景

某房地产开发企业经规划批准，修建公寓楼，工程由地上 12 层和 18 层两部分组成，建设规模为 7 万 m^2。但该单位自主将 12 层部分加高 3 层，违法建设面积 5400m^2。现该公寓正被规划部门查处中。

某单位拟在单位院内部建办公楼，经规划管理部门批准办理"一书两证"，但在建设过程中，将原来设计文件中的建筑规模由 8000m^2 增至 9000m^2，被发现责令停止施工。

2. 评析

这两个案例均属于违法建设。前者主要是未按程序向规划行政主管部门申报修改方案，擅自加高。后者违反建设工程规划许可证的规定，擅自变更批准的规划设计图纸进行施工建设。按照《城乡规划法》有关规定建设单位应当按照规划要求进行建设，建设过程中确需对许可内容进行变更调整的，建设单位应当向原城乡规划行政主管部门提出申请，经审核可以变更调整的，重新核发建设用地规划许可证；建设单位根据建设用地许可证的要求委托方案设计，重新申领建设工程规划许可证。这两家单位未经允许，修改设计，增加面积，违法事实清楚。按照城乡规划法规定，未按照建设工程规划许可证的规定进行建设的，由城乡规划主管部门责令停止建设；尚可采取改正措施消除对规划实施的影响的，限期改正，处建设工程造价百分之五以上百分之十以下的罚款。

【案例 4-2】

1. 背景

某承包商为了经济效益，在未领取建设工程规划许可证的情况下，擅自在某村一块原规划好用于公共设施的用地上建一幢一层高的厂房，被当地村民举报，当地人民政府责令该承包商停止建设、限期改正。

2. 评析

《中华人民共和国城乡规划法》第 65 条规定："在乡、村庄规划区内未依法取得乡村建设许可证或者未按照乡村建设规划许可证的规定进行建设的，由乡、镇人民政府责令停止建设、限期改正；逾期不改正的，可以拆除。"

本案中，该承包商既没有依法取得乡村建设规划许可证，也没有按照乡村建设规划进行建设，属于违法建设，是应当承担法律责任的。作为承包商，在乡、村规划区内进行乡村公共设施建设，应当向乡、镇人民政府提出申请，由乡、镇人民政府报城市、县人民政府城乡规划主管部门核发乡村建设规划许可证，且只能按照核发的乡村建设规划许可证的规定进行建设，否则即属违法建筑，将由乡、镇人民政府责令停止建设、限期改正；逾期不改正的，可以拆除。

【案例 4-3】

1. 背景

某区政府于 2003 年 8 月 5 日与某房地产公司签订《合作建设××大厦》的协议书，在办理了合法用地手续后开始动工建设，由于后续资金不足，该项目于 2004 年停工。为顺利完成大楼建设，区政府于 2004 年 11 月与某物业公司签订合作开发协议，由三方合作开发此项目。后由于各种原因，三方于 1999 年 5 月签订协议书，将三方合作建设的该项目作价 750 万元全部（含建筑物、土地）转让给物业公司独立开发。物业公司在办理转手续时，发现该项目已超越原用地红线 450m²（超越部分为区政府行政划拨用地）。经协商，区政府与物业公司于 2009 年 12 月 25 日签订补充协议，将多占的 450m² 土地作价 60 万元（含在 750 万元转让费用中）转让给物业公司。

2. 问题

试问这宗土地转让合法吗？符合转让程序吗？

3. 分析

该案初看是出让土地转让，再看又像是少批多占的非法占地行为，因为是在项目建设中确实多占用了区政府的规划用地，但区政府与物业公司从项目的建设到转让协议、补充协议的签订，再到项目、土地转让费用的支付，都满足了土地转让行为的三个要素，即签订合同、支付费用和动工建设。且在转让的土地中含有未经批准不能擅自转让的行政划拨用地，所以应根据《中华人民共和国土地管理法》第二条的规定，定性为非法转让划拨土地使用权行为。处理：根据《中华人民共和国土地管理法》第七十三条、《中华人民共和国城镇国有土地使用权出让和转让暂行条例》第四十六条和《中华人民共和国土地管理法实施条例》第三十八条之规定，对区政府和物业公司作出没收非法所得，对双方处以百分之二十罚款的处罚。

【案例 4-4】

1. 背景

某市甲房地产开发总公司与乙公司签订了一份土地使用权转让合同，乙公司将其拥有使用权的一块土地转让给甲公司，甲公司支付了转让费。不久，在甲公司正式开工之前，乙公司就同一块土地与丙公司签订了土地使用权转让合同，并协助丙公司办理了土地使用权过户登记手续。现在甲公司与丙公司对土地使用权归属发生争议，双方诉至法院。

2. 问题

（1）本案中，谁拥有这块土地的使用权？说明理由。（2）乙公司在本案中是否承担责任？承担何种责任？若不承担责任，请说明理由。

3. 评析

（1）丙公司应当拥有这块土地的使用权。《土地管理法》第 10 条规定："依法改变土地的所有权或者使用权的，必须办理土地权属变更登记手续，更换证书"。可见，土地使用权的转移，只有经过规定办理过户登记，才发生法律效力。本案中，甲公司和乙公司虽然签订土地使用权转让合同在先，并支付了转让费，但由于未依法办理登记手续，故甲公司不能取得该块土地的使用权。

（2）《土地管理法》第 2 条规定：任何单位和个人不得侵占、买卖或者以其他形式非法转让土地。土地使用权可以依法转让，国家依法实行国有土地有偿使用制度。

土地使用权转让是指土地使用者将土地使用权转移的行为，包括出售、交换、赠予。所以，乙公司转让土地使用权是受法律保护的。

乙公司在与甲公司依法签订土地转让合同后，即负有将土地使用权转让给甲公司并协助办理登记的义务。因此，甲公司有权依《合同法》规定，要求乙公司承担违约责任。

【案例 4-5】

1. 背景

一天，小李突然接到一份处罚书，他怎么也想不到在村宅基地上建房，并与村里签订的用地合同也会受到处罚。2010 年 4 月 5 日小李在未办理乡村建设规划许可证的情况下，开始在村里自己家的宅基地上将原来的旧房拆除后新建了二层小楼，花去 15 万元。县行政执法局依法调查终结后，认为该行为违反了《城乡规划法》的有关规定，于 2010 年 7 月 6 日对其做出了罚款，限期补办准建手续的行政处罚。

2. 问题

（1）小李是否违反了《城乡规划法》？

（2）小李需要补办什么准建手续，在原有宅基地上建房的申请程序是什么？

3. 分析

（1）小李违反了《城乡规划法》。

（2）小李需要补办乡村建设规划用地许可证。建房的申请程序为：①经乡级人民政府核实，向县级人民政府规划建设行政主管部门提出建房申请；②根据需要，征求四邻对用地位置和界限的具体意见；③县级建设规划行政主管部门根据乡、村庄规划的要求，向用地建房人提出设计要求；④核发乡村建设规划用地许可证。

本 章 小 结

城乡规划由城市总体规划、分区规划、控制性详细规划、修建性详细规划组成，本章介绍"一书三证"的管理作用和要求，它是实施城乡规划的必要保障，还介绍了有关违反城乡规划法行为的处罚规定。

本章还介绍土地管理法的主要内容和框架，以及土地使用权的基本概念。阐述了土地使用权出让、划拨、转让的有关规定和主要操作方式。

思 考 与 练 习 题

思考题

1.《城乡规划法》的实施时间？

2. 城乡规划类型有哪些？

3. 简述控制性详细规划的主要内容。

4. 如何来实施城乡规划，什么是"一书三证"？

5. 现行《中华人民共和国城市规划法》的实施时间是什么？

6. 我国土地资源分类有哪些？

7. 关于工程建设临时用地的管理规定有哪些？

8. 土地使用权的出让方式有哪些？

练习题

单项选择

1. 详细规划分为（　　）和（　　）。

A. 控制性详细规划、修建性详细规划　　　B. 总体规划、建设规划

C. 总体规划、详细规划　　　　　　　　　D. 分区规划、详细规划

2. 房屋使用人应当按照（　　）确定的用途使用房屋。

A. 建设工程规划核实确认书　　　　　　　B. 建设用地规划许可证

C. 建设工程规划许可证　　　　　　　　　D. 建设项目的规划条件

3. 按照国家规定需要批准、核准的建设项目，以划拨方式提供国有土地使用权的，建设单位在报批、核准前，应当向（　　）申请核发（　　）。

A. 城乡规划主管部门　　　　选址意见书

B. 国土主管部门　　　　　　选址意见书

C. 城乡规划主管部门　　　　建设工程规划许可证

D. 国土主管部门　　　　　　建设用地规划许可证

4. 建设单位或者个人取得（　　）后，方可申请用地。

A. 建设工程规划许可证　　　　　　　　　　B. 选址意见书

C. 建设工程规划核实确认书 D. 建设用地规划许可证

多项选择

1. 修建性详细规划的主要内容包括（　　）。

A. 建设条件分析及综合技术经济论证

B. 作出建筑、道路和绿地等的空间布局和景观规划设计，布置总平面图

C. 道路交通规划设计与绿地系统规划设计

D. 估算工程量、拆迁量和总造价，分析投资效益

E. 工程管线规划设计

2. 《城乡规划法》的实施管理包括（　　）。

A. 核发选址意见书 B. 颁发建设用地规划许可证

C. 颁发建设工程规划许可证 D. 颁发乡村建设规划许可证

3. 城乡规划的监督检查包括（　　）。

A. 行政监督检查 B. 人大对城乡规划工作的监督

C. 公众对城乡规划工作的监督 D. 政协对城乡规划工作的监督

4. 土地使用权的出让方式（　　）。

A. 拍卖 B. 招标

C. 挂牌 D. 协议

E. 抵押

5. 土地使用权的转让方式（　　）。

A. 拍卖 B. 招标

C. 交换 D. 赠予

E. 抵押

教学单元 5　建设工程招投标法规

[**知识目标**] 了解承包与发包、招标投标的概念；熟悉招标、投标、开标与评标的程序，掌握招标投标活动应遵循的基本原则、范围和规模标准；熟悉违反《招标投标法》的相关法律责任；掌握建设工程中发承包的主要规定，投标文件和投标保证金的法定要求，以及评标委员会关于废标的处理规定和中标的法定条件。

[**能力目标**] 能正确理解和运用《招标投标法》的有关规定解决建设工程招标投标中遇到的实际问题；遵循招标投标活动的基本原则，熟悉违反《招标投标法》的法律责任。

5.1　建设工程的承包与发包

5.1.1　建设工程的发包
1. 建设工程的承包与发包的概念

建设工程的承包与发包是指发包方（建设单位或总承包单位）通过合同委托承包方（勘察设计、施工、监理、材料供应等单位）按合同规定为其完成某一工程的全部或部分工作并按合同的约定支付一定的报酬，双方权利义务关系，通过合同加以明确的交易行为。

2. 建设工程的承包与发包方式

建筑工程实行招标发包的，发包单位应当将建筑工程发包给依法中标的承包单位。建筑工程实行直接发包的，发包单位应当将建筑工程发包给具有相应资质条件的承包单位。

5.1.2　建设工程的承包
工程承包单位的资质等级许可制度

我国对承包单位（包括勘察、设计、施工单位）实行资质等级许可制度。《建筑法》规定：承包建筑工程的单位应当持有依法取得的资质证书，并在其资质等级许可的业务范围内承揽工程。《建筑法》规定如下：

（1）禁止建筑施工企业超越本企业资质等级许可的业务范围承揽工程；

（2）禁止以任何形式用其他建筑施工企业的名义承揽工程；

（3）禁止建筑施工企业以任何形式允许其他单位或者个人使用本企业的资质证书、营业执照，以本企业名义承揽工程。

5.1.3　建设工程的分包
1. 工程分包的概念

工程分包，即工程承包单位将所承包的部分工程或劳务分包给其他承包单位完成的活动。可以分为专业工程分包与劳务作业分包。

（1）专业工程分包，即施工总承包企业将其所承包工程的专业工程发包给具有相应资质的其他建筑业企业完成的活动。

（2）劳务作业分包，即施工总承包企业或者专业承包企业将其承包工程中的劳务作业发包给劳务分包企业完成的活动。

2. 分包工程的范围

建筑工程总承包单位可以将承包过程中的部分工程分包给具有相应资质条件的分包单位。禁止承包单位将其承包的全部建筑工程转包给他人，禁止承包单位将其承包的全部建筑工程肢解以后以分包的名义分别转包给他人。建筑工程主体结构的施工必须由总承包单位自行完成。

《招标投标法》也规定，招标人按照合同约定或者经招标人同意，可以将中标项目的部分非主体、非关键性工作分包给他人完成。中标人不得向他人转让中标项目，也不得将中标项目肢解后分别向他人转让。

3. 分包单位的资质要求

《建筑法》规定，建筑工程总承包单位可以将承包工程中的部分工程发包给具有相应资质条件的分包单位；但是，除总承包合同中约定分包外，必须经建设单位认可。禁止总承包单位将工程分包给不具备相应资质条件的单位。

承包工程的单位必须持有依法取得的资质证书，并在其资质等级许可的业务范围内承揽工程。这一规定同样适用于工程分包单位。不具备资质条件的单位不仅不可以进行工程承包，也不得承接分包工程。

4. 分包单位不得再分包

《建筑法》与《招标投标法》都做了规定，禁止分包单位将其承包的工程再分包，接受分包的人不得再次分包。

5. 分包单位的责任

《建筑法》与《招标投标法》都做了规定，建筑工程总承包单位按照总承包合同的约定对建设单位负责；分包单位按照分包合同的约定对总承包单位负责。总承包单位和分包单位就分包工程对建设单位承担连带责任。中标人应当就分包项目向招标人负责，接受分包的人就分包项目承担连带责任。

5.2 招标投标法概述

《中华人民共和国招标投标法》（以下简称《招标投标法》）由中华人民共和国第九届全国人民代表大会常务委员会第十一次会议于 1999 年 8 月 30 日通过，自 2000 年 1 月 1 日起实施。目的在于规范招标投标活动，保护国家利益、社会公共利益和招标投标活动当事人的合法权益，提高经济效益，保证项目质量。

《招标投标法》共七章六十八条，分别从招标、投标、开标、评标和中标等各主要阶段对招标投标活动作出了规定。

国务院各部委陆续发布了一系列规范招标投标活动的部门规章，主要有：《工程建设项目招标范围和规模标准规定》、《评标委员会和评标办法暂行规定》、《工程建设项目勘察设计招标投标办法》、《工程建设项目施工招标投标办法》和《工程建设项目货物招标投标办法》等。

5.2.1 建设工程招标投标活动的基本原则

《招标投标法》规定了招标投标活动必须遵循公开、公平、公正和诚实信用的基本原则。招标投标制度是市场经济的产物，必然要遵循市场经济活动的最基本原则，违反了这一原则，招标投标活动就失去了本来的意义。

1. 公开原则

公开原则，就是要求招标投标活动具有较高的透明度，实行招标信息公开、招标程序公开、中标结果公开。

2. 公平原则

公平原则要求给予所有投标人平等的机会，使其享有同等的权利，履行同等的义务，不得排斥、歧视潜在的投标人，而投标人不得采用不正当的竞争手段参加投标竞争。

3. 公正原则

公正原则就是要求在招标投标活动中，评标过程和结果要公正。评标是对所有投标者一视同仁，严格按照招标文件规定的标准和规则统一对待各方。

4. 诚实信用的原则

诚实信用的原则就是要求招标投标的当事人应以诚实、守信的态度行使权力，履行义务，处理自身利益和社会利益的平衡，要求当事人不得通过自己的活动损害第三人和社会的利益。

5.2.2 建设工程必须招标的范围、规模

1. 必须招标的建设工程项目的规定

《招标投标法》第三条规定，在中华人民共和国境内进行下列工程建设项目包括项目的勘察、设计、施工、监理以及与工程建设有关的重要设备、材料等的采购，必须进行招标。

为了确定必须进行招标的工程建设项目的具体范围和规模标准，规范招标投标活动，原国家发展计划委员会（现国家发展和改革委员会，简称国家发改委）于2000年发布了《工程建设项目招标范围和规模标准规定》，对必须招标的范围作出进一步规定：包括关系社会公共利益、公共安全的基础设施的项目；关系社会公共利益、公众安全的公共事业的项目；使用国有资金投资的项目；国家融资的项目；使用国际组织或者外国政府贷款、援助资金的项目。

2. 建设工程必须招标的规模标准

《工程建设项目招标范围和规模标准规定》规定的上述各类工程建设项目，包括项目的勘察、设计、施工、监理以及与工程建设有关的重要设备、材料等的采购，达到下列标准之一的必须进行招标：

（1）施工单项合同估算价在人民币200万元以上的；

（2）重要设备、材料等货物的采购，单项合同估算价在人民币100万元以上的；

（3）勘察、设计、监理等服务的采购，单项合同估算价在50万元以上的；

（4）单项的合同估算价低于第（1）（2）（3）项规定的标准，但项目总额在人民币3000万元以上的。

3. 可以不进行招标的建设工程项目

根据《工程建设项目招标范围和规模标准规定》，建设项目的勘察、设计，采用特定

专利或者专有技术的，或者其建筑艺术造型有特殊要求的，经项目主管部门批准，可以不进行招标。

原国家计委、建设部等7部门颁布的《工程建设项目施工招标投标办法》中规定，有下列情形之一的，可以不进行施工招标：

（1）涉及国家安全、国家秘密或者抢险救灾而不适宜招标的；

（2）属于利用扶贫资金实行以工代赈需要使用民工的；

（3）施工主要技术采用特定的专利或者专有技术的；

（4）施工企业自建自用的工程，且该施工企业资质等级符合工程要求的；

（5）在建工程追加的附属小型工程或者主体加层工程，原中标人仍具备承包能力的；

（6）法律、行政法规规定的其他情形。

5.2.3 建设工程招标方式

《招标投标法》第十条规定，招标分为公开招标和邀请招标。公开招标，是指招标人以招标公告的方式邀请不特定的法人或者其他组织投标。邀请招标，是指招标人以投标邀请书的方式邀请特定的法人或者其他组织投标。

1. 公开招标

也称无限竞争招标。采用这种招标方式可以为符合条件的潜在投标人提供一个平等竞争的机会。依法必须进行招标的项目的招标公告，应当通过国家指定的报刊、信息网络或者其他媒体发布的。

2. 邀请招标

为了保证邀请招标的竞争性，《招标投标法》规定，招标人采用邀请招标方式的，应当向三个以上具备承担招标项目的能力、资信良好的特定法人或者其他组织发出投标邀请书。

《工程建设项目施工招标投标办法》规定，国务院发展计划部门确定的国家重点建设项目；省、自治区、直辖市人民政府确定的地方重点建设项目；全部使用国有资金投资或者国有资金投资占控股或者主导地位的工程建设项目，应当公开招标。有下列情形之一的，经批准可以进行邀请招标：

（1）项目技术复杂或有特殊要求的，只有少量几家潜在投标人可供选择的；

（2）受自然地域环境限制的；

（3）涉及国家安全、国家秘密或者抢险救灾，适宜招标但不宜公开招标的；

（4）拟公开招标的费用与项目价值相比不值得的；

（5）法律、法规规定不宜公开招标的。

5.2.4 建设工程招标程序

建设工程招标的基本程序主要包括：落实招标条件、委托招标代理机构、编制招标文件、发布招标公告或投标邀请书、资格审查、开标、评标、中标和签订合同等。

1. 招标条件

《工程建设项目施工招标投标法》规定，依法必须招标的工程建设项目，应当具备下列条件才能进行施工招标：

（1）招标人已经依法成立；

（2）初步设计及概算应当履行审批手续的，已经批准；

（3）招标范围、招标方式和招标组织形式等应当履行核准手续的，已经核准；

（4）有相应资金或资金来源已经落实；

（5）有招标所需的设计图纸及技术资料；

（6）法律规定的其他条件。

2. 自行招标

《工程建设项目自行招标试行办法》中规定了自行招标必须具备的条件：

（1）具备项目的法人资格；

（2）具有与招标项目规模和复杂程度相适应的工程技术、概预算、财务和工程管理等方面专业技术力量；

（3）有从事同类工程建设项目招标的经验；

（4）设有专门的招标机构或者拥有 3 名以上专职招标业务人员；

（5）熟悉和掌握招标投标法及有关法规规章。

3. 代理招标

招标人不具备自行招标能力，应当委托具有相应的资格条件的专业招标代理机构，由其代理招标人进行招标。《招标投标法》规定：招标代理机构是依法设立、从事招标代理业务并提供相关服务的社会中介组织。招标代理机构与行政机关和其他国家机关不得存在隶属关系或者其他利益关系。

（1）工程招标代理机构的业务范围

工程招标代理机构资格分为甲级、乙级和暂定级，并规定了乙级和暂定级工程招标代理机构承担招标代理业务的工程投资额限额。甲级工程招标代理机构可以承担各类工程的招标代理业务；乙级工程招标代理机构只能承担总投资 1 亿元人民币以下的工程招标代理业务；暂定级工程招标代理机构，只能承担总投资 6000 万元人民币以下的工程招标代理业务。

（2）招标代理机构可以在其资格等级范围内承担下列招标事宜

① 拟定招标方案，编制和出售招标文件、资格预审文件；②审查投标人资格；③编制标底；④组织投标人踏勘现场；⑤组织开标、评标，协助招标人定标；⑥草拟合同；⑦招标人委托的其他事项。

4. 编制招标文件

招标文件应当包括招标项目的技术要求、对投标人资格审查的标准、投标报价要求和评标标准等所有实质性要求和条件以及拟定签订合同的主要条款。国家对招标项目的技术、标准有规定的，招标人应当按照其规定在招标文件中提出相应要求。招标文件一般包括下列内容：

（1）投标邀请书；

（2）投标人须知；

（3）合同主要条款；

（4）招标文件格式；

（5）采用工程量清单招标的，应当提供工程量清单；

（6）技术条款；

（7）设计图纸；

（8）评标标准和方法；

（9）投标辅助材料。

招标人应当在招标文件中规定实质性要求和条件，并用醒目的方式表明。

招标人对已发出的招标文件进行必要的澄清或者修改的，应当在招标文件要求的投标文件提交截止时间前至少 15 日，并以书面形式通知所有招标文件收受人。该澄清或者修改的内容为招标文件的组成部分。

招标人应当确定投标人编制投标文件所需的合理时间，但是依法必须进行招标的项目，自招标文件开始发出之日起至投标人提交投标文件截止之日止，最短不得少于 20 日。

5. 发布招标公告或投标邀请书

《招标投标法》规定，招标人采用公开招标方式的，应当发布招标公告。依法必须进行招标的项目的招标公告，应当通过国家指定的报刊、信息网络或者其他媒介发布。

招标公告应当载明招标人的名称和地址、招标项目的性质、数量、实施地点和时间以及获取招标文件的办法等事项。招标人采用邀请招标方式的，应当向三个以上具备承担招标项目的能力、资信良好的特定的法人或者其他组织发出投标邀请书。

招标人不得以不合理的条件限制或者排斥潜在投标人，不得对潜在投标人实行歧视待遇。

6. 资格审查

资格审查分为资格预审和资格后审。

资格预审，是指投标前对潜在投标人进行的资格审查。采取资格预审的，招标人可以发布资格预审公告，在资格预审文件中载明资格预审的条件、标准和方法；采取资格后审的，招标人应当在招标文件中载明对投标人资格要求的条件、标准和方法。经资格预审后，招标人应当向资格预审合格的潜在投标人发出资格预审合格通知书，告知获得招标文件的时间、地点和方法，并同时向资格预审不合格的潜在投标人告知资格预审结果。

资格预审不合格的潜在投标人不得参加投标。

资格后审，是指在开标后对投标人进行的资格审查。进行资格预审的，一般不再进行资格后审，但招标文件另有规定的除外。经资格后审不合格的投标人的投标应当作废标处理。

资格审查应主要审查潜在投标人或者投标人是否符合下列条件：

（1）具有独立订立合同的权利；

（2）具有履行合同的能力；包括专业、技术资格和能力，资金、设备和其他物质设施状况，管理能力，经验、信誉和相应的从业人员；

（3）没有处于被责令停业，投标资格被取消，财产被接管、冻结、破产状态；

（4）最近三年内没有骗取中标和严重违约及重大工程质量问题；

（5）法律行政法规规定的其他资格条件。

7. 招标文件的出售

招标人应当按照招标公告或者投标邀请书规定的时间、地点出售招标文件。自招标文件出售之日起至停止出售之日止，最短不得少于 5 个工作日。

8. 组织现场踏勘和答疑

（1）组织现场踏勘

招标人根据招标项目的具体情况，可以组织潜在投标人踏勘项目现场，向其介绍工程场地和相关环境的有关情况。潜在投标人依据招标人介绍的情况作出的判断和决策，由投标人自行负责。招标人不得单独或者分别组织任何一个投标人进行现场踏勘。

（2）招标文件答疑

对于潜在投标人在阅读招标文件和现场踏勘中提出的疑问，招标人可以书面形式或召开投标预备会的方式解答，但需同时将解答以书面的方式通知所有购买招标文件的潜在投标人。该解答的内容同样构成招标文件的组成部分。

5.3 建 设 工 程 投 标

5.3.1 关于投标的基本要求

1. 投标人的资格要求

参加建设项目主体工程的设计、建筑安装和监理以及主要设备、材料供应等投标单位，必须具备以下条件：

（1）具有招标条件要求的资格证书，并为独立的法人实体；

（2）承担过类似建设项目的相关工作，并有较好的工作业绩和履约记录；

（3）财产状况良好，没有被接管、破产或者其他关、停、并、转状态；

（4）在最近三年内没有参与骗取合同以及其他经济方面的严重违法行为；

（5）近几年有较好的安全记录，投标当年内没有发生重大质量、特大安全事故。

2. 投标文件

（1）投标文件的编制

投标人应当按照招标文件的要求编制投标文件。投标文件应当对招标文件提出的实质性要求和条件作出响应。招标项目属于建设施工项目的，投标文件的内容应当包括拟派出的项目负责人与主要技术人员的简历、业绩和拟用于完成招标项目的机械设备等。

投标文件一般包括以下内容：①投标函；②投标报价；③施工组织设计；④商务和技术偏差表

投标人根据招标文件载明的项目实际情况，拟在中标后将中标项目的部分非主体、非关键性工作进行分包的，应当在投标文件中载明。

（2）投标文件的提交

投标人应当在招标文件要求提交投标文件的截止时间前，将投标文件送达投标地点。招标人收到投标文件后，应当签收保存，不得开启。投标人少于三个的，招标人应当依法重新招标。招标文件要求提交投标文件的截止日期后送达的投标文件，招标人应当拒收。

（3）投标文件的补充、修改或撤回

投标人在招标文件要求提交投标文件的截止时间之前，可以补充、修改或撤回已提交的投标文件，并书面通知招标人。补充、修改的内容为投标文件的组成部分。

在提交投标文件截止时间后到招标文件规定的投标有效期终止之前，投标人不得补充、修改、替代或者撤回其投标文件。投标人补充、修改、替代投标文件的，招标人不予接受；投标人撤回投标文件的，其投标保证金被没收。

5.3.2 关于投标保证金的有关规定

1. 投标保证金的概念

投标保证金是由招标人在招标文件设定的一种担保形式，要求投标人向招标人出具的，以一定金额表示的投标责任担保。防止投标人在投标有效期内随意撤回标书或中标后不能提交履约保证金和签署合同。在发生下列情形时，招标人有权没收投标保证金：

（1）投标人在投标有效期内撤回其投标文件；

（2）中标人未能在规定期限内提交履约保证金或签署合同协议。

投标有效期是从投标人提交投标文件截止之日起计算，一般至中标通知书签发日期止。在此期限内，所有招标文件均保持有效。

2. 投标保证金的额度和有效期限

招标人可以在招标文件中要求投标人提交投标保证金。投标保证金除现金外，可以是银行出具的银行保函、保兑支票、银行汇票或现金支票。

投标金额一般不得超过总投标价的 2%，但最高不得超过 80 万元人民币，投标保证金有效期应当超出投标有效期 30 天。投标人应当按照招标文件要求的金额和方式，将投标保证金随投标文件提交给招标人。招标人与中标人签订合同后 5 个工作日内，应当向未中标的投标人退还投标保证金。

5.3.3 联合体投标的有关规定

1. 联合体投标的概念

联合体投标指两个以上法人或者其他组织可以组成一个联合体，以一个投标人的身份共同投标。联合体投标可以实现优势互补，增强投标竞争力，联合体共同投标一般适用于大型建设项目和结构复杂的建设项目。联合体投标具有以下特点：

（1）联合体由两个或者两个以上的投标人组成；

（2）联合体是一个临时性的组织，不具有法人资格；

（3）联合体各方以一个投标人的身份共同投标，中标后，招标人与联合体各方共同签订一个承包合同。

2. 联合体各方的资质要求

（1）联合体各方均应当承担招标项目的相应能力；

（2）国家有关规定或者招标文件对投标人资格条件有规定的，联合体各方均应当具备规定的相应资格条件；

（3）由同一专业的单位组成的联合体，按照资质等级较低的单位确定资质等级。

3. 联合体共同投标协议

（1）联合体各方应当签订共同投标协议，明确约定各方拟承担的工作和责任，并将共同投标协议连同投标文件一并提交招标人。

（2）联合体各方必须指定牵头人，授权其代表所有联合体成员负责投标和合同实施阶段的主办和协调工作。

（3）联合体中标的，联合体各方应当共同与招标人签订合同，就中标项目向招标人承担连带责任。

5.3.4 关于投标禁止性规定

1. 投标人之间相互串通投标

投标人不得相互串通投标报价，不得排挤其他投标人的公平竞争，损害招标人或者其他投标人的合法权益。例如：

（1）投标人之间相互约定抬高或降低投标报价；

（2）投标人之间相互约定，在招标项目中分别以高、中、低价位报价；

（3）投标人之间先行进行内部竞价，内定中标人，然后再参加投标；

（4）投标人之间其他串通投标报价的行为。

2. 投标人与招标人串通投标

投标人不得与招标人串通投标，损害国家利益、社会公共利益或者他人的合法权益。例如：

（1）招标人在开标之前开启投标文件，并将投标情况告知其他投标人，或者协助投标人撤换投标文件，更改报价；

（2）招标人向投标人泄露标底；

（3）招标人与投标人商定，投标时压低或抬高报价，更改报价，中标后再给投标人或者招标人额外补偿；

（4）招标人预先内定中标人；

（5）其他串通投标行为。

3. 投标人以行贿的手段谋取中标

禁止投标人以向招标人或者评标委员会成员行贿的手段谋取中标。投标人以行贿的手段谋取中标是违背招标投标法基本原则的行为，对其他参与竞争的投标人不公平，其法律后果是中标无效。有关责任人和单位还要承担相应的行政责任或刑事责任；给他人造成损失的，还应承担民事赔偿责任。

4. 投标人以低于成本的报价竞标

投标人不得以低于成本的报价竞标。投标人以低于成本的报价竞标，其目的主要是为了排挤对手，违反了《反不正当竞争法》。同时，低于成本的报价竞标不仅是不正当竞争行为，还容易导致中标后的偷工减料，影响工程质量。

5. 投标人以非法手段骗取中标

投标人不得以他人名义投标或者以其他方式弄虚作假，骗取中标。在工程实践中骗取中标的现象主要表现在以下几个方面：

（1）投标人挂靠其他施工单位投标；

（2）从其他单位通过转让或租借的方式获取资格或资格证书；

（3）投标时递交虚假业绩证明、资格文件；

（4）由其他单位及其法定代表人在自己编制的投标文件上加盖印章和签字等。

5.4 建设工程的开标、评标和中标

5.4.1 建设工程的开标

1. 开标

开标就是招标人依据招标文件规定的时间和地点，开启投标人提交的投标文件，公开

宣布投标人的名称、投标价格和投标文件中的其他主要内容。开标应当在招标文件确定的提交投标文件截止时间的同一时间公开进行；开标地点应当为招标文件中预先确定的地点。

开标由招标人主持，邀请所有投标人参加。开标会议可邀请公证部门对开标全过程进行公证。开标过程应当记录，并存档备查。

2. 开标的程序

（1）由投标人或者其推选的代表检查投标文件的密封情况，也可以由招标人委托的公证机构检查并公证；

（2）经确认无误后，由工作人员当众拆封，宣读投标人名称，投标人价格和投标文件的其他主要内容。

招标人在招标文件要求提交投标文件的截止时间前收到的所有投标文件，开标时都应当当众予以拆封宣读。设有标底的，公布标底。投标人代表、招标人代表、监标人、记录人等有关人员在开标记录上签字确认。

3. 投标文件有下列情形之一的，招标人不予受理：

（1）逾期送达的或者未送达指定地点的；

（2）未按招标文件要求密封的。

5.4.2 建设工程的评标

1. 评标委员会的组建

（1）评标委员会成员组成

评标由招标人依法组建的评标委员会负责。评标委员会成员的名单在中标结果确定前应当保密。专家成员应从省级以上人民政府有关部门提供的专家名册或招标代理机构的专家名册中确定。

（2）评标委员会成员的回避制度

与投标人有利害关系的人不得进入相关项目的评标委员会；已经进入的应当更换。《评标委员会和评标方法暂行规定》规定，有下列情形之一者不得担任评标委员会成员，并应主动提出回避：

1）投标人或者投标主要负责人的近亲属；

2）项目主管部门或者行政监督部门的人员；

3）与投标人有经济利益关系，可能影响对投标公正评审的；

4）曾因在招标、评标以及其他与招标投标有关活动中从事违法行为而受到行政处罚或者刑事处罚的。

（3）评标委员会评标的工作要求

评标委员会应当按照招标文件确定评标标准和方法，对投标文件进行评审和比较；设有标底的，应当参考标底。评标委员会完成评标后，应当向招标人提出书面评标报告，并推荐合格的中标候选人。评标委员会经评审，认为所有投标都不符合招标文件要求的，可以否决所有投标。

投标文件不响应招标文件的实质性要求和条件的，招标人应当拒绝，并不允许投标人通过修正或撤销其不符合要求的差异或保留，使之成为具有响应性的投标。

评标委员会在对实质性响应招标文件要求的投标进行报价评估时，除招标文件另有约定，应当按下述原则进行修正：

1）用数字表示的数额与用文字表示的数额不一致时，以文字数额为准；

2）单价与工程量的乘积与总价之间不一致时，以单价为准。若单价有明显的小数点错位，应以总价为准，并修改单价。

2. 废标情况

投标文件有下列情形之一的由评标委员会初审后按废标处理：

（1）无单位盖章并无法定代表人或法定代表人授权的代理人签字或者盖章的；

（2）未按规定的格式填写，内容不全或关键字模糊、无法辨认的；

（3）投标人递交两份或者多份内容不同的投标文件，或者在一份投标文件中对同一招标项目报有两个或多个报价，且未声明哪一个有效，按招标文件规定提交备选投标方案的除外；

（4）投标人名称或组织结构与资格预审时不一致的；

（5）未按招标文件要求提交投标保证金的；

（6）联合体投标未附联合体各方共同投标协议的。

5.4.3　建设工程的中标

1. 中标条件

（1）中标候选人

评标委员会推荐的中标候选人应当限制在一至三人，并表明排列顺序。中标人的投标应当符合下列条件之一：

1）能够最大限度地满足招标文件中规定的各项综合评价标准；

2）能够满足招标文件的实质性要求，并且经评审的投标价格最低；但是投标价格低于成本的除外。

（2）确定中标人

确定中标人应当遵守如下程序：

1）评标委员会提出书面评标报告后，招标人应当在 15 日内确定中标人，但最迟应当在投标有效期结束日三十个工作日前确定。

2）招标人应当接受评标委员会推荐的中标候选人，不得在评标委员会推荐的中标候选人之外确定中标人。

3）依法必须招标的项目，招标人应当确定排名第一的中标候选人为中标人。排名第一的中标候选人放弃中标、因不可抗力提出不能履行合同，或者招标文件规定应当提交履约保证金而在规定的期限内未能提交的，招标人可以确定排名第二的中标候选人为中标人，依此类推。

2. 中标通知书

中标人确定后，招标人应当向中标人发出中标通知书，并同时将中标结果通知所有的未中标的投标人。中标通知书对招标人和中标人具有法律效力。中标通知书发出后，招标人改变中标结果的，或中标人放弃中标项目的，应当依法承担法律责任。

3. 签订合同

招标人和中标人应当自中标通知书发出之日起 30 日内，按照招标文件和中标人的投标文件订立书面合同。招标人和中标人不得再行订立背离合同的实质性内容的其他协议。

招标人于中标人签订合同后 5 个工作日内，应当向未中标的投标人退还投标保证金。

依法必须进行招标的项目，招标人应当自确定中标人之日起 15 日内，向有关行政监督部门提交招标投标情况的书面报告。该书面报告应当至少包括下列内容：

（1）招标范围；

（2）招标方式和发布招标公告的媒介；

（3）招标文件中投标人须知、技术条款、评标标准和方法、合同主要条款等内容；

（4）评标委员会的组成和评标报告；

（5）中标结果。

5.5 建设工程招标投标法律责任

5.5.1 招标人及招标代理机构的法律责任

1. 招标人应承担违法的法律责任

（1）必须进行招标的项目而不招标的，将必须进行招标的项目化整为零或者以其他任何方式规避招标的，责令限期改正，可以处项目合同金额千分之五以上千分之十以下的罚款；

对全部或者部分使用国有资金的项目，可以暂停项目执行或者暂停资金拨付；对单位直接负责的主管人员和其他直接责任人员依法给予处分。

（2）招标人以不合理的条件限制或者排斥潜在投标人的，对潜在投标人实行歧视待遇的，强制要求投标人组成联合体共同投标的，或者限制投标人之间竞争的，责令改正，可以处 1 万元以上 5 万元以下的罚款。

（3）依法必须进行招标的项目的招标人向他人透露已获取招标文件的潜在投标人的名称、数量或者可能影响公平竞争的有关招标投标的其他情况的，或者泄露标底的，给予警告，可以处 1 万元以上 10 万元以下的罚款；

对单位直接负责的主管人员和其他直接负责人员给予处分；构成犯罪的，依法追究刑事责任。影响中标结果的，中标无效。

（4）依法必须进行的招标的项目，招标人违反规定，与投标人就投标价格、投标方案等实质性内容进行谈判的，给予警告，对单位直接负责的主管人员和其他直接责任人员依法给予处分。影响中标结果的，中标无效。

（5）招标人在评标委员会依法推荐的中标候选人以外确定中标人的，依法必须进行招标的项目在所有投标被评标委员会否决后自行确定中标人的，中标无效，责令改正，可以处中标项目金额千分之五以上千分之十以下的罚款；

对单位直接负责的主管人员和其他直接责任人员依法给予处分。

（6）招标人与中标人不按照招标文件和中标人的投标文件订立合同的，或者招标人、中标人订立背离合同实质性内容的协议的，责令改正；可以处中标项目金额千分之五以上千分之十以下的罚款。

2. 招标代理机构违法规定

泄露应当保密的与招标投标活动有关的情况和资料的，或者与招标人、投标人串通损害国家利益、社会公共利益或者他人合法权益的，处 5 万元以上 25 万元以下的罚款，对单位直接负责的主管人员和其他直接责任人员处单位罚款数额百分之五以上百分之十以下的罚款；有违法所得的，并处没收违法所得；情节严重的，暂停直至取消招标代理资格；构成犯罪的，依法追究刑事责任。

5.5.2 投标人的法律责任

投标人应承担违法的法律责任

（1）投标人相互串通投标或者与招标人串通投标的，投标人以向招标人或者评标委员会成员行贿的手段谋取中标的，中标无效，处中标项目金额千分之五以上千分之十以下的罚款，对单位直接负责的主管人员和其他直接责任人员处单位罚款数额百分之五以上百分之十以下的罚款；有违法所得的，并处没收违法所得；情节严重的取消其1年至2年内参加依法必须进行招标的项目的投标资格并予以公告，直至由工商行政管理机关吊销营业执照；构成犯罪的，依法追究刑事责任。

（2）投标人以他人名义投标或者以其他方式弄虚作假骗取中标的，中标无效，给招标人造成损失的，依法承担赔偿责任；构成犯罪的，依法追究刑事责任。依法必须进行招标的项目的投标人有以上所列行为尚未构成犯罪的，处中标金额千分之五以上千分之十以下的罚款，对单位直接负责的主管人员和其他直接责任人员处单位罚款数额百分之五以上百分之十以下的罚款。

有违法所得的，并处没收违法所得；情节严重的，取消其1年至3年内参加依法必须进行招标的项目的投标资格并予以公告，直至由工商行政管理机关吊销营业执照。

5.5.3 评标委员会成员的法律责任

评标委员会成员收受投标人的财务或者其他好处的，评标委员会成员或者参加评标的有关工作人员向他人透露对投标文件评审和比较、中标候选人的推荐以及与评标有关的其他情况的，给予警告，没收收受的财务，可以并处3000元以上5万元以下的罚款，对有所列违法的行为的评标委员会成员取消担任评标委员会成员的资格，不得再参加任何依法必须进行招标的项目的评委；构成犯罪的，依法追究刑事责任。

5.5.4 中标人及其他的法律责任

1. 中标人应承担违法的法律责任

（1）中标人将中标项目转让给他人的，将中标项目肢解后分别转让他人的，违反本法规定将中标项目的部分主体、关键性工作分包给他人的，或者分包人再次分包的，转让、分包无效，处转让、分包项目金额千分之五以上千分之十以下的罚款；有违法所得的，并处没收违法所得；可以责令停业整顿；情节严重的，由工商行政管理机关吊销营业执照。

（2）中标人不履行与招标人订立的合同的，履约保证金不予退还，给招标人造成的损失超过履约保证金额的，还应当对超过部分予以赔偿；没有提交履约保证金的，应当对招标人的损失承担赔偿责任。中标人不按照与招标人订立的合同履行义务，情节严重的，取消其2年至5年内参加依法必须进行招标的项目的投标资格并予以公告，直至工商行政管理机关吊销营业执照。

2. 国家机关工作人员的法律责任

国家机关工作人员徇私舞弊、滥用职权或者玩忽职守，构成犯罪的，依法追究刑事责任；不构成犯罪的，依法给予行政处分。

依法必须进行招标的项目违反本法规定，中标无效的，应当依照本法规定的中标条件从其余投标人中重新确定中标人或者依照本法重新进行招标。

5.6 案 例 分 析

【案例 5-1】

1. 背景

沈阳某建筑安装工程项目，建设单位通过招标选择了一家具有相应资质的监理单位中标，并在中标通知书发出后与该监理单位签订了监理合同，后双方又签订了一份监理酬金比中标价降低 8% 的协议。在施工公开招标中，有 A、B、C、D、E、F、G、H 共八家施工企业报名投标，经资格预审均符合资格预审文件的要求，但建设单位以 A 施工企业是外地企业为由坚持不同意其参加投标。

2. 问题

建设单位与监理单位签订的监理合同有何违法行为？应分别如何处罚？外地施工企业是否有资格参加本工程项目的投标？建设单位的做法应如何处罚？

3. 分析

(1)《招标投标法》第 46 条规定："招标人和中标人应当按照招标文件和中标人的投标文件订立书面合同。招标人和中标人不得再行订立背离合同实质性内容的其他协议。"《招标投标法实施条例》第 57 条第 1 款又作了进一步规定："招标人和中标人应当依照招标投标法和本条例的规定签订书面合同，合同的标的、价款、质量、履行期限等主要条款应当与招标文件和中标人的投标文件的内容一致。招标人和中标人不得再行订立背离合同实质性内容的其他协议。"本案中的建设单位与监理单位签订监理合同之后又签订了一份监理酬金比中标价降低 8% 的协议，属再行订立背离合同实质性内容其他协议的违法行为。对此，应当依据《招标投标法》第 59 条关于"招标人与中标人不按照招标文件和中标人的投标文件订立合同的，或者招标人、中标人订立背离合同实质性内容的协议的，责令改正；可以处中标项目金额 5‰ 以上 10‰ 以下的罚款"的规定，予以相应的处罚。

(2)《招标投标法》第 6 条规定："依法必须进行招标的项目，其招标投标活动不受地区或者部门的限制。任何单位和个人不得违法限制或者排斥本地区、本系统以外的法人或者其他组织参加投标，不得以任何方式非法干涉招标投标活动。"本案中的建设单位以 A 施工企业是外地企业为由，不同意其参加投标，是一种限制或者排斥本地区以外法人参加投标的违法行为。A 施工企业经资格预审符合资格预审文件的要求，是有资格参加本工程项目投标的。对此，《招标投标法》第 51 条规定："招标人以不合理的条件限制或者排斥潜在投标人的，对潜在投标人实行歧视待遇的，强制要求投标人组成联合体共同投标的，或者限制投标人之间竞争的，责令改正，可以处 1 万元以上 5 万元以下的罚款。"

【案例 5-2】

1. 背景

某一省重点工程项目由于工程复杂、技术难度高，一般施工队伍难以胜任，建设单位便自行决定采取邀请招标方式，于 9 月 28 日向通过资格预审的 A、B、C、D、E 等 5 家施工企业发出了投标邀请书。这 5 家施工企业均接受了邀请，并于规定时间购买了招标文件。按照招标文件的规定，10 月 8 日下午 4 时为提交投标文件的截止时间，10 月 21 日下午2时在建设单位办公大楼第2会议室开标。A、B、D、E施工企业均在此截止时间前提交了投标文件，但C施工企业却因中途堵车，于10月18日下午5时才将投标文件送达。10月21日下午2时，当地招投标监管机构在该建设单位办公大楼第2会议室主持了开标。

2. 问题

该建设单位自行决定采取邀请招标的做法是否合法？为什么？

建设单位是否可以接收C施工企业的投标文件？为什么？

开标应当由谁主持？

3. 分析

不合法。《招标投标法》第11条规定："国务院发展计划部门确定的国家重点项目和省、自治区、直辖市人民政府确定的地方重点项目不适宜公开招标的，经国务院发展计划部门或者省、自治区、直辖市人民政府批准，可以进行邀请招标。"因此，本案中的建设单位擅自决定对省重点工程项目采取邀请招标的做法，违反了《招标投标法》的有关规定，是不合法的。

不能接收。《招标投标法》第28条第2款规定："在招标文件要求提交投标文件的截止时间后送达的投标文件，招标人应当拒收。"《招标投标法实施条例》第36条第1款规定："未通过资格预审的申请人提交的投标文件，以及逾期送达或者不按照招标文件要求密封的投标文件，招标人应当拒收。"据此，建设单位应当对C施工企业逾期送达的投标文件予以拒收。如果未依法而接受的，按照《招标投标法实施条例》第64条的规定：

"招标人有下列情形之一的，由有关行政监督部门责令改正，可以处10万元以下的罚款…（四）接受应当拒收的投标文件。招标人有前款…第四项所列行为之一的，对单位直接负责的主管人员和其他直接责任人员依法给予处分。"

《招标投标法》第35条规定："开标由招标人主持，邀请所有投标人参加。"据此，本案中由当地招投标监管机构主持开标是不合法的。

【案例5-3】

1. 背景

柴某与姜某是老乡，二人在外打拼了多年，一直想承揽一项大的建筑装饰业务。某市一商业大厦的装饰工程公开招标，当时柴某、姜某均没有符合承揽该工程的资质等级证书，为了得到该装饰工程，柴某、姜某以缴纳高额管理费和其他优厚条件，分别借用了A装饰公司、B装饰公司的资质证书并以其名义报名投标。这两家装饰公司均通过了资格预审，柴某与姜某商议，由柴某负责与招标方协调，姜某负责联系另外一家入围装饰公司的法定代表人张某，与张某串通投标价格，约定事成之后利益共享，并签订利益共享协议。为了增加中标的可能性，他们故意让入围的一家资质等级较低的装饰公司在投标时报高价，而柴某借用的资质等级高的A装饰公司则报较低价格。就这样，柴某终以借用的A装饰公司名义成功中标，拿下了该项装饰工程。

2. 问题

柴某与姜某有哪些违法行为？

该违法行为应当受到何种处罚？

3. 分析

（1）柴某与姜某有两项违法行为：一是弄虚作假，以他人名义投标。《招标投标法》第33条规定："投标人不得以低于成本的报价竞标，不得以他人名义投标或者以其他方式弄虚作假，骗取中标。"《招标投标法实施条例》第42条进一步规定："使用通过受让或者租借等方式获取的资格、资质证书投标的，属于招标投标法第33条规定的以他人名义投标。"。二是串通投标。《招标投标法》第32条规定："投标人不得相互串通投标报价，不得排挤其他投标人的公平竞争，损害招标人或者其他投标人的合法权益。投标人不得与招标人串通投标，损害国家利益、社会公共利益或者他人的合法权益。"《招标投标法实施条例》第39条进一步规定："有下列情形之一的，属于投标人相互串通投标：投标人之间协商投标报价等投标文件的实质性内容；投标人之间约定中标人；投标人之间约定部分投标人放弃投标或者中标；投标人之间为谋取中标或者排斥特定投标人而采取的其他联合行动。"

（2）对于以他人名义投标的违法行为，《招标投标法》第54条规定："投标人以他人名义投标或者以其他方式弄虚作假，骗取中标的，中标无效，给招标人造成损失的，依法承担赔偿责任；构成犯罪的，依法追究刑事责任。依法必须进行招标的项目的投标人有前款所列行为尚未构成犯罪的，处中标项目金额5‰以上10‰以下的罚款，对单位直接负责的主管人员和其他直接责任人员处单位罚款数额5%以上10%以下的罚款；有违法所得的，并处没收违法所得；情节严重的，取消其1年至3年内参加依法必须进行招标的项目的投标资格并予以公告，直至由工商行政管理机关吊销营业执照。"

【案例 5-4】

1. 背景

某建筑工程公司法定代表人李某与个体经营者张某是老乡。张某要求能以该公司的名义承接一些工程施工业务，双方便签订了一份承包合同，约定张某可使用该公司的资质证书、营业执照等承接工程，每年上交承包费20万元，如不能按时如数上交承包费，该公司有权解除合同。合同签订后，张某利用该公司的资质证书、营业执照等多次承揽工程施工业务，但年底只向该公司上交了8万元的承包费。为此，该公司与张某发生激烈争执，并诉至法院。

2. 问题

该建筑工程公司与张某存在何种违法行为？

该建筑工程公司的违法行为应当受到什么处罚？

3. 分析

（1）本案中该建筑工程公司将资质证书、营业执照等出借给张某，允许以其名义对外承揽工程，属于违法行为。《建筑法》第26条第2款明确规定："禁止建筑施工企业以任何形式允许其他单位或者个人使用本企业的资质证书、营业执照，以本企业的名义承揽工程。"

（2）《建筑法》第66条规定："建筑施工企业转让、出借资质证书或者以其他方式允许他人以本企业的名义承揽工程的，责令改正，没收违法所得，并处罚款。"《建设工程质量管理条例》第61条进一步规定："违反本条例规定，勘察、设计、施工、工程监理单位允许其他单位或者个人以本单位名义承揽工程的，责令改正，没收违法所得，……；对施工单位处工程合同价款 2％以上 4％以下的罚款；可以责令停业整顿，降低资质等级；情节严重的，吊销资质证书。"据此，该建筑工程公司将被责令改正，没收违法所得，处工程合同价款 2％以上 4％以下的罚款；根据情节，还可能被责令停业整顿，降低资质等级，甚至吊销资质证书。

【案例 5-5】

1. 背景

A 施工公司中标了某大型建设项目的桩基工程施工任务，但该公司拿到桩基工程后，由于施工力量不足，就将该工程全部转交给了具有桩基施工资质的 B 公司。双方还签订了《桩基工程施工合同》，就合同单价、暂定总价、工期、质量、付款方式、结算方式及违约责任等进行了约定。在合同签订后，B 公司组织实施并完成了该桩基工程施工任务。建设单位在组织竣工验收时，发现有部分桩基工程质量不符合规定的质量标准，便要求 A 公司负责返工、修理，并赔偿因此造成的损失。但 A 公司以该桩基工程已交由 B 工司施工为由，拒不承担任何的赔偿责任。

2. 问题

A 公司在该桩基工程的承包活动中有何违法行为？

A 公司是否应对该桩基工程的质量问题承担赔偿责任？

3. 分析

本案中 A 公司存在着严重违法的转包行为。《建筑法》第 28 条规定："禁止承包单位将其承包的全部建筑工程转包给他人，禁止承包单位将其承包的全部建筑工程肢解后以分包的名义分别转包给他人。"《建设工程质量管理条例》第 78 条进一步明确规定："本条例所称转包，是指承包单位承包建设工程后，不履行合同约定的责任和义务，将其承包的全部建设工程转给他人或者将其承包的全部建设工程肢解以后以分包的名义分别转给其他单位承包的行为。"

A 公司不仅应对该桩基工程的质量问题依法承担连带赔偿责任，还应当接受相关的行政处罚。《建筑法》第 67 条规定："承包单位将承包的工程转包的，或者违反本法规定进行分包的责令改正，没收违法所得，并处罚款，可以责令停业整顿，降低资质等级；情节严重的，吊销资质证书。"承包单位有以上规定的违法行为的，对因转包工程或者违法分包的工程不符合规定的质量标准所造成的损失，与接受转包或者分包的单位承担连带赔偿责任。《建设工程质量管理条例》第 62 条进一步规定："违反本条例规定，承包单位将承包的工程转包或者违法分包的责令改正的，责令改正，没收违法所得……对施工单位处工程合同价款 0.5％以上 1％以下的罚款；可以责令停业整顿，降低资质等级；情节严重的，吊销资质证书。"

本 章 小 结

本章主要介绍了有关工程建设中招标与投标的相关法律规定。《中华人民共和国招标投标法》和《建筑法》中都对招投标过程中的各个环节做出了具体的规定。比如：承包建筑工程的单位应当持有依法取得的资质证书，并在其资质等级许可的业务范围内承揽工程。建设单位禁止肢解发包；允许承包单位分包，但不得转包。

招标投标活动必须遵循的基本原则，即"公开、公平、公正和诚实信用"的原则。招标方式分为公开招标和邀请招标。招标人具有编制招标文件和组织评标能力的，可以自行办理招标事宜。招标人不具备自行招标能力，应当委托具有相应的资格条件的专业招标代理机构，由其代理招标人进行招标。

投标人应当具备承担招标项目的能力；国家有关规定对投标人资格条件或者招标文件对投标人资格有规定的，投标人应当具备规定的资格条件。

开标就是招标人依据招标文件规定的时间和地点，开启投标人提交的投标文件，公开宣布投标人的名称、投标价格和投标文件中的其他主要内容。

评标就是依据招标文件的要求和规定，对投标文件进行审查、评审和比较，评标由招标人依法组建的评标委员会负责。

招标人根据评标委员会提出的书面评标报告和推荐的中标候选人确定中标人。招标人和中标人应当自中标通知书发出之日起 30 日内，按照招标文件和中标人的投标文件订立书面合同。在招标投标过程中，各方主体应当各自承担违反《招标投标法》相应的法律责任。

思 考 与 练 习 题

思考题

1. 根据我国《招投标法》的规定，哪些建设项目必须进行招标？

2. 招投标活动应当遵循的原则有哪些？

3. 《招投标法》规定的招标方式有哪几种？

4. 什么是投标人？投标人通常应具备哪些条件？

5. 建设工程设计招标文件应包括的内容有哪些？

6. 哪些项目的勘测设计经政府批准，可以不进行招标？

7. 经有关部门审批不要求强制招标的建设工程项目？

8. 建设工程项目进行招标邀请的几种方式？

练习题

单项选择

1. 使用财政预算资金的建设项目，重要设备采购的单项合同估算价最低在（　　）万元以上的，必须进行招标。

A. 50　　　　　　　　B. 100　　　　　　　　C. 200　　　　　　　　D. 3000

2. 依法必须进行招标的项目，自招标文件开始发出之日起至投标人提交投标文件截止之日止，最短不得少于（　　）日。

A. 2　　　　　　　　B. 10　　　　　　　　C. 20　　　　　　　　D. 30

3. 某建设项目递交投标文件的截止时间为 2012 年 3 月 1 日上午 9 时，某投标人由于交通拥堵于 2012 年 3 月 1 日上午 9 时 5 分将投标文件送达，开标当时的正确做法是（　　）。

A. 招标人不予受理，该投标文件作为无效标书处理

B. 经招标办审查批准后，该投标有效，可以进入开标程序

C. 经其他全部投标人过半数同意，该投标可以进入开标程序

D. 由评标委员会按废标处理

4. 某招标项目的招标文件中规定开始收受标书的时间为 2013 年 3 月 9 日，投标文件截止之日为 2013 年 4 月 9 日，投标有效期截止日为 2013 年 5 月 20 日，则其开标时间为（　　）。

A. 2013 年 3 月 9 日   B. 2013 年 4 月 9 日

C. 2013 年 5 月 20 日   D. 2013 年 6 月 20 日

5. 某施工项目总承包招标，合同估算价为 1.2 亿元，则要求投标方提供的投标保证金数额最高应为（   ）万元。

    A. 240   B. 120   C. 80   D. 20

6. 某工程项目标底是 900 万元，投标时甲承包商根据自己企业定额算得成本是 800 万元。刚刚竣工的相同施工项目的实际成本是 700 万元。则甲承包商投标时的合理报价最低应为（   ）万元。

    A. 700   B. 800   C. 900   D. 1000

7. A 公司和 B 公司组成联合体投标竞争 C 公司的招标项目并且中标，则（   ）。

    A. 由 A 公司代表 B 公司与 C 公司签订承包合同

    B. 由 B 公司代表 A 公司与 C 公司签订承包合同

    C. 由 A 公司和 B 公司与 C 公司签订承包合同

    D. 由 A 公司和 B 公司分别与 C 公司签订承包合同

8. 关于建设工程施工承包联合体的说法，正确的是（   ）。

    A. 联合体的资质等级按照联合体中资质等级较高的单位确定

    B. 联合体中标的，联合体各方应当共同与招标人签订合同

    C. 联合体各方独立承担相应责任

    D. 组成联合体的成员可以对同一工程单独投标

9. 甲、乙两个同一专业的施工单位分别具有该专业二级、三级企业资质，甲、乙两个单位的项目经理数量合计符合一级企业资质要求。甲、乙两单位组成联合体参加投标。则该联合体资质等级应为（   ）。

    A. 一级   B. 二级   C. 三级   D. 暂定级

10. A、B、C 三家施工单位签订共同投标协议组成联合体，以一个投标人的身份投标。该联合体接到中标通知书后经认真测算发现该项目投标报价过低，遂决定放弃该项目。结果导致招标人重新招标、工程竣工日期后延。下面关于联合体承担赔偿责任的说法中，正确的是（   ）。

    A. 由于尚未签订合同，招标人应当退还投标保证金

    B. 投标保证金超过实际损失，超过部分应当退还

    C. 损失超过投标保证金部分，不再承担赔偿责任

    D. 损失超过投标保证金部分，联合体各方仍应承担连带赔偿责任

多项选择

1.《招标投标法》规定，招标人采用公开招标方式的，应当发布招标公告，招标公告应当载明（   ）等事项。

    A. 评标的标准和方法   B. 获取招标文件的办法

    C. 招标人的名称和地址   D. 招标项目的性质、数量

    E. 招标项目的实施地点

2. 下面关于项目招标的说法错误的是（   ）。

    A. 施工单位项目合同估算价在 200 万元以上的项目必须招标

    B. 个人投资的项目不需要招标

    C. 施工主要技术采用特定专利的项目可以招标

    D. 涉及公众安全的项目必须招标

    E. 符合工程招标范围，重要材料采购单项合同估算价在 100 万元以上的项目必须招标

3. 某建设项目招标，评标委员会由 2 位招标人代表和 3 名技术、经济等方面的专家组成，这一组成不符合《招标投标法》的规定，则下列关于评标委员会重新组成的作法中，正确的有（   ）。

A. 减少 1 名招标人代表，专家不再增加
B. 减少 1 名招标人代表，再从专家库中抽取 1 名专家
C. 不减少招标人代表，再从专家库中抽取 1 名专家
D. 不减少招标人代表，再从专家库中抽取 2 名专家
E. 不减少招标人代表，再从专家库中抽取 3 名专家

教学单元6　建设工程合同和劳动合同法律制度

[知识目标] 了解合同的概念、订立原则与分类以及合同的变更、转让和终止；掌握合同订立的程序和无效合同、效力待定合同的法律规定以及建设工程施工合同内容及承发包双方的义务，包括建设工程价款支付及赔偿损失的规定和违约责任的承担方式；掌握劳动保护的内容与争议处理的方法。

[能力目标] 能运用《合同法》解决建设工程中的实际问题，包括区分合同的种类及效力，并在合同的履行过程中行使抗辩权以及解决相关的合同纠纷。

6.1　建设工程合同法概述

《中华人民共和国合同法》（以下简称《合同法》）分则第十六章规定，建设工程合同是承包人进行工程建设，发包人支付价款的合同。在工作中涉及的主要是有建设工程勘察合同、建设工程设计合同、建设工程施工合同。

6.1.1　合同的分类

根据不同的标准，可以将合同划分为不同的种类。

1. 要式合同与不要式合同

根据法律对合同的形式是否采取一定形式为标准，可以将合同分为要式合同与不要式合同。

（1）要式合同是指根据法律规定必须采取法定形式的合同。如《合同法》规定，建设工程合同应当采用书面形式。

（2）不要式合同是指当事人订立的合同依法并不需要采取特定的形式。当事人可以采取口头方式，也可以采取书面形式或其他形式。

2. 双务合同与单务合同

根据合同当事人是否互负义务，可以将合同分为双务合同和单务合同。

（1）双务合同，是指当事人之间互相承担义务，或者说，当事人均承担义务的合同。例如，建设工程施工合同中，承包人有承建建设工程的义务，而发包人则有按约支付工程价款的义务。大部分合同都是双务合同。

（2）单务合同，是指合同当事人中仅有一方负担义务，而另一方只享有合同权利的合同。例如，在赠予合同中，受赠人有接受赠予物的权利，但不负担任何义务。无偿委托合同、无偿保管合同均属于单务合同。

3. 有名合同与无名合同

根据法律是否规定一定的名称并设有专门规范，可以将合同分为有名合同与无名合同。

（1）有名合同，又称典型合同，是指法律上已经规定了专门的名称及专门规范的合同。《合同法》中所规定的 15 类合同都属于有名合同，如建设工程合同等。

（2）无名合同，又称非典型合同，是指法律上尚未规定专门的名称与专门规范的合同，合同当事人可以自由决定合同的内容。

4. 有偿合同与无偿合同

有偿合同和无偿合同根据合同当事人之间的权利义务是否存在对价关系，可以将合同分为有偿合同与无偿合同。

（1）有偿合同是指当事人一方享有合同规定的权益，必须向另一方支付相应代价的合同，实践中绝大多数合同都是有偿的，如建设工程合同、买卖合同等。

（2）无偿合同是指当事人享有合同规定的权益，对方取得该利益时并不支付任何代价的合同，如赠予合同。

6.1.2 合同的订立原则与形式

《合同法》规定，合同是平等主体的自然人、法人、其他组织之间设立、变更、终止民事权利义务关系的协议。它的订立要遵守必要的原则和采用相应的形式。

1. 合同的订立原则

（1）平等原则

《合同法》规定，合同当事人的法律地位平等，一方不得将自己的意志强加给对方。这一原则包括三个方面的内容：

1）合同当事人的法律地位一律平等。合同当事人是平等的主体，没有高低、从属之分。不论所有制性质、单位大小和经济实力强弱，其法律地位都是平等的。

2）合同中的权利义务对等。就是说，享有权利的同时就应当承担义务，而且彼此的权利、义务都是平等的。

3）合同当事人必须就合同条款充分协商，在互利互惠基础上取得一致，合同方能成立。任何一方都不得将自己的意志强加给另一方，任何单位和个人不得非法干涉。

（2）自愿原则

《合同法》规定，当事人依法享有自愿订立合同的权利，任何单位和个人不得非法干预。

自愿原则是合同法的重要基本原则，是民事法律关系区别于行政法律关系、刑事法律关系的特有原则。自愿原则贯穿于合同活动的全过程，包括：第一，订不订立合同自愿；第二，与谁订立合同自愿；第三，合同内容由当事人在不违法的情况下自愿约定；第四，在合同履行过程中当事人可以协议补充、协议变更有关内容；第五，双方也可以协议解除合同；第六，可以约定违约责任，在发生争议时，当事人可以自愿选择解决争议的方式。总之，只要不违背法律、行政法规强制性的规定，合同当事人有权自愿决定，任何单位和个人不得非法干预。

（3）公平原则

当事人应当遵循公平原则确定各方的权利和义务。

公平原则包括：第一，订立合同时，要根据公平原则确定双方的权利和义务，不得滥用权力，不得欺诈，不得假借合同恶意进行磋商；第二，根据公平原则确定风险的合理分配；第三，根据公平原则确定违约责任。

（4）诚实信用原则

当事人行使权利、履行义务应当遵循诚实信用原则

诚实守信原则主要包括：第一，订立合同时，不得有欺诈或其他违背诚实信用的行为；第二，在履行合同义务时，当事人应当遵循诚实信用的原则，根据合同性质、目的和交易习惯，履行及时通知、协助、提供必要条件、防止损失扩大、保密等义务；第三，合同终止后，当事人也应当遵循诚实信用的原则，根据交易习惯，履行通知、协助、保密等义务，也称为后契约义务。

（5）不得损害社会公共利益原则

当事人订立、履行合同，应当遵守法律、行政法规，尊重社会公德，不得扰乱社会经济秩序，损害社会公共利益。合同的订立和履行，属于合同当事人之间的民事权利义务关系，只要当事人的意思不与法律规范、社会公共利益和社会公德相抵触，即承认合同的法律效力。对于损害社会公共利益、扰乱社会经济秩序的行为，国家应当予以干涉。

2. 合同订立的形式

《合同法》规定："当事人订立合同，有书面形式、口头形式和其他形式。"合同形式，是指合同当事人双方对合同的内容、条款经过协商，作出共同的意思表示的具体方法。可以认为，《合同法》在合同形式上的要求是以不要式为原则的，若法律、行政法规规定的或者当事人约定采用书面形式的，应当采用书面形式。

书面形式的合同仍是应用最广泛的合同形式。即合同书、信件和数据电文（包括电报、电传、传真、电子数据交换和电子邮件）等可以有形的表现所载内容的形式。

6.1.3 合同订立的程序

合同的订立是指两方以上当事人通过协商而于互相之间建立合同关系的行为，当事人就合同主要条款达成了合意。是合同双方动态行为和静态协议的统一。

合同订立一般要经过要约和承诺两个阶段：

1. 要约

（1）要约的概念

要约是希望和他人订立合同的意思表示。不经过要约，合同不可能成立。该意思表示应当符合下列规定：

1）内容具体确定。所谓具体，是指要约的内容需具有足以使合同成立的主要条款。如果没有包含合同的主要条款，受要约人难以作出承诺，即使作出承诺，也会因为双方的这种合意不具备合同的主要条款而使合同不能成立。所谓确定，是指要约的内容需明确，不能含糊不清，否则无法承诺。

2）表明经受要约人承诺，要约人即受该意思表示约束。要约需具有订立合同的意图，表明一经受要约人承诺，要约人即受该意思表示的约束。要约作为表达希望与他人订立合同的一种思想表达，其内容已经包含了可以得到履行的合同成立所需要具备的基本条件。

（2）要约邀请

要约邀请是希望他人向自己发出要约的意思表示。寄送的价目表、拍卖公告、招标公告、招股说明书、商业广告等为要约邀请。商业广告的内容符合要约规定的视为要约。

在建设工程招标投标活动中，招标文件是要约邀请，对招标人不具有法律约束力；投标文件是要约，应受自己作出的与他人订立合同的意思表示的约束。

（3）要约的生效、撤回和撤销

要约到达受要约人时生效。如投标人向招标人发出的投标文件，自到达招标人时起生效。生效的情形具体可表现为：

1）口头形式的要约自受要约人了解要约内容时发生效力；

2）书面形式的要约自到达受要约人时发生效力；

3）采用数据电子文件形式的要约，当收件人指定特定系统接收电文的，自该数据电文进入该特定系统的时间（视为到达时间），该要约发生效力；若收件人未指定特定系统接收电文的，自该数据电文进入收件人任何系统的首次时间（视为到达时间），该要约发生效力。

邀约的撤回，指要约发生法律效力之前，要约人使其不发生法律效力而取消要约的行为。《合同法》规定："要约可以撤回，但撤回要约的通知应当在要约到达受要约人之前或者与要约同时到达受要约人"。

邀约的撤销，指要约发生法律效力之后，要约人使其不发生法律效力而取消要约的行为。《合同法》规定："要约可以撤销，但撤销要约的通知应当在受要约人发出承诺通知之前达到受要约人"。

《合同法》规定，有下列情形之一的，要约不得撤销：

1）要约人确定了承诺期限或者以其他形式明示要约不可撤销；

2）受要约人有理由认为要约是不可撤销的，并已经为履行合同作了准备工作。

（4）要约的失效

《合同法》规定，有下列情形之一的，要约失效：

1）拒绝要约的通知到达要约人

收到拒绝要约的通知后，要约人就可以不再遵守"经受要约人承诺，要约人受该意思表示约束"了。

2）要约人依法撤销要约

依法撤销后，要约自然就失效了。即使此时受要约人作出了承诺，要约人也可以自由选择是否接受了。

3）承诺期限届满，受要约人未作出承诺

要约中可以约定承诺的期限，在约定的期限内，受要约人作出的承诺是有效的。超过了这个期限而作出的承诺是否有效决定权在要约人。

4）受要约人对要约的内容作出了实质性变更

实质性变更指的是将使要约的内容产生实质性变化的变更，如建设工程中的质量标准、建设工期和价款等内容。由于受要约人对要约进行了实质性变更，已经不是要约人自己的意思表示了，所以要约人可以不受该意思表示的约束。

2. 承诺

（1）承诺的概念

承诺是受要约人同意要约的意思表示。如招标人向投标人发出的中标通知书，是承诺。

（2）承诺的方式

承诺应当以通知的方式作出，但根据交易习惯或者要约表明可以通过行为作出承诺的除外。这里的行为通常是履行行为，如预付价款、工地上开始工作等。

（3）承诺的生效

承诺通知到达要约人时生效。承诺不需要通知的，根据交易习惯或者要约的要求作出承诺的行为时生效。

采用数据电子文件形式订立合同的，当收件人指定特定系统接收电文的，自该数据电文进入该特定系统的时间，视为到达时间；若收件人未指定特定系统接收电文的，自该数据电文进入收件人任何系统的首次时间，视为到达时间。

（4）承诺的变更

承诺的内容应当与要约的内容一致。受要约人对要约的内容作出实质性变更的，为新要约。有关合同标的、数量、质量、价款或者报酬、履行期限、履行地点和方式、违约责任和解决争议方法等的变更，是对要约内容的实质性变更。

6.1.4 合同的内容与效力

1. 合同的内容

合同的当事人的权利、义务，除法律规定的以外，主要由合同的条款确定。合同的内容由当事人约定，一般包括以下条款：

（1）当事人的名称或者姓名和住所

这是合同必备的条款，当事人的名称或者姓名是指法人或者其他组织的名称，住所是指他们的主要办事机构所在地。

（2）标的

合同的标的是指合同的当事人双方权利义务的焦点：

1）有形财产，指具有价值和使用价值并且法律允许流通的有形物。

2）无形财产，指具有价值和使用价值并且法律允许流通的不以实物形态存在的智力成果，如商标、专利、著作权、技术秘密等。

3）劳务，指不以有形财产体现其成果的劳动与服务，如运输合同中承运人的运输行为。

4）工作成果，指在合同履行过程中产生的、体现履约行为的有形物或无行物，如承包人完成的建设工程项目。

（3）数量

数量是衡量合同标的的尺度，是以数字和其他计量单位表示的尺度。合同的数量要准确，选择使用共同接受的计量单位、计量方法和计量工具。

（4）质量

质量是标的的内在品质和外观形态的综合指标，是标的物性质差异的具体特征。因此，合同对质量标准的约定应当准确而具体。国家有强制性标准的，必须按照强制性标准执行。当事人可以约定质量检验方法、质量责任期限和条件、对质量提出异议的条件与期限等。

（5）价款或者报酬

价款或者报酬，是指一方当事人为取得对方出让的标的物或为其提供劳务，支付给对方的一定数量的货币。在合同中，应当规定清楚计算价款或报酬的方法。

（6）履行期限、地点和方式

1）履行期限，即享有权利的一方要求义务相对方履行义务的时间范畴，如交付标的物、价款或者报酬，履行劳务完成工作的时间界限等。

2）履行地点，即当事人履行合同义务和对方当事人接受履行的地点。建设施工合同的履行地点是项目所在地。

3）履行方式，即当事人履行合同义务的具体做法。建设工程施工合同中的有关施工组织设计条款，即为履行方式的条款。

（7）违约责任

违约责任，即当事人一方或者双方不履行合同或者不适当履行合同，依照法律规定或者合同约定应当承担的法律责任。为了保证合同义务的严格履行，及时解决合同纠纷，可以在合同中约定定金、违约金、赔偿金额以及赔偿金的计算方法等。

（8）解决争议的方法

解决争议的方法，即合同当事人选择解决合同争议的方式和地点等。对合同条款发生争议时解决争议的途径主要有：

1）双方协议和解；

2）第三人调解；

3）仲裁和诉讼。

当事人可以约定解决争议的方法，实行"或裁或审制"。

2. 合同的效力

（1）合同生效的概念

合同生效，即合同当事人依据法律规定经协商一致，双方订立的合同即发生法律效力。

依法成立的合同，自成立时生效。法律、行政法规规定应当办理批准、登记等手续生效的，依照其规定。

（2）合同生效的条件

合同生效一般应当具备下列条件：

1）当事人具有相应的民事权利能力和民事行为能力。

2）意思表示真实。

3）不违反法律或者社会公共利益。

（3）合同生效的时间

依法成立的合同，自成立时生效。

口头合同自受要约人承诺时生效；书面合同自当事人双方签字或者盖章时生效，法律规定应当采用书面形式的合同，当事人虽然未采用书面形式但已经履行全部或者主要义务的，可以视为合同生效。当事人可以对合同生效约定附条件或者约定附期限。

附条件合同，包括附生效条件的合同和附解除条件的合同两类。附生效条件的合同，自条件成就时生效；附解除条件的合同，自条件成就时失效。

附期限的合同有附生效期限和附终止期限两类。附生效期限的合同，届时生效；附终止期限的合同届满时失效。

（4）效力待定合同

效力待定合同是指合同虽然已经成立，但因其不完全符合有关生效要件的规定，其合同效力能否发生尚未确定，一般须经有权人表示承认才能生效。

《合同法》规定的效力待定合同有三种，即限制行为能力人订立的合同，无权代理人订立的合同，无处分权人处分他人的财产订立的合同。

1）限制行为能力人订立的合同

《合同法》规定，限制民事行为能力人订立的合同，经法定代理人追认后，该合同有效，但纯获利益的合同或者与其年龄、智力、精神健康状况相适应而订立的合同，不必经法定代理人追认。

相对人可以催告法定代理人在1个月以内追认。法定代理人未作表示的，视为拒绝追认。合同被追认之前，善意相对人有撤销的权利。撤销应当以通知的方式作出。

2）无权代理人订立的合同

行为人没有代理权、超越代理权或者代理权终止后以被代理权人名义订立合同，未经被代理人追认，对被代理人不发生效力，由行为人承担责任。

相对人可以催告法定代理人在1个月以内追认。被代理人未作表示的，视为拒绝追认。合同被追认之前，善意相对人有撤销的权利。撤销应当以通知的方式告知。

3）无权处分行为

无处分权的人处分他人财产，经权利人追认或者无处分权的人订立合同后取得处分权的，该合同有效。

6.1.5　无效合同

1. 无效合同的概念

无效合同，即合同内容或者形式违反了法律、行政法规的强制性规定和社会公共利益，国家规定不承认其效力，不给予法律保护的合同。

无效合同的特征是：（1）具有违法性；（2）具有不可履行性；（3）自订立之时就不具有法律效力。

2. 无效合同的法律规定

（1）一方以欺诈、胁迫的手段订立合同，损害国家利益

所谓欺诈，是指故意隐瞒事实情况或者告知对方虚假的情况，欺骗对方，诱使对方当事人做出错误的意思表示而与之订立合同。所谓胁迫，是指行为人以将要发生的损害或者以直接实施损害相威胁，使对方当事人产生恐惧而做出了违背真实意思的表示，并签订了合同。

（2）恶意串通，损害国家、集体或者第三者利益

所谓恶意串通，是指合同双方当事人非法勾结，为谋求私利，损害国家、集体或者第三人利益而共同签订的合同。

例如，甲施工企业承包了一建筑工程，为了追求更大的利润，与乙材料供应商签订了材料供应合同，购买劣质的水泥用于工程，然后向监理单位的人员行贿，按合格验收，这样就损害了国家和使用者的利益。施工企业与材料供应商签订的合同为无效合同。

（3）以合法形式掩盖非法目的

又称伪装合同，当事人实施的形式上是合法的，但在内容上或者目的上是非法的。例如，当事人通过虚假的买卖行为达到隐匿财产，逃避债务的目的。

（4）损害社会公共利益

损害社会公共利益的合同，实质上是违反了社会的公共道德，破坏了社会经济秩序和

生活秩序。例如，与他人签订合同出租赌博场所。

（5）违反法律、行政法规的强制性规定

法律、行政法规中包括强制性规定和任意性规定。强制性规定排除了合同当事人的意思自由，即当事人在合同中不得协议违反法律、行政法规的强制性规定，否则将构成无效合同；对于任意性规定，当事人可以约定排除，如当事人可以约定商品的价格等。

合同无效，应当以全国人大及其常委会颁布的法律、国务院颁布的法规为依据。仅违反地方规定的合同认定为无效是违法的。

3. 无效的免责条款

免责条款，是指当事人在合同中约定免除或者限制其未来责任的合同条款。合同中的下列免责条款无效：

（1）造成对方人身伤害的；

（2）因故意或者重大过失造成对方财产损失的。

4. 建设工程无效施工合同的主要情形

施工合同具有下列情形之一的，应当根据《合同法》第52条第5项的规定认定无效：

（1）承包人未取得建筑施工企业资质或者超越资质等级的；

（2）没有资质的实际施工人借用有资质的建筑企业名义的；

（3）建设工程必须进行招标而未招标或者中标无效的。

（4）承包人非法转包、违法分包建设工程或者没有资质的实际施工人借用有资质的建筑施工企业名义与他人签订建设工程施工合同的。

6.2　建设工程施工合同内容及承发包双方的义务

6.2.1　建设工程施工合同的概述

建设工程施工合同是建设工程合同中的主要合同。是施工人（承包人）根据发包人委托，完成建设工程项目的施工工作，发包人接收工作成果并支付报酬的合同。是工程建设质量控制、进度控制、投资控制的主要依据，它与其他合同一样是一种双务合同，在订立时也应遵循自愿、公平、诚实信用的原则。

1. 建设工程施工合同的概念

建设工程施工合同，即发包人与承包人之间为完成商定的建设工程项目，确定双方权利和义务的协议。依据施工合同，承包方应完成一定的建筑、安装工程任务，发包人应提供必要的施工条件并支付工程价款。建设工程施工合同分为建筑施工合同和建筑安装施工合同两类。

2. 建设工程施工合同的当事人

施工合同的当事人是发包人和承包人，双方为平等的民事主体，须具备相应的资质和履行合同的能力。双方签订施工合同，对合同范围内的工程实施建设时，发包人应具备组织协调能力；承包人应具备有关部门核定的资质等级并持有营业执照等证明文件。

（1）发包人

发包人，即具备法人资格的国家机关、事业单位、国有企业、私营企业、经济联合体和社会团体，也可以是依法登记的个人合伙、个体经营户或个人，及一切以协议、法院判决或其他合法手续取得发包方资格，承认全部合同条件，能够且愿意履行合同规定义务的合同当事人。

发包人既可以是建设单位，也可以是取得建设项目总承包资格的项目总承包单位。

（2）承包人

承包人，即具备与工程相应的资质和法人资格的、并被发包人接受的合同当事人及其合法继承人。

6.2.2　建设工程施工合同的内容

2013年4月住房和城乡建设部、国家工商行政管理总局经修改后发布的《建设工程施工合同（示范文本）》规定的施工合同的主要内容包括下列条款。

1. 工程范围

工程范围，即施工的界区，是施工人进行施工的工作范围。

2. 建设工期

《建设工程施工合同（示范文本）》规定，工期是指在合同协议书约定的承包人完成工程所需的期限，包括按照合同约定所作的期限变更。

承包人在投标函中承诺的工期和计划开、竣工日期之间发生矛盾或者不一致时，以承包人承诺的工期为准。

3. 中间交工工程的开工和竣工时间

中间交工工程，即施工过程中的阶段性工程。

为了保证工程各阶段的交接，顺利完成工程建设，当事人应当明确中间交工工程的开工和竣工时间。

4. 工程质量

工程质量，即工程满足业主需要的，符合国家法律、法规、技术规范标准、设计文件及合同规定的特性综合。

建设工程质量要求是施工合同的核心内容。工程质量标准为符合现行国家有关工程施工验收规范和标准以及特殊质量要求。施工人必须按照工程设计图纸和施工技术标准施工，不得擅自修改工程设计，不得偷工减料。发包人也不得明示或者暗示施工人违反工程建设强制性标准，降低建设工程质量。

5. 工程造价

工程造价，即进行工程建设所需的全部费用，包括直接费（人工费、材料费、施工机械使用费与措施费）、间接费（规费与企业管理费）、利润、税金等。

为了保护工程质量，双方当事人应当合理确定工程造价。

6. 技术资料交付时间

技术资料，即勘察、设计文件以及其他施工人据以施工所必需的基础资料。

技术资料的交付是否及时往往影响到施工进度，因此当事人应当在施工合同中明确技术资料的交付时间。

7. 材料和设备供应责任

材料和设备供应责任，即由哪一方当事人提供工程所需材料设备及其应承担的责任，由双方当事人在合同中作出明确约定。

材料和设备可以由发包人负责提供，也可以由承包人负责采购。如按照合同约定由发包人负责采购建筑材料、构配件和设备的，发包人应当保证建筑材料、构配件和设备符合设计文件和合同要求。承包人则须按照工程设计要求、施工技术标准和合同约定，对建筑材料、构配件和设备进行检验。

8. 拨款和结算

拨款，即工程款的拨付。

结算，即工程交工后，施工人按照合同约定和已完成工程量向发包人办理工程款的清算。

拨款和结算条款是施工人请求发包人支付工程款和报酬的依据。

9. 竣工验收

竣工验收，即工程交付使用前的必经程序，也是发包人支付价款的前提。

竣工验收条款一般应当包括验收范围与内容、验收标准与依据、验收人员组成、验收方式和日期内容。交付竣工验收的建筑工程，必须符合规定的建筑工程质量标准。

10. 质量保修范围和期限

质量保修范围和期限，即工程在竣工验收之后，会因一些之前没有发现的原因出现某些质量问题，为保护发包人以及使用人的利益，同时对施工人在施工时的施工行为进行约束，加强对施工人的管理，保证工程质量，规定施工人的保修责任，并对工程的保修范围和期限进行了最低规定。

建设工程质量保修范围和期限，应当按照《建设工程质量管理条例》的规定执行。

11. 双方相互协作条款

双方相互协作条款，即双方当事人在施工前的准备工作，施工人及时向发包人提出开工通知书、施工进度报告书、对发包人的监督检查提供必要的协助等。

6.2.3 建设工程施工合同发承包双方的主要义务

1. 发包人义务

（1）不得违法发包

《合同法》规定发包人不得将应当由一个承包人完成的建设工程肢解成若干部分后，发包给几个承包人。

（2）提供施工场地

发包人应当在合同条款约定的开工日期前将具备施工条件的施工场地交给承包人。发包人最迟应当在移交施工场地的同时向承包人提供施工场地内的地下管线和地下设施等有关资料，并保证资料真实、准确和完整。

（3）组织设计交底

发包人应当在合同条款约定的开工日期前组织设计人向承包人进行合同工程总体技术交底（包括图纸会审）。

（4）组织工程验收

组织工程验收义务包括隐蔽工程验收和工程竣工验收。

隐蔽工程验收，即隐蔽工程隐蔽前发包人接到承包人的通知后应及时对其进行检查验收。

工程竣工验收，即工程竣工后，发包人应当根据施工图纸及说明书、国家颁发的施工验收规范和质量检验标准及时进行验收。

（5）支付工程价款

发包人应当按照合同约定的时间、地点和方式等，向承包人支付工程价款。

（6）汇总建设工程资料并移交

发包人应收集、整理、立卷、归档工程资料，并按规定的时间向建设行政主管部门或者城市建设档案管理机构移交规定的工程档案。

2. 承包人义务

（1）不得转包和违法分包工程

禁止承包人将其承包的全部建设工程转包他人；禁止承包人将其承包的全部建设工程肢解以后以分包的名义分别转包给第三人；禁止承包人将工程分包给不具备相应资质条件的单位；禁止分包单位将其承包的工程再分包。

（2）自行完成建设工程主体结构施工

建设工程主体结构的施工必须由承包人自行完成。承包人将建设工程主体结构的施工分包给他人的，该分包合同无效。

（3）接受发包人有关检查

发包人在不妨碍承包人正常工作的情况下，可以随时对作业进度、质量进行检查。隐蔽工程在隐蔽以前，承包人应当通知发包人验收。

（4）工程交付义务

建设工程竣工验收合格后，方可交付使用；未经验收或者验收不合格的，不得交付使用。

（5）建设工程质量保修义务

因施工人的原因致使建设工程质量不符合约定的，发包人有权要求施工人在合理期限内无偿修理或返工、改建。在合同规定的保修期内，对属于承包方责任的工程质量问题，负责无偿修理。

6.2.4　建设工程价款支付及赔偿损失的规定

1. 工程价款的支付

《合同法》规定，合同生效后，当事人就质量、价款或者报酬、履行地点等内容没有约定或者约定不明确的，可以协议补充；不能达成补充协议的，按照合同有关条款或者交易习惯确定。

对于按照合同有关条款或者交易习惯仍不能确定的，《合同法》规定，价款或者报酬不明确的，按照订立合同时履行地的市场价格履行；依法应当执行政府定价或者政府指导价的，按照规定履行；履行期限不明确的，债务人可以随时履行，债权人也可以随时要求履行，但应当给对方必要的准备时间。

合同价款可以按照固定价格合同、可调价格合同、成本加酬金合同三种方式约定。

（1）工程预付款支付

工程预付款支付，即双方约定发包人向承包人预付工程款的时间和数额，开工后按约定的时间和比例逐次扣回。预付时间应不迟于约定的开工日期前7天。发包人不按约定预付，承包人在约定预付时间7天后向发包人发出要求预付的通知，发包人收到通知后仍不能按要求预付，承包人可以在发出通知后7天停止施工，发包人应从约定应付之日起向承包方支付应付款的贷款利息，并承担违约责任。

（2）工程款支付

工程款（进度款）支付，即发包人应在双方计量确认后14天内，向承包人支付工程款。同期用于工程上的发包人供应材料设备的价款，以及按约定时间发包人应按比例扣回的预付款，与工程款同期结算。合同价款调整、设计变更调整的合同价款及追加的合同价款，应与工程款同期调整支付。

（3）竣工结算

竣工结算，即工程竣工验收报告经发包人确认后28天，承包人向发包人递交竣工决算报告及完整的结算资料，发包人自收到竣工结算资料后28天内进行核实，确认后支付工程竣工结算价款。承包人收到竣工结算价款后14天内将竣工工程交付发包人。

1）承包人违约责任

承包人未如期向发包人递交结算资料，造成工程竣工结算不能正常进行或工程竣工结算价款不能及时支付，发包人可要求交付工程，承包人应当交付；若发包人不要求交付工程的，承包人承担保管责任。

2）发包人违约责任

发包人自收到竣工结算报告及结算资料后28天内无正当理由不支付工程竣工结算价款，从第29天起按承包人同期向银行贷款利率支付拖欠工程价款的利息，并承担违约责任。

2. 赔偿损失的规定

（1）赔偿损失概念和特征

赔偿损失，是指合同违约方因不履行或不完全履行合同义务而给对方造成的损失，依法或依据合同约定赔偿对方所蒙受损失的一种违约责任形式。

《合同法》规定，当事人一方不履行合同义务或者履行合同义务不符合约定，应当承担继续履行、采取补救措施或者赔偿损失等违约责任。

（2）承担赔偿损失责任的构成要件

1）具有违约行为；

2）造成损失后果；

3）违约行为与财产等损失之间有因果关系；

4）违约人有过错；或者虽无过错，但法律规定应当赔偿。

（3）建设工程施工合同中发包人应当承担的赔偿损失

1）开工延迟的赔偿

发包人原因不能按照协议书约定的开工日期开工，工程师应该以书面形式通知承包人。发包人赔偿承包人因延期开工造成的损失，并相应顺延工期。

2）暂停施工的赔偿

发包人原因造成停工的，由发包人承担所发生的追加合同贷款，赔偿承包人由此造成的损失，相应顺延工期。

3）未按照约定提供原材料、设备等造成的损失

发包人未按照约定的时间和要求提供原材料、设备、场地、资金、技术资料的，承包人可以顺延工程日期，并有权要求赔偿停工、窝工等损失。

4）工程中途停建造成的损失

发包人的原因致使工程中途停建的，发包人应当采取措施弥补或者减少损失，赔偿承包人因此造成的停工、窝工、倒运、机械设备调遣、材料和构件积压等损失和实际费用。

5）提供图纸或者技术要求不合理且怠于答复等造成的损失

承包人发现发包人提供的图纸或者技术要求不合理的，应当及时通知发包人。因发包人怠于答复等原因造成承包人损失的，应当赔偿损失。

6）中途变更工作要求造成的损失

发包人中途变更承包人工作的要求，造成承包人损失的，应当赔偿损失。

7）要求压缩合同约定工期造成的损失

《建设工程安全生产管理条例》规定，建设单位要求施工单位压缩合同约定的工期的，发包人应当赔偿损失。

8）验收违法行为造成的损失

《建设工程质量管理条例》规定，建设单位有对建设工程未组织竣工验收、验收不合格或对不合格的建设工程按照合格工程验收，并擅自交付使用的行为，造成损失的，依法承担赔偿责任。

（4）建设工程施工合同中承包人应当承担的赔偿损失

1）偷工减料等造成的损失。

2）与监理单位串通造成的损失。

3）不履行保修义务造成的损失。

4）承包商所施工的工程质量有缺陷。

5）承包商不正当的放弃工程。

6）保管不善造成的损失。

7）承包人原因造成停工的，由承包人承担发生的费用，工期不予顺延。

6.3 合同的履行、变更、解除

6.3.1 合同的履行

1. 合同履行的概念

合同履行，即合同当事人双方依据合同条款的规定，实现各自享有的权利，并承担各自负有的义务，使双方的目的得以实现的行为。如交付约定的标的物，完成约定的工作并交付工作成果，提供约定的服务等。

2. 合同履行的原则

（1）全面履行的原则

全面履行是指合同当事人双方应当按照合同约定全面履行自己的义务，包括履行义务的主体、标的、数量、质量、价款或者报酬，以及履行的方式、地点、期限等。

（2）诚实信用的原则

合同的履行要讲诚实、守信用，信守商业道德，保守商业秘密，不歪曲合同条款，正当竞争。

（3）公平合理的原则

合同双方自订立合同起，直到合同的履行、变更、转让以及对争端纠纷的解决，都应依据公平合理的原则，根据合同的性质、目的和交易习惯，善意地履行通知、保密、协助等附随义务。

（4）不得擅自变更合同的原则

《合同法》规定，合同依法成立，即具有法律的约束力，当事人一方均不得擅自变更合同。

3. 合同履行的抗辩权

抗辩权，即双方在合同的履行中，都应当履行自己的义务，一方不履行或者可能不履行时，另一方可以据此拒绝对方的履行要求。抗辩权包括同时履行抗辩权、先履行抗辩权和不安抗辩权。

需要指出的是，抗辩权的行使只能暂时拒绝对方的履行请求，即中止履行，而不能消灭对方的履行请求权。一旦抗辩权事由消失，原抗辩权人仍应当履行其义务。

（1）同时履行抗辩权

同时履行抗辩权，即在没有规定履行顺序的双务合同中，当事人一方在当事人另一方未给付以前，有权拒绝先给付的权利。

《合同法》规定，当事人互负债务，没有先后履行顺序的，应当同时履行。一方在对方履行之前有权拒绝其履行要求。一方在对方履行债务不符合约定时，有权拒绝其相应的履行要求。例如，在施工承包合同中，施工单位有义务要修建工程，同时建设单位有义务要支付工程款。建设单位若不支付合同约定的工程款，施工单位可以请求，直至停止工程施工。

（2）先履行抗辩权

先履行抗辩权，即当事人互负义务，有先后履行顺序，先履行一方未履行债务或者履行债务不符合约定的，后履行一方有权拒绝先履行一方的履行请求。

《合同法》规定，当事人互负债务，有先后履行顺序，先履行一方未履行的，后履行一方有权拒绝其履行要求。先履行一方履行债务不符合约定的，后履行一方有权拒绝其相应的履行要求。

（3）不安抗辩权

不安抗辩权，即具有先给付义务的一方当事人财产明显减少或欠缺信用，不能保证对待给付时，拒绝自己给付的权利。

《合同法》规定，应当先履行债务的当事人，有确切证据证明对方有下列情形之一的，可以中止履行：

（1）经营状况严重恶化；

（2）转移财产、抽逃资金，以逃避债务；

（3）丧失商业信誉；

（4）有丧失或者可能丧失履行债务能力的其他情形。

当事人没有确切证据中止履行的，应当承担违约责任。

6.3.2 合同的变更

1. 合同变更的概念

合同变更，即当事人对已经发生法律效力的合同，进行修改或者补充所达成的协议。

2. 合同变更的法律责任

《合同法》规定，如果双方当事人就变更事项达成一致意见，则可以变更原合同，当事人应当按照变更后的内容履行合同。如果一方当事人未经对方同意就改变合同的内容，不仅变更的内容对另一方没有约束力，其做法还是一种违约的行为，应当承担违约责任。

变更合同事项应当办理批准、登记手续的，应当依法办理相应手续。没有履行法律程序，即使当事人已协议变更了合同，其变更内容也不发生法律效力。

合同变更的内容必须明确约定。当事人对于合同变更的内容约定不明确，则将被推定为未变更，任何一方不得要求对方履行约定不明确的变更内容。

《合同法》还规定，当事人因重大误解、显失公平、欺诈、胁迫或乘人之危而订立的合同，受害一方有权请求人民法院或者仲裁机构变更或撤销。

6.3.3 合同解除的法律规定

1. 合同解除

合同解除包括约定解除和法定解除，双方当事人除约定解除外，有下列情况之一者，当事人也可以解除合同。

（1）因不可抗力致使不能实现合同目的；

（2）在履行期限届满之前，当事人一方明确表示或者以自己的行为表明不履行主要债务；

（3）当事人一方延迟履行主要债务，经催告后在合理期限内仍未履行；

（4）当事人一方延迟履行债务或者有其他违约行为致使不能实现合同的目的；

（5）法律规定的其他情形。

2. 建设工程合同的解除

《最高人民法院关于审理建设工程施工合同纠纷案件适用法律问题的解释》中规定，建设工程合同中双方当事人（承包人、发包人）可以行使解除权。

（1）发包人的解除权

承包人具有下列情形之一，发包人请求解除建设工程施工合同的，应予以支持：

1）明确表示或者以自己的行为表明不履行合同主要义务的；

2）合同约定的期限内没有完工，且在发包人催告的合理期限内仍未完工；

3）已经完成的建设工程质量不合格，并拒绝修复的；

4）将承包的建设工程非法转包、违法分包的。

（2）承包人的解除权

发包人具有下列情形之一，致使承包人无法施工，且在催告的合理期限内仍未履行相应义务，承包人请求解除建设工程施工合同的，应予以支持：

1）未按约定支付工程款的；

2）提供的主要建筑材料、建筑构配件和设备不符合强制性标准的；

3）不履行合同约定的协助义务的。

（3）建设工程合同解除的法律后果

建设工程合同解除后，完成部分的建设工程质量合格，发包人应当按照约定支付相应的工程价款；完成部分的建设工程质量不合格，修复后的建设工程经竣工验收合格，发包人可以请求承包人承担修复费用；修复后的建设工程经竣工验收不合格，承包人不得请求发包人支付工程价款。因建设工程不合格造成的损失，发包人有过错，应当承担相应的民事责任。

6.4 违约责任

6.4.1 违约责任的概念

违约责任，即合同当事人因违反合同义务所承担的责任。

违约责任实行"严格责任原则"。严格责任原则是不以违约人有无过错为前提，只要违约人有违约行为就承担违约责任，只有不可抗力的原因可免责。

6.4.2 违约责任的特征

1. 违约责任的产生是以合同当事人不履行合同义务为条件的。

2. 违约责任具有相对性。

3. 违约责任具有补偿性，即旨在弥补或补偿因违约行为造成的损害后果。

4. 违约责任可以由合同当事人约定，但约定不符合法律要求的，将会被宣告无效或撤销。

5. 违约责任是民事责任的一种形式。

6.4.3 当事人承担违约责任的形式

1. 继续履行合同

《合同法》规定，当事人不履行合同义务或者履行合同义务不符合约定的，对方可以要求履行，但有下列情况之一的除外：

（1）法律上或事实上不能履行；

（2）债务的标的不适于强制履行或者履行费用过高；

（3）债权人在合理的期限内未要求履行。

2. 采取补救措施

采取补救措施，即当事人违反合同的事实发生后，为防止损失发生或者扩大而由违反合同一方依照法律规定或者约定采取的修理、更换、重新制作、退货、减少价格或者报酬等措施，以给权利人弥补或者挽回损失的责任形式。主要发生在质量不符合约定的时候。

3. 赔偿损失

赔偿损失，即合同当事人就其违约而给对方造成的损失给予补偿。

《合同法》规定：当事人一方不履行合同义务或者履行合同义务不符合约定，给对方造成损失的，损失赔偿额应当相当于因违约所造成的损失，包括合同履行后可以获得的利益，但不得超过违反合同一方订立合同时预见到或者应当预见到的因违反合同可能造成的损失。

4. 违约金和定金

（1）违约金

违约金，即按照当事人的约定或者法律直接规定，一方当事人违约的，应向另一方支付的金钱或金钱以外的其他财产。

1）由法律规定的违约金为法定违约金；

2）由当事人约定的违约金为约定违约金。

《合同法》规定，当事人可以约定一方违约时应当根据违约情况向对方支付一定数额的违约金，也可以约定因违约产生的损失赔偿额的计算方法。

约定的违约金低于造成的损失的，当事人可以请求人民法院或者仲裁机构予以增加；约定的违约金高于造成的损失的，当事人可以请求人民法院或者仲裁机构予以适当的减少。

（2）定金

定金，即合同当事人一方预先支付给对方的款项，其目的在于担保合同债权的实现。

给付定金的一方不履行约定的债务的，无权要求返还定金；收受定金的一方不履行约定的债务的，应当双倍返还定金。当事人既约定违约金，又约定定金，一方违约时，对方可以选择适用违约金或者定金条款。

6.4.4 建设工程施工合同违约责任的免除

1. 免责事由

免责事由，即当事人约定或者法律规定的债务人不履行合同时可以免除承担违约责任的条件和事项。

《合同法》规定，因不可抗力不能履行合同的，根据不可抗力的影响，部分或者全部免除责任，但法律另有规定的除外。当事人迟延履行后发生不可抗力的，不能免除责任。

2. 不可抗力

不可抗力，即《合同法》规定，不能预见、不能避免并不能克服的客观情况。

一般包括如下情况：

（1）自然事件，如地震、洪水、火山爆发、海啸等；

（2）社会事件，如战争、暴乱、骚乱、特定的政府行为等。

当事人一方因不可抗力不能履行合同的，应当及时通知对方，以减轻可能给对方造成的损失，并应当在合理期限内提供证明。

6.5 与建设工程相关的其他合同

6.5.1 建设工程监理合同

1. 建设工程监理概述

（1）监理范围

建设工程监理范围可以是整个建设工程，也可以是建设工程中一个或若干施工标段，还可以是一个或若干施工标段中的部分工程（如土建工程、机电设备安装工程、玻璃幕墙工程、桩基工程等）。

合同双方当事人需要在专用条件中明确建设工程监理的具体范围。

（2）监理工作内容

对于强制实施监理的建设工程，通用条件中约定了 22 项工作属于监理单位需要完成的基本工作，是确保建设工程监理取得成效的重要基础。

2. 建设工程监理合同概念

建设工程委托监理合同，即监理单位受项目法人委托，根据国家批准的工程项目建设文件、有关建设工程的法律、法规和相关合同，对建设工程质量、工期和建设资金使用等实施专业化监督和管理，由项目法人向监理单位支付约定报酬的协议。

《合同法》第二百七十六条规定"建设工程实施监理的，发包人应当与监理人采用书面形式订立委托监理合同。发包人与监理人的权利和义务以及法律责任，应当依照本法委托合同以及其他有关法律、行政法规的规定。"因此建设工程委托监理合同，从性质上说是委托合同。

3. 建设工程监理合同特征

（1）委托监理合同的标的是服务

工程建设实施阶段所签订的其他合同，如勘察设计合同、施工承包合同、物资采购合同、加工承揽合同的标的物是产生新的物质或信息成果，而监理合同的标的是服务，即监理工程师受业主委托，以自己的知识、经验、技能为项目业主所签订的建设工程合同的履行实施监督、管理和服务，以满足项目业主对项目管理的需求，他所获得的报酬实际是服务性报酬，是脑力劳动的报酬，也就是说工程建设监理是一种高智能的有偿技术服务。它的服务对象是委托方——业主，这种服务性的活动是按照工程建设监理合同来进行的，是受法律的约束和保护的。

（2）合同主体有特定主体资格及资质要求

监理合同的当事双方应当是具有民事权利能力和民事行为能力，取得法人资格的企事业单位、其他社会组织，个人在法律允许范围内也可以成为合同当事人。作为委托人必须是有国家批准的建设项目，落实投资计划的企事业单位、其他社会组织及个人；被委托人除要求具备法人资格外，还要求其所承担的监理任务应与其资质等级和营业执照中批准的业务范围相一致。

（3）合同内包括有授权内容

在监理合同中业主对监理方有明确的授权范围，监理单位根据业主的委托及授权范围对项目实施管理和服务，并且该授权要向被监理单位披露。

4. 建设工程监理合同组成

《建设工程委托监理合同（示范文本）》由"建设工程委托监理合同"（下称"合同"）、"标准条件"和"专用条件"组成。

（1）标准条件

内容涵盖了合同中所用词语定义，适用范围和法规，签约双方的责任、权利和义务，合同生效、变更与终止，监理报酬，争议解决以及其他一些情况。它是监理合同的通用文本，适用于各类工程建设监理委托，是所有签约工程都应遵守的基本条件。

（2）专用条件

对委托监理的工作内容而言，认为标准条件中的条款还不够全面，允许在专用条件中增加双方议定的条款内容。

（3）主要内容是当事人双方确认的委托监理工程的概况（工程名称、地点、规模及总投资）；合同签订、生效、完成时双方愿意履行约定的各项义务的承诺，以及合同文件的组成。监理合同除"合同"之外还应包括：

1）监理投标书或中标通知书；

2）监理委托合同标准条件；

3）监理委托合同专用条件；

4）在实施过程中双方共同签署的补充与修正文件。

6.5.2 建设工程勘察、设计合同

1. 建设工程勘察、设计合同概念

建设工程勘察设计合同，即委托方与承包方为完成特定的勘察设计任务，明确相互权利义务关系而订立的合同。由《建设工程勘察合同》和《建设工程设计合同》两部分组成，建设单位称为委托方，勘察设计单位称为承包方。

建设部、国家工商行政管理总局 2000 年修订了《建设工程勘察合同（示范文本）》和《建设工程设计合同（示范文本）》，用以签订《建设工程勘察合同》和《建设工程设计合同》。

2. 勘察、设计合同的特征

（1）明确提交有关基础资料和文件（包括概预算）的期限

对勘察人、设计人提交勘察、设计成果时间上的要求。当事人之间应当根据勘察、设计的内容和工作难度确定合理的提交工作成果的期限。勘察人、设计人必须在此期限内完成并向发包人提交工作成果。超过这一期限的，应当承担违约责任。

（2）明确勘察或者设计的质量要求

此类合同中最为重要的合同条款，也是勘察人或者设计人所应承担的最重要的义务。勘察人或者设计人应当对没有达到合同约定质量的勘察或者设计方案承担违约责任。

（3）明确勘察或者设计费用

设计工程的收费标准，一般应根据不同行业、不同建设规模和工程内容繁简程度制定不同的收费定额，再根据这些定额收取费用。

（4）双方相互协作条款

双方相互协作条款一般包括双方当事人在施工前的准备工作、施工人及时向发包人提出开工通知书、施工进度报告书、对发包人的监督检查提供必要的协助等。

3. 《建设工程勘察合同》和《建设工程设计合同》内容

（1）建设工程勘察合同内容

根据《建设工程勘察合同（示范文本）》GF-2000—0203、GF-2000—0204，建设工程勘察合同一般应包括如下内容：工程概况；发包人向勘察人提供的有关资料文件；勘察人应向发包人交付的勘察成果资料；工期；收费标准及支付方式；发包人、勘察人义务；违约责任；勘察成果资料的检查验收；补充协议的法律效力；争议解决办法；合同生效与终止；其他约定事项等。

（2）建设工程设计合同内容

根据《建设工程设计合同（示范文本）》GF-2000—0209、GF-2000—0210，建设工程设计合同一般应包括如下内容：合同签订依据；设计依据；合同文件的优先次序；发包人向设计人提交的有关资料、文件及时间；设计人向发包人交付的设计文件、份数、地点及时间；费用及支付方式；发包人、设计人的任务；违约责任；争议解决方式；合同的生效及终止等。

6.5.3 建设工程物资采购合同

1. 建设工程物资采购合同的概念

建设工程物资采购合同，即平等主体的自然人、法人、其他组织之间，为实现建设工程物资买卖，设立、变更、终止相互权利义务关系的协议。

2. 建设工程物资采购合同的特点

按照《合同法》的分类，建设工程物资采购合同属于买卖合同，又与项目的建设密切相关，因此其特点主要表现为：

（1）出卖人与买受人订立买卖合同，是以转移财产所有权为目的

买卖合同的买受人取得财产所有权，必须支付相应的价款；出卖人转移财产所有权，必须以买受人支付价款为对价。

（2）建设工程物资采购合同的当事人

建设工程物资采购合同的买受人即采购人，可以是发包人，也可以是承包人。

采购合同的出卖人即供货人，可以是生产厂家，也可以是从事物资流转业务的供应商。

（3）物资采购合同的标的

建设工程物资采购合同的标的品种繁多，供货条件差异较大。

（4）物资采购合同的内容

国内物资购销合同的示范文本规定，建设工程物资采购合同的合同条款应包括的内容有：产品名称、商标、型号、生产厂家、订购数量、合同金额、供货时间及每次供应数量；质量要求的技术标准、供货方对质量负责的条件和期限；交（提）货地点、方式；运输方式及到站、港和费用的负担责任；合理损耗及计算方法；包装标准、包装物的供应与回收；验收标准、方法及提出异议的期限；随机备品、配件工具数量及供应办法；结算方式及期限；如需提供担保另立合同担保书作为合同附件；违约责任；解决合同争议的方法；其他约定事项。

（5）货物供应的时间

建设物资采购供应合同与施工进度密切相关，出卖人必须严格按照合同约定的时间交付订购的货物。

（6）买卖合同是诺成合同

除了法律有特殊规定的情况外，当事人之间意思表示一致，买卖合同即可成立，并不以实物的交付为合同成立的条件。

6.5.4 设备采购合同

1. 设备采购合同概念

设备采购合同，即指采购方（通常为业主、也可能是承包人）与供货人（大多为生产厂家，也可能是供货商）为提供工程项目所需的大型复杂设备而签订的合同。

设备采购合同的标的物可能是非标准产品，需要专门加工制作，也可能虽为标准产品但技术复杂而市场需求量较小，一般没有现货供应，待双方签订合同后由供货方专门进行加工制作，因此属于承揽合同的范畴。

2. 设备采购合同组成

（1）合同条款的主要内容

当事人双方在合同内根据具体订购设备的特点和要求，约定以下几方面的内容：合同中的词语定义；合同标的；供货范围；合同价格；付款；交货和运输；包装和标记；技术服务；质量制造与检验；安装、调试、试运行和验收；保证与索赔；保险；税费；分包与外购；合同的变更、修改、中止和终止；不可抗力；合同争议的解决；其他。

（2）主要附件

为了对合同中某些约定条款涉及内容较多部分做出更为详细的说明，还需要编制一些附件作为合同的一个组成部分。

附件通常可能包括：技术规范；供货范围；技术资料的内容和交付安排；交货进度；监造、检验和性能验收试验；价格表；技术服务的内容；分包和外购计划；大部件说明表等。

大型复杂设备的采购在合同内约定的供货方承包范围可能包括：按照采购方的要求对生产厂家定型设计图的局部修改；设备制造；提供配套的辅助设备；设备运输；设备安装（或指导安装）；设备调试和检验；提供备品、备件；对采购方运行的管理和操作人员的技术培训等。

6.6 劳动合同与劳动保护制度

我国先后自 1995 年 1 月 1 日起施行《中华人民共和国劳动法》（以下简称《劳动法》），自 2008 年 1 月 1 日起施行《中华人民共和国劳动合同法》（以下简称《劳动合同法》），自 2008 年 5 月 1 日起施行《中华人民共和国劳动争议调解仲裁法》（以下简称《劳动争议调解仲裁法》），这三部法律均以保护劳动者和用人单位的合法权益为立法目的的，几经修订完善是构建和谐劳动关系，进而推进和发展和谐劳动关系的保障。

6.6.1 劳动合同的基本内容

1. 劳动合同的概念

劳动合同是劳动者与用人单位确立劳动关系、明确双方权利和义务的协议。

2. 劳动合同的特征

（1）劳动合同主体具有特定性

劳动合同的主体一方是劳动者，另一方是用人单位。

（2）内容具有权利义务一致性、对应性

劳动合同是劳动者与用人单位确立劳动关系的法律形式，其内容是明确劳动权利和劳动义务。

（3）劳动合同具有较强的法定性

劳动合同内容主要以劳动法律、法规等为依据，且均为强制性规定，法律法规虽赋予双方当事人协商签订劳动合同的权利，但协商的内容不得违反或排斥强制性规范，否则无效。

（4）劳动合同法定形式

《劳动合同法》中明确指出对于事实劳动关系是予以保护的，但由第十条规定的"建立劳动关系，应当订立书面劳动合同"和第十六条规定的"劳动合同由用人单位与劳动者在劳动合同文本上签字或者盖章生效"的规定表明，书面劳动合同仍是确立雇佣双方劳动关系所采用的普遍法律形式。

3. 劳动合同的主要内容

劳动合同应当以书面形式订立，并具备以下条款：

（1）劳动合同期限；

（2）工作内容；

（3）劳动保护和劳动条件；

（4）劳动报酬；

（5）劳动纪律；

（6）劳动合同终止的条件；

（7）违反劳动合同的责任。

这些是劳动合同的必备条款。除此之外，当事人还可以协商约定其他内容。

如：劳动合同可以约定试用期。试用期最长不得超过6个月；劳动合同当事人可以在劳动合同中约定保守用人单位商业秘密的有关事项。商业秘密指不为公众所知悉，能为用人单位带来经济利益，具有实用性并经用人单位采取保密措施的技术信息和经营信息。

4. 劳动合同的分类

（1）固定期限劳动合同

用人单位与劳动者约定合同终止时间的劳动合同。用人单位与劳动者协商一致，可以订立固定期限劳动合同。

（2）无固定期限劳动合同

用人单位与劳动者约定无确定终止时间的劳动合同。原劳动法规定的长期合同。

劳动者在同一用人单位连续工作满10年以上，当事人双方同意延续劳动合同的，如果劳动者提出订立无固定期限的劳动合同，应当订立无固定期限的劳动合同。

（3）单项劳动合同

没有固定期限，以完成一定工作任务为期限的劳动合同，是指用人单位与劳动者约定以某项工作的完成为合同期限的劳动合同。

6.6.2 劳动保护的内容与争议处理

1. 劳动安全卫生

劳动安全卫生，即劳动保护或者职业安全卫生，是指劳动者在生产和工作过程中应得到的生命安全和身体健康基本保障的法律制度。包括劳动安全和劳动卫生两部分。劳动安全是指用人单位应保证劳动场所无危及劳动者生命安全的伤害事故发生。劳动卫生是指用人单位应保证劳动场所无危及劳动者身体健康的慢性职业危害发生。

2. 女职工特殊劳动保护

女职工特殊劳动保护是指根据女职工生理上特点和抚育子女的需要，为保护女职工的身体健康，对其在劳动过程中的安全健康所采取的有别于男子的特殊照顾和保护。《女职工劳动保护特别规定》已于2012年4月18日国务院第200次常务会议通过，并于公布之日起施行。

（1）根据妇女生理特点安排劳动就业。法律规定禁止安排女职工从事特别繁重的体力劳动和有毒、有害等国家规定的第四级体力劳动强度的劳动和其他禁忌从事的作业。如矿山井下采掘、石油钻探、森林采伐、潜水作业等有害女工生理机能的工作。

（2）建立和健全女职工"四期"（月经期、怀孕期、分娩期、哺乳期）的特殊保护制度。①法律规定不得安排女职工在经期从事高处、高温、低温、冷水作业和国家规定的第三级体力劳动强度的劳动；②不得安排女职工在怀孕期间从事国家规定的第三级体力劳动强度的劳动；③对怀孕7个月以上的女职工，不得安排其延长工作时间和夜班劳动；④女职工生育享受不少于 90 天的产假；⑤不得安排女职工在哺乳未满 1 周岁的婴儿期间从事国家规定的第三级体力劳动强度的劳动和哺乳期禁忌从事的其他劳动，不得安排其延长工作时间和夜班劳动。加强妇幼卫生保健设施。

3. 未成年工特殊劳动保护

未成年工，即年满 16 周岁未满 18 周岁的劳动者。一般行业不得招用未成年人，如因行业特殊需要的招用未成年工者，须经当地劳动人事部门批准。因其身体尚未发育完全，体力较差又需要有一定的时间学习科学文化技术知识，因此在劳动时期必须给予特殊照顾。

在安排未成年工劳动时，应提供适合他们身体状况的劳动条件，禁止他们从事特别繁重的体力劳动和有害他们健康发育的工作。对未成年工特殊劳动保护的措施主要有：

（1）上岗前培训。未成年工上岗，用人单位应对其进行有关的职业安全卫生教育、培训。

（2）禁止安排未成年工从事有害健康的工作。用人单位不得安排未成年工从事矿山井下、有毒有害、国家规定的第四级体力劳动强度和其他禁止从事的劳动。

（3）提供适合未成年工身体发育的生产工具等。

（4）对未成年工定期进行健康检查。

4. 劳动争议

劳动争议是指用人单位（含个体工商户）与职工（含学徒、帮工），因实现劳动权利和履行劳动义务而发生的纠纷。所说的劳动权利和义务则是《劳动法》第三条规定的劳动者享有的八项权利和应尽的五项义务。常用的劳动争议方式主要有以下几种：

（1）按照劳动争议中是否含有涉外因素来分类，可分为国内劳动争议和涉外劳动争议。

（2）按照劳动争议的内容来分类，可分为权利争议和利益争议。

（3）按照职工一方当事人涉及的人数来分类，可分类为集体争议和个人争议（3 人以上为集体争议，3 人以下为个人争议）。

（4）按照劳动争议的客体来划分，可分为履行劳动合同争议、开除争议、辞退争议、辞职争议、工资争议、保险争议、福利争议、培训争议等。

5. 劳动争议处理

（1）劳动争议的范围

1）因确认劳动关系发生的争议。

2）因订立、履行、变更、解除和终止劳动合同发生的争议

3）因除名、辞退和辞职、离职发生的争议。

4）因工作时间、休息休假、社会保险、福利、培训以及劳动保护发生的争议。

5）因劳动报酬、工伤医疗费、经济补偿或者赔偿金等发生的争议。

6）法律、法规规定的其他劳动争议。这是一个弹性条款。

（2）劳动争议的处理原则

1）着重调解原则。

2）合法、公正、及时原则。

3）三方原则。

（3）劳动争议发生后，当事人可以通过协商、调解、仲裁和诉讼四种方式解决

1）劳动争议协商

劳动争议协商，即当事人各方在自愿、互谅的基础上，按照法律规定，通过摆事实讲道理解决纠纷的一种方法。劳动者可以与用人单位协商，也可以请工会或者第三方共同与用人单位协商，达成和解协议。

双方应本着诚信原则协商解决彼此间的争议。以解决合同争议为目标的友好协商，是解决劳动争议最有效、最经济的方法，且不伤害双方的协作感情。可以通过协商达成变更协议，有利于合同的继续顺利履行。

2）劳动争议调解

劳动争议调解，即基层群众调解组织对用人单位与劳动者发生的劳动争议，以国家的劳动法律、法规为准绳，以协商的方式，使双方当事人达成协议，消除纷争。调解解决合同争议的方式比诉讼或仲裁节省时间、节约费用，是较好解决合同争议的方式。

当事人应当首先提出调解申请，经调解组织审查受理后，帮助双方当事人达成协议。经调解达成协议的，应当制作调解协议书。调解协议书由双方当事人签名或者盖章，经调解员签名并加盖调解组织印章后生效。在调解的过程中，应始终贯彻自愿协商的原则，不得强迫当事人达成调解协议。

3）劳动争议仲裁

劳动争议仲裁，即将争议提交给争议之外中立的第三方，由其对当事人的纠纷居中调解，并作出裁断的行为。具有公正性、及时性和强制性特点。

协商、调解不是处理劳动争议的必经程序。若当事人不愿协商、调解或者协商、调解不成的，当事人一方或双方均可向当地劳动争议仲裁委员会申诉。当事人也可以不经调解委员会处理而直接申请仲裁，仲裁是处理劳动争议的必经程序。

4）劳动争议诉讼

劳动争议诉讼，即当事人如果对劳动争议仲裁委员会的仲裁裁决、不予受理仲裁决定或通知书不服，可以在规定的时限内向当地基层人民法院起诉，通过人民法院依法对劳动争议案件进行审理和裁判的活动。目前法院是由民事审判庭依据民事诉讼程序对劳动争议案件进行审理，实行两审终审制。法院审判是处理劳动争议的最终程序。

6.7 案 例 分 析

【案例 6-1】

1. 背景

某电器公司与某建筑公司签订了《建筑工程施工合同》，对工程内容、工程价款、支付时间、工程质量、工期、违约责任等作了具体约定。在施工过程中，电器公司对施工图纸先后做了 8 次修改，但未能按期交付图纸，致使工期有所拖延。竣工验收时，电器公司对部分工程质量提出了异议。经双方协商无果，电器公司向法院提起了诉讼，要求建筑公司因工期延误和部分工程质量问题承担违约责任。

2. 问题

建筑公司应当承担哪些法律责任？

对工期的延误，建筑公司是否应当承担违约责任？

建筑公司今后在施工合同中应当注意哪些问题？

3. 分析

依据《合同法》的相关规定和合同中约定的质量标准，该建筑公司应当承担工程质量问题的违约责任。

对于工期的延误，该建筑公司不应当承担违约责任，但需要举证。因为该建筑公司在施工过程中，电器公司对施工图纸做了8次修改，并未按期交付图纸，导致了工期延误，建筑公司不应当为此而承担违约责任。但是，建筑公司应当向法院将电器公司修改的图纸以及图纸修改的时间等相关证据予以举证，即证明工期延误非本建筑公司的行为所致。

该建筑公司在今后的施工合同签订与履行过程中，应当对可能出现的工期延误情况作出专门的预期性约定，或者在合同履行中对由于对方原因而导致合同延期的情况作出书面认定，以备将来一旦发生诉讼时有据可查。

【案例 6-2】

1. 背景

A 建筑公司挂靠于一资质较高的 B 建筑公司，以 B 建筑公司名义承揽了一项工程，并与建设单位 C 公司签订了施工合同。但在施工过程中，由于 A 建筑公司的实际施工技术力量和管理能力都较差，造成了工程进度的延误和一些工程质量缺陷。C 公司以此为由，不予支付余下的工程款。A 建筑公司以 B 建筑公司名义将 C 公司告上了法庭。

2. 问题

A 建筑公司以 B 建筑公司名义与 C 公司签订的施工合同是否有效？

C 公司是否应当支付余下的工程款？

3. 分析

（1）《最高人民法院关于审理建设工程施工合同纠纷案件适用法律问题的解释》的第4 条规定："承包人非法转包、违法分包建设工程或者没有资质的实际施工人借用有资质的建筑施工企业名义与他人签订建设工程施工合同的行为无效。"A 建筑公司以 B 建筑公司名义与 C 公司签订的施工合同，是没有资质的实际施工人借用有资质的建筑施工企业名义签订的合同，属无效合同，不具有法律效力。

（2）C 公司是否应当支付余下的工程款要视该工程竣工验收的结果而定。《最高人民法院关于审理建设工程施工合同纠纷案件适用法律问题的解释》规定，"建设工程施工合同无效，但建设工程经竣工验收合格，承包人请求参照约定支付工程价款的，应予以支持。建设工程施工合同无效，且建设工程经竣工验收不合格的，按照以下情形分别处理：①修复后的建设工程经竣工验收合格，发包人请求承包人承担修复费用的，应予以支持；②修复后的建设工程经竣工验收不合格的，承包人请求支付工程价款的，不予支持。"

【案例 6-3】

1. 背景

2013 年 5 月，某外企公司有 3 名员工已在该企业工作满 10 年，需要续签新的劳动合同。但该公司不打算再与其续签劳动合同。该公司人力资源部的经理依据原先的各地关于无固定期限劳动合同的做法与规定，向 3 位员工下发了到期不再续签劳动合同的书面通知。但 3 位员工不服，认为在该公司工作了这么多年，公司不应该这样做，于是他们向有关人员进行咨询。

2. 问题

该 3 位员工坚决要求签订劳动合同，并且要求签订无固定期限劳动合同，依据《劳动合同法》的规定，是否应当签订无固定期限劳动合同？

在公司不同意的情况下，是否可以签订无固定期限劳动合同？

3. 分析

（1）依据《劳动合同法》第 14 条第 2 款的规定，劳动者在该用人单位连续工作满 10 年的，劳动者提出或者同意续订、订立劳动合同的，应当订立无固定期限劳动合同。本案中，3 位员工已经在该公司工作了 10 年，依据《劳动合同法》的规定，该公司必须与 3 位员工续签无固定期限劳动合同。

（2）3 位员工要求续签无固定期限劳动合同，尽管公司单方面不同意，依据上述规定，公司也必须与其续签无固定期限劳动合同，否则将构成违法。

【案例 6-4】

1. 背景

某中外合资公司与王某签订了为期 3 年的劳动合同。合同中约定，在合同的履行期间，如果本合同订立时所依据的客观情况发生变化，致使合同无法履行，经双方协商不能就本合同达成协议的，公司可以提前 30 天以书面形式通知王某解除劳动合同。两年后，该公司由一家中外合资企业变更为外商独资企业，公司的法定代表人也作了变更。该公司由于重组进行大规模的裁员，王某也在被裁人员名单中。随后，公司以企业名称、性质和法定代表人变更，属于合同订立时所依据的客观情况发生重大变化为由，书面通知王某解除劳动合同。王某不同意，认为自己的劳动合同没有到期，不能以企业法定代表人变更等为由随意解除劳动合同。

2. 问题

该公司上述理由是否可以作为解除与王某劳动合同的依据？

该公司与王某的合同是否继续有效？

3. 分析

（1）《劳动合同法》第 33 条规定，"用人单位变更名称、法定代表人、主要负责人或者投资人等事项，不影响劳动合同的履行。"本案中，该公司虽然企业的名称、性质和法定代表人发生了变更，但并非属于法律上认定的"客观情况发生重大变化"，企业的正常经营并未因此而受到影响。因此，该公司以上述理由解除与王某的劳动合同是没有法律依据的。

（2）王某与该公司的劳动合同还没有到期，该合同依然有效。所以，双方应该继续履行劳动合同。

【案例 6-5】

1. 背景

2013 年 5 月，小张大学毕业后，通过人才市场被一家设备公司聘用。小张所从事的工作技术含量较高，经过一段时间的实践仍不能胜任所从事的工作，于是公司决定解除与其的劳动合同。但是，小张不同意解除合同。公司便不再分派小张任何工作，也停发了小张的工资，单方解除了与小张的劳动合同。

2. 问题

该设备公司是否违反了《劳动合同法》的有关规定？

该设备公司应当承担哪些责任？.

3. 分析

（1）该设备公司违反了《劳动合同法》第 40 条的规定，"有下列情形之一的，用人单位提前 30 日以书面形式通知劳动者本人或者额外支付劳动者 1 个月工资后，可以解除劳动合同；……（2）劳动者不能胜任工作，经过培训或者调整工作岗位，仍不能胜任工作的；……。"据此，该公司认为小张不能胜任本职工作，应当对其进行培训或者调整工作岗位，如还不能胜任工作的方可在提前 30 日以书面形式通知小张本人或者额外支付劳动者 1 个月工资后，才能解除劳动合同。此外，该公司单方解除劳动合同，还应当按照《劳动合同法》第 43 条的规定，事先将理由通知工会。

（2）该设备公司应当承担向小张支付经济补偿的责任。《劳动合同法》第 46 条规定，用人单位依照《劳动合同法》第 40 条的规定解除劳动合同的，用人单位应当向劳动者支付经济补偿。第 47 条规定，经济补偿按劳动者在本单位工作的年限，每满一年支付一个月工资的标准向劳动者支付。六个月以上不满一年的，按一年计算；不满六个月的，向劳动者支付半个月工资的经济补偿。

【案例 6-6】

1. 背景

张先生就其在某市新买的一处商品房进行装修同某装饰公司签订了一份家装承揽合同，对工程总造价、工期、违约金等作了具体约定。合同签订后，张先生将自己设计的图纸交给了该装饰公司，并提出了一些要求。当房屋装修进行到一半时，张先生突然提出要将其房屋的部分设计进行修改，但该装饰公司按原设计图纸施工已使用了不少材料和人工。3 个月后完工。在验收时，张先生发现房屋装修的部分油漆漆面有刮伤现象，房屋吊顶走线不直，地板砖不够整齐等。于是，张先生以工程质量不合格为由，拒付工程尾款。该装饰公司则提出，由于张先生中途变更设计内容，给装饰公司造成了人工和材料的浪费，张先生应当对此承担相应责任。

2. 问题

该装饰公司应当承担哪些责任？

张先生是否应当承担相应责任？

3. 分析

《合同法》第 261 条规定："承揽人完成工作的，应当向定作人交付工作成果，并提交必要的技术资料和有关质量证明。定作人应当验收该工作成果。"第 262 条规定："承揽人交付的工作成果不符合质量要求的，定作人可以要求承揽人承担修理、重作、减少报酬、赔偿损失等违约责任。"据此，对张先生提出的装修质量问题，装饰公司应当出具相关的技术资料和质量证明。否则，该装饰公司应与张先生进行协商，进行修理或者重作，承担相应的违约责任；造成损失的，还应当赔偿相应的损失。

《合同法》第 258 条规定："定作人中途变更承揽工作的要求，造成承揽人损失的，应当赔偿损失。"张先生在装修工程进行中变更了设计内容，也对装饰公司造成了一定损失，对此损失也负有赔偿责任。当然，双方的损失经协商可以抵充。

【案例 6-7】

1. 背景

某开发商需要定制 5 台电梯，后委托某机电公司代购，并与该机电公司签订了委托合同，对电梯的生产厂家、型号、价款、到货时间、地点以及对机电公司的受托权限等作了约定。之后，某机电公司以自己的名义与电梯厂家签订了购销合同。在代购合同履行时，电梯生产厂家符合型号要求的只有 3 台可以按期交货，而其他 2 台交货时间较长。为了不影响委托人的使用和对委托代购时间的履约，机电公司认为尽管电梯的型号不同，但质量、外观等差异不大，就擅自做主将另外 2 台型号有所差异的电梯做了代替，事后也未向开发商及时报告。在试用期间，其中 1 台发生了质量问题。

2. 问题

对有质量问题的电梯，开发商应当向谁提出索赔？

机电公司有何过错？

3. 分析

（1）对有质量问题的电梯，开发商可以向机电公司提出索赔。《合同法》第 406 条规定："有偿的委托合同，因受托人的过错给委托人造成损失的，委托人可以要求赔偿损失。无偿的委托合同，因受托人的故意或者重大过失给委托人造成损失的，委托人可以要求赔偿损失。受托人超越权限给委托人造成损失的，应当赔偿损失。"据此，机电公司未经开发商的同意，擅自改变电梯型号并在事后也不向开发商报告，属超越代理权限行为，应当承担赔偿责任。

（2）机电公司的主要过错：一是没有完全履行委托合同，没有按照委托人的指示处理委托事务；二是擅自改变电梯型号，事后也没有及时向开发商报告。《合同法》第 399 条规定："受托人应当按照委托人的指示处理委托事务。需要变更委托人指示的，应当经委托人同意；因情况紧急，难以和委托人取得联系的，受托人应当妥善处理委托事务，但事后应当将该情况及时报告委托人。"

【案例 6-8】

1. 背景

牛小姐 2013 年 1 月与一家饮料公司签订了为期三年的劳动合同。2013 年 9 月，牛小姐发现自己怀孕了，于是"牛气冲天"，工作中不好好表现，反而经常迟到早退，公司警告了她 3 次，但她反而更牛了，旷工 16 天，于是公司以严重违反规章为由，解除了牛小姐的劳动合同，牛小姐不服，认为自己在"三期"内，公司不能解除自己的劳动合同。

2. 问题

饮料公司能解除牛小姐的劳动合同吗？

3. 分析

能，依据《劳动合同法》第 42 条：女职工在孕期、产期、哺乳期不能依照第 40、41 条解除劳动合同。但第 39 条：劳动者严重违反用人单位的规章制度，严重失职，对完成本单位的工作任务造成严重影响，经用人单位提出，拒不改正的，用人单位可解除劳动合同。

本 章 小 结

本章主要阐述了建设工程合同法原理、合同的订立、合同的效力、建设工程施工合同的内容及承发包双方的义务、建设工程支付价款和赔偿损失的规定、合同的履行、变更、转让和终止、违约责任和与建设工程有关的其他合同等内容。

合同是平等主体的自然人、法人、其他组织之间确定的民事权利义务关系的协议。合同的订立必须遵循平等、自愿、公平和诚实信用、不得损害社会公共利益的原则。

建设工程合同是承包人进行工程建设，发包人支付价款的合同。

劳动合同是劳动者与用人单位确立劳动关系、明确双方权利和义务的协议。以法的形式保障劳动者的合法劳动权益，并对女职工和未成年工提出了特殊保护。

思 考 与 练 习 题

思考题

1. 什么是合同法律关系？合同法律关系中的主体、客体及内容？

2. 合同的履行、变更、转让和终止应具备哪些条件？

3. 我国《合同法》将合同分成哪些种类？

4. 订立合同应遵循的基本原则有哪些？

5. 如何理解要约的有效条件？

6. 订立合同采用的形式有哪些？

7. 合同的履行原则有哪些？

8. 什么是合同权利转让？合同权利转让应具备什么条件？

9. 什么是违约金？

10. 什么是建设工程合同？建设工程合同有哪些特征？

11. 如何理解建设工程项目货物采购合同？

12. 《劳动法》中对未成年工的定义？

练习题

单项选择

1. 下列不属于发包人义务的情形是（   ）。

A. 提供必要施工条件

B. 就审查合格的施工图设计文件向施工企业作出详细说明

C. 及时组织工程竣工验收

D. 向有关部门移交建设项目档案

2. 关于赔偿损失特征的表述中，不正确的是（   ）。

A. 赔偿损失具有补偿性

B. 赔偿损失具有强制性

C. 赔偿损失以赔偿非违约方实际遭受的全部损害为原则

D. 赔偿损失是合同违约方违反合同义务所产生的责任形式

3. 施工单位与建设单位签订施工合同，约定施工单位垫资20%，但没有约定垫资利息。后施工单位向人民法院提起诉讼，请求建设单位支付垫资利息。对施工单位的请求，人民法院正确的做法是(   )。

A. 尽管未约定利息，施工单位要求按中国人民银行发布的同期同类贷款利率支付垫资利息，应予支持

B. 由于未约定利息，施工单位要求支付垫资利息，不予支持

C. 由于垫资行为违法，施工单位要求返还垫资，不予支持

D. 尽管未约定利息，施工单位要求按低于中国人民银行发布的同期同类贷款利率支付垫资利息，应予支持

4. 甲计划将其与乙已签订的合同进行变更，下面说法正确的是（　　）。

A. 合同的变更是对原合同的实质性变更

B. 所有变更都需要登记

C. 当事人协商一致，可以变更合同

D. 只有显失公平的合同才可以变更

5. 根据《合同法》的规定，下列合同转让合法生效的是（　　）。

A. 某教授与施工企业约定培训 1 次，但因培训当天临时有急事，便让自己的博士生代为授课

B. 甲因急需用钱将对乙享有的 1 万元债权转让给了第三人，并打电话通知了乙

C. 建设单位到期不能支付工程款，书面通知施工企业其已将债务转让给第三人，请施工企业向第三人主张债权

D. 监理单位将监理合同概括转让给其他具有相应监理资质的监理单位

6. 某工程在 9 月 10 日发生了地震灾害迫使承包人停止施工。9 月 15 日发包人与承包人共同检查工程的损害程度，并一致认为损害程度严重，需要拆除重建。9 月 17 日发包人将依法单方解除合同的通知送达承包人，9 月 18 日发包人接到承包人同意解除合同的回复。依据我国《合同法》的规定，该施工合同解除的时间应为（　　）。

A. 9 月 10 日　　　　　　B. 9 月 15 日　　　　　　C. 9 月 17 日　　　　　　D. 9 月 18 日

7. 某施工单位与甲在 2010 年 4 月 10 日签订一份劳动合同，合同约定了 1 年试用期。由于甲不能胜任工作要求，施工单位最迟于（　　）前可以随时解除劳动合同。

A. 2010 年 5 月 10 日　　　　　　　　B. 2010 年 7 月 10 日

C. 2010 年 10 月 10 日　　　　　　　　D. 2011 年 4 月 10 日

8. 根据《劳动合同法》的规定，在劳务派遣用工方式中，订立劳务派遣协议的主体是（　　）。

A. 派遣单位与用工单位　　　　　　　　B. 用工单位与劳动者

C. 用工单位与当地人民政府　　　　　　D. 派遣单位与劳动者

9. 未成年工特殊保护的表述中，不正确的是（　　）。

A. 未成年工是指年满 16 周岁未满 18 周岁的劳动者

B. 用人单位应对未成年工定期进行健康检查

C. 禁止用人单位招用未满 16 周岁的未成年人

D. 不得安排未成年工从事低温冷水作业等国家规定的第 3 级体力劳动强度的劳动

10. 甲某未满 17 岁即应聘于某施工单位，下列关于此事说法正确的是（　　）。

A. 甲某未成年，签订劳动合同属无效劳动合同

B. 因为是临时工作，可以不签劳动合同

C. 不得安排甲某从事有毒有害的劳动

D. 可以安排甲某从事有毒有害的劳动，但必须保证安全

11. 按照《劳动争议调解仲裁法》的规定，劳动争议申请仲裁的时效期间为（　　）年。

A. 1　　　　　　　　B. 2　　　　　　　　C. 3　　　　　　　　D. 4

12. 女职工生育享受不少于（　　）的产假。

A. 90 天　　　　　　B. 60 天　　　　　　C. 30 天　　　　　　D. 6 个月

13. 根据《劳动法》的规定，对怀孕（　　）以上的女职工，用人单位不得安排其延长工作时间和夜班劳动。

A. 3个月   B. 5个月   C. 6个月   D. 7个月

多项选择

1. 合同的订立，应当遵循（　　）的原则。

A. 平等   B. 自愿

C. 公平   D. 协商一致

E. 合法

2. 根据《合同法》的规定，有（　　）情形，合同无效。

A. 一方以欺诈、胁迫的手段订立合同，损害国家利益的

B. 恶意串通，损害国家、集体或者第三人利益的

C. 无权代理人所订立的

D. 损害社会公共利益的

E. 在订立合同时显失公平的

3. 根据《合同法》相关规定，承包人行使优先受偿权的期限应当自建设工程（　　）起计算。

A. 合同订立之日   B. 实际竣工之日

C. 开工之日   D. 保修期届满之日

E. 合同约定竣工之日

4. 根据《劳动法》的规定，符合对未成年人特殊保护规定的有（　　）。

A. 不得安排未成年人从事矿山井下作业

B. 不得安排未成年人从事低温、冷水作业

C. 不得安排未成年人从事国家规定的第三级体力劳动强度的劳动

D. 不得安排未成年人延长工作时间和夜班劳动

E. 用人单位应当对未成年人定期进行健康检查

5. 下列条款中，属于劳动合同必备条款的是（　　）。

A. 劳动合同期限   B. 工作内容和工作地点

C. 劳动报酬   D. 保守秘密

E. 工作时间和休息休假

教学单元 7　建设工程的节能法律制度

[**知识目标**] 了解节能的含义，熟悉建设工程项目的管理的基本思路，掌握民用建筑节能的有关规定及违法责任；熟悉绿色施工的含义，掌握绿色施工导则中的有关规定。

[**能力目标**] 能说出绿色施工的含义；能够根据建筑节能的有关规定进行案例评析。

7.1　建筑工程节能法律制度

7.1.1　建设工程节能法律制度概述

节约资源是我国的基本国策。国家实施节约与开发并举、把节约放在首位的能源发展战略。在工程建设领域，节约能源主要包括建筑节能和施工节能两个方面。施工节能则是要解决施工过程中的节约能源问题，建筑节能是解决建设项目建成后使用过程中的节能问题。

1. 节能的含义

所谓节能，是指应用技术上现实可靠、经济上可行合理、环境和社会都可以接受的方法，有效地利用能源，提高用能设备或工艺的能量利用效率。建筑节能是指建筑在规划、设计、建造和使用过程中，通过采用节能型材料和技术，加强用能管理，在保证建筑节能和室内环境质量的前提下，降低建筑能源消耗。目前，建筑能源消耗约占全球能源消耗的 40%，而在我国既有的约 430 亿 m² 的建筑中，据《南方日报》2013 年 11 月 22 日的报道，仅有 4% 的建筑采用了先进的能源效率改进措施。建筑节能对促进我国能源的节约与合理利用，实现国家节能规划目标，保持经济与社会的可持续发展具有重要意义。

2. 建筑工程节能法规的立法现状

随着建筑能耗与工业能耗、交通能耗并列成为中国能源消耗的三大耗能大户，我国关于建筑节能方面的立法也在不断加强。我国目前尚缺乏建筑节能的专门立法，现行的与建筑节能有关的法律法规主要有：《建筑法》；2006 年 1 月 1 日起施行的建设部颁布的《民用建筑节能管理规定》；2006 年 7 月 31 日建设部发布的《民用建筑工程节能质量监督管理办法》；《节约能源法》；《城乡规划法》；2008 年 10 月 1 日起施行的国务院颁布的《民用建筑节能条例》；2008 年 2 月建设部发布的《绿色施工导则》；2008 年 10 月 1 日起施行的国务院发布的《公共机构节能条例》；2008 年 8 月 29 日第十一届全国人民代表大会常务委员会第四次会议通过，2009 年 1 月 1 日起施行的《循环经济促进法》。

建筑工程节能相关标准规范，主要有 1996 年 7 月 1 日起施行的建设部批准的《民用建筑节能设计标准（采暖居住建筑部分）》JGJ 26—86；2005 年 7 月 1 日起施行的建设部批准的《公共建筑节能设计标准》GB 50189—2005；2006 年 1 月 1 日起施行的建设部批准的《民用建筑太阳能热水系统应用技术规范》GB 50364—2005；2006 年 6 月 1 日起施行的建设部和国家质量监督检验检疫总局联合公布的《绿色建筑评价标准》GB/T

50378—2006；2007 年 10 月 1 日起施行的建设部发布的《建筑节能工程施工质量验收规范》GB 50411—2007；建设部发布的《建筑外门窗气密、水密、抗风压性能分级及检测方法》GB/T 7106—2008；2010 年 8 月 1 日起施行的住房和城乡建设部批准并公布的《夏热冬冷地区居住建筑节能设计标准》JGJ 134—2010 等。

7.1.2　建设工程项目的节能管理

1. 节能管理的基本框架

（1）编制节能计划

国务院和县级以上地方各级人民政府应当将节能工作纳入国民经济和社会发展规划、年度计划，并组织编制和实施节能中长期专项规划、年度节能计划。

（2）节能目标责任制和节能考核评价制度

国家实行节能目标责任制和节能考核评价制度，将节能目标完成情况作为对地方人民政府及其负责人考核评价的内容。省、自治区、直辖市人民政府每年向国务院报告节能目标责任的履行情况。

（3）节能产业政策

国家实行有利于节能和环境保护的产业政策，限制发展高耗能、高污染行业，发展节能环保型产业。合理调整产业结构、企业结构、产品结构和能源消费结构，淘汰落后的生产能力，提高能源利用效率。国家鼓励、支持开发和利用新能源、可再生能源。建设主管部门应当加强对在建建筑工程执行建筑节能标准情况的监督检查。

（4）节能技术创新与进步

国家鼓励、支持节能科学技术的研究、开发、示范和推广，促进节能技术创新与进步，提倡节约型的消费方式，鼓励发展建筑节能技术及产品。依据《民用建筑节能条例》，鼓励发展下列建筑节能技术和产品：新型节能墙体和屋面的保温、隔热技术与材料；节能门窗的保温隔热和密闭技术；集中供热和热、电、冷联产联供技术；供热采暖系统温度调控和分户热量计量技术与装置；太阳能、地热等可再生能源应用技术及设备；建筑照明节能技术与产品；空调制冷节能技术与产品；其他技术成熟、效果显著的节能技术和节能管理技术。

（5）节能监督

国务院管理节能工作的部门主管全国的节能监督管理工作。国务院有关部门在各自的职责范围内负责节能监督管理工作，并接受国务院管理节能工作的部门的指导。县级以上地方各级人民政府管理节能工作的部门负责本行政区域内的节能监督管理工作，并接受同级管理节能工作的部门的指导。

（6）固定资产投资项目节能评估和审查制度

国家实行固定资产投资项目节能评估和审查制度。不符合强制性节能标准的项目，依法负责项目审批或者核准的机关不得批准或者核准建设；建设单位不得开工建设；已经建成的，不得投入生产、使用。具体办法由国务院管理节能工作的部门会同国务院有关部门制定。

2. 建筑节能管理

国务院建设主管部门负责全国建筑节能的监督管理工作。县级以上地方各级人民政府建设主管部门会同同级管理节能工作的部门编制本行政区域内的建筑节能规划。建筑节能规划应当包括既有建筑节能改造计划。应当加强城市节约用电管理，严格控制公用设施和大型建筑物装饰性景观照明的能耗。

依照《民用建筑工程节能质量监督管理办法》第 3 条至第 8 条的规定，建设单位、设计单位、施工单位、监理单位、施工图审查机构、工程质量检测机构等单位，应当遵守国家有关建筑节能的法律法规和技术标准，履行合同约定义务，并依法对民用建筑工程节能质量负责。

（1）建设单位应当履行以下节能质量责任和义务

1）组织设计方案评选时，应当将建筑节能要求作为重要内容之一。

2）不得擅自修改设计文件。当建筑设计修改涉及建筑节能强制性标准时，必须将修改后的设计文件送原施工图审查机构重新审查。

3）不得明示或者暗示设计单位、施工单位降低建筑节能标准。

4）不得明示或者暗示施工单位使用不符合建筑节能性能要求的墙体材料、保温材料、门窗部品、采暖空调系统、照明设备等。按照合同约定由建设单位采购的有关建筑材料和设备，建设单位应当保证其符合建筑节能指标。

5）不得明示或者暗示检测机构出具虚假检测报告，不得篡改或者伪造检测报告。

6）在组织建筑工程竣工验收时，应当同时验收建筑节能实施情况，在工程竣工验收报告中，应当注明建筑节能的实施内容。

7）大型公共建筑工程竣工验收时，对采暖空调、通风、电气等系统，应当进行调试。

（2）设计单位应当履行以下节能质量责任和义务

1）建立健全质量保证体系，严格执行建筑节能标准。

2）民用建筑工程设计要按功能要求合理组合空间造型，充分考虑建筑体形、围护结构对建筑节能的影响，合理确定冷源、热源的形式和设备性能，选用成熟、可靠、先进、适用的节能技术、材料和产品。

3）初步设计文件应设建筑节能设计专篇，施工图设计文件须包括建筑节能热工计算书，大型公共建筑工程方案设计须同时报送有关建筑节能专题报告，明确建筑节能措施及目标等内容。

（3）施工图审查机构应当履行以下节能质量责任和义务

1）严格按照建筑节能强制性标准对送审的施工图设计文件进行审查，对不符合建筑节能强制性标准的施工图设计文件，不得出具审查合格证书。

2）向建设主管部门报送的施工图设计文件审查备案材料中应包括建筑节能强制性标准的执行情况。

3）审查机构应将审查过程中发现的设计单位和注册人员违反建筑节能强制性标准的情况，及时上报当地建设主管部门。

（4）施工单位应当履行以下质量责任和义务

1）严格按照审查合格的设计文件和建筑节能标准的要求进行施工，不得擅自修改设计文件。

2）对进入施工现场的墙体材料、保温材料、门窗部品等进行检验。对采暖空调系统、照明设备等进行检验，保证产品说明书和产品标识上注明的性能指标符合建筑节能要求。

3）应当编制建筑节能专项施工技术方案，并由施工单位专业技术人员及监理单位专业监理工程师进行审核，审核合格，由施工单位技术负责人及监理单位总监理工程师签字。

4）应当加强施工过程质量控制，特别应当加强对易产生热桥和热工缺陷等重要部位的质量控制，保证符合设计要求和有关节能标准规定。

5）对大型公共建筑工程采暖空调、通风、电气等系统的调试，应当符合设计等要求。

6）保温工程等在保修范围和保修期限内发生质量问题的，施工单位应当履行保修义务，并对造成的损失承担赔偿责任。

（5）监理单位应当履行以下节能质量责任和义务

1）严格按照审查合格的设计文件和建筑节能标准的要求实施监理，针对工程的特点制定符合建筑节能要求的监理规划及监理实施细则。

2）总监理工程师应当对建筑节能专项施工技术方案审查并签字认可。专业监理工程师应当对工程使用的墙体材料、保温材料、门窗部品、采暖空调系统、照明设备，以及涉及建筑节能功能的重要部位施工质量检查验收并签字认可。

3）对易产生热桥和热工缺陷部位的施工，以及墙体、屋面等保温工程隐蔽前的施工，专业监理工程师应当采取旁站形式实施监理的，应当在《工程质量评估报告》中明确建筑节能标准的实施情况。

7.1.3 建筑工程节能的有关规定

为了加强民用建筑节能管理，提高能源利用效率，降低民用建筑使用过程中的能源消耗，2008年7月23日，国务院第四次常务会议通过了《民用建筑节能条例》，并于2008年10月1日起施行。

民用建筑，是指居住建筑、国家机关办公建筑和商业、服务业、教育、卫生等其他公共建筑。所谓的民用建筑节能，是指在保证民用建筑使用功能和室内热环境质量的前提下，降低其使用过程中能源消耗的活动。

1. 新建建筑节能相关规定

（1）新技术、新工艺、新材料和新设备的要求

《民用建筑节能条例》规定，国家鼓励和扶持在新建建筑和既有建筑节能改造中采用太阳能、地热能等可再生资源，国家推广使用民用建筑节能的新技术、新工艺、新材料和新设备，限制使用或者禁止使用能源消耗高的技术、工艺、材料和设备。建设单位、设计单位、施工单位不得在建筑活动中使用列入禁止使用目录的技术、工艺、材料和设备。

（2）建设节能主体的节能义务

建设节能主体包括：城乡规划主管部门与建设主管部门、施工图审查机构、建设单位、设计单位、施工单位、工程监理单位。

1）城乡规划主管部门与建设主管部门的节能义务

编制城市详细规划、镇详细规划，应当按照民用建筑节能的要求，确定建筑的布局、形状和朝向。城乡规划主管部门依法对民用建筑进行规划审查，应当就设计方案是否符合民用建筑节能强制性标准征求同级建设主管部门的意见；建设主管部门应当自收到征求意见材料之日起10日内提出意见。对不符合民用建筑节能强制性标准的，不得颁发建设工程规划许可证。

2）施工图审查机构的节能义务

施工图设计文件审查机构应当按照民用建筑节能强制性标准对施工图设计文件进行审查；经审查不符合民用建筑节能强制性标准的，县级以上地方人民政府建设主管部门不得颁发施工许可证。

3）建设单位的节能义务

建设单位不得明示或者暗示设计单位、施工单位违反民用建筑节能强制性标准进行设计、施工，不得明示或者暗示施工单位使用不符合施工图设计文件要求的墙体材料、保温材料、门窗、采暖制冷系统和照明设备。

按照合同约定由建设单位采购墙体材料、保温材料、门窗、采暖制冷系统和照明设备的，建设单位应当保证其符合施工图设计文件要求。

建设单位组织竣工验收，应当对民用建筑是否符合民用建筑节能强制性标准进行查验；对不符合民用建筑节能强制性标准的，不得出具其竣工验收合格报告。

建设单位申请施工许可证时，应当提交施工图设计文件审查合格证明。未提交的，县级以上地方人民政府建设行政主管部门不得颁发施工许可证。

4）设计单位、施工单位、工程监理单位的节能义务

设计单位、施工单位、工程监理单位及其注册执业人员，应当按照民用建筑节能强制性标准进行设计、施工、监理。设计单位应当依据建筑节能标准的要求进行设计，保证建筑节能设计质量。

施工单位应当按照审查合格的施工图设计文件和建筑节能施工标准的要求进行施工。施工单位采购的墙体材料、保温材料、门窗部品、采暖空调系统、照明设备，应当具有产品合格证、产品说明书、产品标识。施工单位应当对进入施工现场的墙体材料、保温材料、门窗部品、采暖空调系统、照明设备进行查验，保证产品说明书和产品标识上注明的能耗指标符合建筑节能标准。施工人员对墙体材料、保温材料，应当在建设单位或者工程监理单位监督下现场取样，并送具有相应资质等级的质量检测单位进行检测。

工程监理单位发现施工单位不按照民用建筑节能强制性标准施工的，应当要求施工单位改正；施工单位拒不改正的，工程监理单位应当及时报告建设单位，并向有关主管部门报告。墙体、屋面的保温工程施工时，监理工程师应当按照工程监理规范的要求，采取旁站、巡视和平行检验等形式实施监理。未经监理工程师签字，墙体材料、保温材料、门窗、采暖制冷系统和照明设备不得在建筑上使用或者安装，施工单位不得进行下一道工序的施工。

5）房地产开发企业的节能义务

房地产开发企业销售商品房，应当向购买人明示所售商品房的能源消耗指标、节能措施和保护要求、保温工程保修期等信息，并在商品房买卖合同和住宅质量保证书、住宅使用说明书中载明。在正常使用条件下，保温工程的最低保修期限为5年。保温工程的保修期，自竣工验收合格之日起计算。保温工程在保修范围和保修期内发生质量问题的，施工单位应当履行保修义务，并对造成的损失依法承担赔偿责任。

2. 既有建筑节能管理

（1）既有建筑节能的概念

既有建筑节能改造，是指对不符合民用建筑节能强制性标准的既有建筑的围护结构、供热系统、采暖制冷系统、照明设备和热水供应设施等实施节能改造的活动。

实施既有建筑节能改造，应当符合民用建筑节能强制性标准，优先采用遮阳、改善通风等低成本改造措施。既有建筑围护结构的改造和供热系统的改造应当同步进行。

（2）既有建筑节能改造的管理

县级以上地方人民政府建设主管部门应当对本行政区域内既有建筑的建设年代、结构形式、用能系统、能源消耗指标、寿命周期等组织调查统计和分析，制定既有建筑节能改造计划，明确节能改造的目标、范围和要求，报本级人民政府批准后组织实施。

（3）既有公共建筑的节能改造

中央国家机关既有建筑的节能改造，由有关管理机关事务工作的机构制定节能改造计划，并组织实施。各级人民政府及其有关部门、单位不得违反国家有关规定和标准，以节能改造的名义对上述既有建筑进行扩建、改建。

（4）既有建筑节能改造的标准

实施既有建筑节能改造，应当符合民用建筑节能强制性标准，优先采用遮阳、改善通风等低成本改造措施。既有建筑围护结构的改造和供热系统的改造，应当同步进行。

对实行集中供热的建筑进行节能改造，应当安装供热系统调控装置和用热计量装置；对公共建筑进行节能改造，还应当安装室内温度调控装置和用电分项计量装置。

3. 建筑用能系统运行节能

（1）用电节能

建筑所有权人或者使用权人应当保证建筑用能系统的正常运行，不得人为损坏建筑围护结构和用能系统。国家机关办公建筑和大型公共建筑的所有权人或者使用权人应当建立健全民用建筑节能管理制度和操作规程，对建筑用能系统进行监测、维护，并定期将分项用电量报县级以上地方人民政府建设主管部门。

县级以上地方人民政府节能工作主管部门应当会同同级建设主管部门确定本行政区域内公共建筑重点用电单位及其年度用电限额。

（2）供热节能

县级以上地方人民政府建设主管部门应当对本行政区域内供热单位的能源消耗情况进行调查统计和分析，并制定供热单位能源消耗指标；对超过能源消耗指标的，应当要求供热单位制定相应的改进措施，并监督实施。

供热单位应当建立健全相关制度，加强对专业技术人员的教育和培训。供热单位应当改进技术装备，实施计量管理，并对供热系统进行监测、维护，提高供热系统的效率，保证供热系统的运行符合民用建筑节能强制性标准。

7.1.4 违反节能管理的法律责任

1. 政府有关部门的主管人员和其他直接责任人员的法律责任

县级以上人民政府有关部门有下列行为之一的，对负有责任的主管人员和其他直接责任人员依法给予处分；构成犯罪的，依法追究刑事责任。

（1）对设计方案不符合民用建筑节能强制性标准的民用建筑项目颁发建设工程规划许可证的；

（2）对不符合民用建筑节能强制性标准的设计方案出具合格意见的；

（3）对施工图设计文件不符合民用建筑节能强制性标准的民用建筑项目颁发施工许可证的；

（4）不依法履行监督管理职责的其他行为。

2. 建设单位节能法律责任

（1）建设单位有下列行为之一的，由县级以上地方人民政府建设主管部门责令改正，处 20 万元以上 50 万元以下的罚款：

1）明示或者暗示设计单位、施工单位违反民用建筑节能强制性标准进行设计、施工的；

2）明示或者暗示施工单位使用不符合施工图设计文件要求的墙体材料、保温材料、门窗、采暖制冷系统和照明设备的；

3）采购不符合施工图设计文件要求的墙体材料、保温材料、门窗、采暖制冷系统和照明设备的；

4）使用列入禁止使用目录的技术、工艺、材料和设备的。

（2）建设单位对不符合民用建筑节能强制性标准的民用建筑项目出具竣工验收合格报告的，由县级以上地方人民政府建设主管部门责令改正，处民用建筑项目合同价款 2% 以上 4% 以下的罚款；造成损失的，依法承担赔偿责任。

3. 设计单位节能法律责任

设计单位未按照民用建筑节能强制性标准进行设计，或者使用列入禁止使用目录的技术、工艺、材料和设备的，由县级以上地方人民政府建设主管部门责令改正，处 10 万元以上 30 万元以下的罚款；情节严重的，由颁发资质证书的部门责令停业整顿，降低资质等级或者吊销资质证书；造成损失的，依法承担赔偿责任。

4. 施工单位节能法律责任

施工单位有下列行为之一的，由县级以上地方人民政府建设主管部门责令改正，处 10 万元以上 20 万元以下的罚款；情节严重的，由颁发资质证书的部门责令停业整顿，降低资质等级或者吊销资质证书；造成损失的，依法承担赔偿责任。

（1）未对进入施工现场的墙体材料、保温材料、门窗、采暖制冷系统和照明设备进行查验的；

（2）使用不符合施工图设计文件要求的墙体材料、保温材料、门窗、采暖制冷系统和照明设备的；

（3）使用列入禁止使用目录的技术、工艺、材料和设备的。

施工单位未按照民用建筑节能强制性标准进行施工的，由县级以上地方人民政府建设主管部门责令改正，处民用建筑项目合同价款 2% 以上 4% 以下的罚款；情节严重的，由颁发资质证书的部门责令停业整顿，降低资质等级或者吊销资质证书；造成损失的，依法承担赔偿责任。

5. 工程监理单位节能法律责任

工程监理单位有下列行为之一的，由县级以上地方人民政府建设主管部门责令限期改正；逾期未改正的，处 10 万元以上 30 万元以下的罚款；情节严重的，由颁发资质证书的部门责令停业整顿，降低资质等级或者吊销资质证书；造成损失的，依法承担赔偿责任。

（1）未按照民用建筑节能强制性标准实施监理的；

（2）墙体、屋面的保温工程施工时，未采取旁站、巡视和平行检验等形式实施监理的。

对不符合施工图设计文件要求的墙体材料、保温材料、门窗、采暖制冷系统和照明设备，按照符合施工图设计文件要求签字的，责令改正，处 50 万元以上 100 万元以下的罚款，降低资质等级或者吊销资质证书；有违法所得的，予以没收；造成损失的，承担连带赔偿责任。

6. 房地产开发企业节能法律责任

销售商品房，未向购买人明示所售商品房的能源消耗指标、节能措施和保护要求、保温工程保修期等信息，或者向购买人明示的所售商品房能源消耗指标与实际能源消耗不符的，依法承担民事责任；由县级以上地方人民政府建设主管部门责令限期改正；逾期未改正的，处交付使用的房屋销售总额 2% 以下的罚款；情节严重的，由颁发资质证书的部门降低资质等级或者吊销资质证书。

7.2　施工节约能源法律制度

7.2.1　绿色施工的概念与原则

1. 绿色施工的概念

《绿色施工导则》规定，"绿色施工是指工程建设中，在保证质量、安全等基本要求的前提下，通过科学管理和技术进步，最大限度地节约资源与减少对环境负面影响的施工活动，实现四节一环保（节能、节地、节水、节材和环境保护）。"

所谓的绿色施工，是指工程建设中，在保证质量、安全等基本要求的前提下，通过科学管理和技术进步，最大限度地节约资源与减少对环境负面影响的施工活动，实现节能、节地、节水、节材和环境保护。绿色施工应符合国家的法律、法规及相关的标准规范，实现经济效益、社会效益和环境效益的统一。

实施绿色施工，应依据因地制宜的原则，贯彻执行国家、行业和地方相关的技术经济政策。

2. 绿色施工的原则

绿色施工是建筑全寿命周期中的一个重要阶段。实施绿色施工，应进行总体方案优化。在规划、设计阶段，应充分考虑绿色施工的总体要求，为绿色施工提供基础条件。实施绿色施工，应对施工策划、材料采购、现场施工、工程验收等各阶段进行控制，加强对整个施工过程的管理和监督。

7.2.2　绿色施工节能的有关规定

《循环经济促进法》规定，建筑设计、建设、施工等单位应当按照国家有关规定和标准，对其设计、建设、施工的建筑物及构筑物采用节能、节水、节地、节材的技术工艺和小型、轻型、再生产品。有条件的地区，应当充分利用太阳能、地热能、风能等可再生能源。

1. 节材与材料资源利用

《循环经济促进法》规定，国家鼓励利用无毒无害的固体废物生产建筑材料，鼓励使用散装水泥，推广使用预拌混凝土和预拌砂浆。禁止损毁耕地烧砖。在国务院或者省、自治区、直辖市人民政府规定的期限和区域内，禁止生产、销售和使用黏土土砖。

《绿色施工导则》进一步规定，图纸会审时，应审核节材与材料资源利用的相关内容，达到材料损耗率比定额损耗率降低 30％；根据施工进度、库存情况等合理安排材料的采购、进场时间和批次，减少库存；现场材料堆放有序；储存环境适宜，措施得当；保管制度健全，责任落实；材料运输工具适宜，装卸方法得当，防止损坏和遗洒；根据现场平面布置情况就近卸载，避免和减少二次搬运；采取技术和管理措施提高模板、脚手架等的周转次数；优化安装工程的预留、预埋、管线路径等方案；应就地取材，施工现场 500 公里以内生产的建筑材料用量占建筑材料总重量的 70％以上。

此外，还分别就结构材料、围护材料、装饰装修材料、周转材料提出了明确要求。例如，结构材料节材与材料资源利用的技术要点是：

（1）推广使用预拌混凝土和商品砂浆。准确计算采购数量、供应频率、施工速度等，在施工过程中动态控制。结构工程使用散装水泥。

（2）推广使用高强钢筋和高性能混凝土，减少资源消耗。

（3）推广钢筋专业化加工和配送。

（4）优化钢筋配料和钢构件下料方案。钢筋及钢结构制作前应对下料单及样品进行复核，无误后方可批量下料。

（5）优化钢结构制作和安装方法。大型钢结构宜采用工厂制作，现场拼装；宜采用分段吊装、整体提升、滑移、顶升等安装方法，减少方案的措施用材量。

（6）采取数字化技术，对大体积混凝土、大跨度结构等专项施工方案进行优化。

2. 节水与水资源利用

《循环经济促进法》规定，国家鼓励和支持使用再生水。企业应当发展串联用水系统和循环用水系统，提高水的重复利用率。企业应当采用先进技术、工艺和设备，对生产过程中产生的废水进行再生利用。

《绿色施工导则》进一步对提高用水效率、非传统水源利用和安全用水作出规定。

（1）提高用水效率

1）施工中采用先进的节水施工工艺。

2）施工现场喷洒路面、绿化浇灌不宜使用市政自来水。现场搅拌用水、养护用水应采取有效的节水措施，严禁无措施浇水养护混凝土。

3）施工现场供水管网应根据用水量设计布置，管径合理、管路简捷，采取有效措施减少管网和用水器具的漏损。

4）现场机具、设备、车辆冲洗用水必须设立循环用水装置。施工现场办公区、生活区的生活用水采用节水系统和节水器具，提高节水器具配置比率。项目临时用水应使用节水型产品，安装计量装置，采取针对性的节水措施。

5）施工现场建立可再利用水的收集处理系统，使水资源得到梯级循环利用。

6）施工现场分别对生活用水与工程用水确定用水定额指标，并分别计量管理。

7）大型工程的不同单项工程、不同标段、不同分包生活区，凡具备条件的应分别计量用水量。在签订不同标段分包或劳务合同时，将节水定额指标纳入合同条款，进行计量考核。

8）对混凝土搅拌站点等用水集中的区域和工艺点进行专项计量考核。施工现场建立雨水、中水或可再利用水的搜集利用系统。

（2）非传统水源利用

1）优先采用中水搅拌、中水养护，有条件的地区和工程应收集雨水养护。

2）处于基坑降水阶段的工地，宜优先采用地下水作为混凝土搅拌用水、养护用水、冲洗用水和部分生活用水。

3）现场机具、设备、车辆冲洗，喷洒路面，绿化浇灌等用水，优先采用非传统水源，尽量不使用市政自来水。

4）大型施工现场，尤其是雨量充沛地区的大型施工现场建立雨水收集利用系统，充分收集自然降水用于施工和生活中适宜的部位。

5）力争施工中非传统水源和循环水的再利用量大于30％。

（3）安全用水

在非传统水源和现场循环再利用水的使用过程中，应制定有效的水质检测与卫生保障措施，确保避免对人体健康、工程质量以及周围环境产生不良影响。

3. 节能与能源利用

《绿色施工导则》对节能措施，机械设备与机具，生产、生活及办公临时设施，施工用电及照明分别作出规定。

（1）节能措施

1）制订合理施工能耗指标，提高施工能源利用率。

2）优先使用国家、行业推荐的节能、高效、环保的施工设备和机具，如选用变频技术的节能施工设备等。

3）施工现场分别设定生产、生活、办公和施工设备的用电控制指标，定期进行计量、核算、对比分析，并有预防与纠正措施。

4）在施工组织设计中，合理安排施工顺序、工作面，以减少作业区域的机具数量，相邻作业区充分利用共有的机具资源。安排施工工艺时，应优先考虑耗用电能的或其他能耗较少的施工工艺。避免设备额定功率远大于使用功率或超负荷使用设备的现象。

5）根据当地气候和自然资源条件，充分利用太阳能、地热等可再生能源。

（2）机械设备与机具

1）建立施工机械设备管理制度，开展用电、用油计量，完善设备档案，及时做好维修保养工作，使机械设备保持低耗、高效的状态。

2）选择功率与负载相匹配的施工机械设备，避免大功率施工机械设备低负载长时间运行。机电安装可采用节电型机械设备，如逆变式电焊机和能耗低、效率高的手持电动工具等，以利节电。机械设备宜使用节能型油料添加剂，在可能的情况下，考虑回收利用，节约油量。

3）合理安排工序，提高各种机械的使用率和满载率，降低各种设备的单位耗能。

（3）生产、生活及办公临时设施

1）利用场地自然条件，合理设计生产、生活及办公临时设施的体形、朝向、间距和窗墙面积比，使其获得良好的日照、通风和采光。南方地区可根据需要在其外墙窗设遮阳设施。

2）临时设施宜采用节能材料，墙体、屋面使用隔热性能好的材料，减少夏天空调、冬天取暖设备的使用时间及耗能量。

3）合理配置采暖、空调、风扇数量，规定使用时间，实行分段分时使用，节约用电。

（4）施工用电及照明

1）临时用电优先选用节能电线和节能灯具，临电线路合理设计、布置，临电设备宜采用自动控制装置。采用声控、光控等节能照明灯具。

2）照明设计以满足最低照度为原则，照度不应超过最低照度的20％。

4. 节地与施工用地保护

《绿色施工导则》对临时用地指标、临时用地保护、施工总平面布置分别作出规定。

（1）临时用地指标

1）根据施工规模及现场条件等因素合理确定临时设施，如临时加工厂、现场作业棚及材料堆场、办公生活设施等的占地指标。临时设施的占地面积应按用地指标所需的最低面积设计。

2）要求平面布置合理、紧凑，在满足环境、职业健康与安全及文明施工要求的前提下尽可能减少废弃地和死角，临时设施占地面积有效利用率大于90％。

（2）临时用地保护

1）应对深基坑施工方案进行优化，减少土方开挖和回填量，最大限度地减少对土地的扰动，保护周边自然生态环境。

2）红线外临时占地应尽量使用荒地、废地，少占用农田和耕地。工程完工后，及时对红线外占地恢复原地形、地貌，使施工活动对周边环境的影响降至最低。

3）利用和保护施工用地范围内原有绿色植被。对于施工周期较长的现场，可按建筑永久绿化的要求，安排场地新建绿化。

（3）施工总平面布置

1）施工总平面布置应做到科学、合理，充分利用原有建筑物、构筑物、道路、管线为施工服务。

2）施工现场搅拌站、仓库、加工厂、作业棚、材料堆场等布置应尽量靠近已有交通线路或即将修建的正式或临时交通线路，缩短运输距离。

3）临时办公和生活用房应采用经济、美观、占地面积小、对周边地貌环境影响较小，且适合于施工平面布置动态调整的多层轻钢活动板房、钢骨架水泥活动板房等标准化装配式结构。生活区与生产区应分开布置，并设置标准的分隔设施。

4）施工现场围墙可采用连续封闭的轻钢结构预制装配式活动围挡，减少建筑垃圾，保护土地。

5）施工现场道路按照永久道路和临时道路相结合的原则布置。施工现场内形成环形通路，减少道路占用土地。

6）临时设施布置应注意远近结合（本期工程与下期工程），努力减少和避免大量临时建筑拆迁和场地搬迁。

7.2.3 违法行为应承担的法律责任

施工节约能源违法行为应承担的主要法律责任如下。

1. 违反建筑节能标准违法行为应承担的法律责任

《节约能源法》规定，设计单位、施工单位、监理单位违反建筑节能标准的，由建设主管部门责令改正，处10万元以上50万元以下罚款；情节严重的，由颁发资质证书的部门降低资质等级或者吊销资质证书；造成损失的，依法承担赔偿责任。

《民用建筑节能条例》规定，施工单位未按照民用建筑节能强制性标准进行施工的，由县级以上地方人民政府建设主管部门责令改正，处民用建筑项目合同价款2%以上4%以下的罚款；情节严重的，由颁发资质证书的部门责令停业整顿，降低资质等级或者吊销资质证书，造成损失的，依法承担赔偿责任。

注册执业人员未执行民用建筑节能强制性标准的，由县级以上人民政府建设主管部门责令停止执业3个月以上1年以下；情节严重的，由颁发资格证书的部门吊销执业资格证书，5年内不予注册。

2. 使用黏土砖及其他施工节能违法行为应承担的法律责任

《循环经济促进法》规定，在国务院或者省、自治区、直辖市人民政府规定禁止生产销售、使用黏土砖的期限或者区域内生产、销售或者使用黏土砖的，由县级以上地方人民政府指定的部门责令限期改正；有违法所得的，没收违法所得；逾期继续生产、销售的，由地方人民政府工商行政管理部门依法吊销营业执照。

《民用建筑节能条例》规定，施工单位有下列行为之一的，由县级以上地方人民政府建设主管部门责令改正，处10万元以上20万元以下的罚款；情节严重的，由颁发资质证书的部门责令停业整顿，降低资质等级或者吊销资质证书，造成损失的，依法承担赔偿责任。

（1）未对进入施工现场的墙体材料、保温材料、门窗、采暖制冷系统和照明设备进行查验的；

（2）使用不符合施工图设计文件要求的墙体材料、保温材料、门窗、采暖制冷系统和照明设备的；

（3）使用列入禁止使用目录的技术、工艺、材料和设备的。

3. 用能单位其他违法行为应承担的法律责任

《节约能源法》规定，用能单位未按照规定配备、使用能源计量器具的，由产品质量监督部门责令限期改正；逾期不改正的，处1万元以上5万元以下罚款。

瞒报、伪造、篡改能源统计资料或者编造虚假能源统计数据的，依照《中华人民共和国统计法》的规定处罚。

无偿向本单位职工提供能源或者对能源消费实行包费制的，由管理节能工作的部门责令限期改正；逾期不改正的，处5万元以上20万元以下罚款。

进口列入淘汰名录的设备、材料或者产品的，由海关责令退运，可以处10万元以上100万元以下的罚款。进口者不明的，由承运人承担退运责任，或者承担有关处置费用。

7.3 案 例 分 析

【案例 7-1】

1. 背景

2011年年底某住宅小区一期工程完成设计，2012年开始施工。按当地规定，所有新建、改建、扩建的住宅建设项目，必须按照《夏热冬冷地区居住建筑节能设计标准》的要求进行建筑节能设计、施工。在施工过程中，建设单位按设计图纸规定的规格、数量要求采购了墙体材料、保温材料、采暖制冷系统等，并声称是优质产品；施工单位在以上材料设备进入施工现场后，直接用于该项目的施工并形成工程实体，导致一期工程验收不合格。经有关部门检验，建设单位购买的墙体材料、保温材料、采暖制冷系统存在严重质量问题，根本不符合该项目设计图纸规定的质量要求。

2. 问题

（1）施工单位的行为是否违法？

（2）施工单位应承担哪些法律责任？

3. 分析

（1）《民用建筑节能条例》第16条规定"施工单位应当对进入施工现场的墙体材料、保温材料、门窗、采暖制冷系统和照明设备进行查验；不符合施工图设计文件要求的，不得使用。"本案中，施工单位未对进入施工现场的墙体材料、保温材料、采暖制冷系统等进行查验，导致不符合施工图设计文件要求的墙体材料等用于该项目的施工，构成了违法行为。

（2）《民用建筑节能条例》第41条规定"施工单位有下列行为之一的，由县级以上地方人民政府建设主管部门责令改正，处10万元以上20万元以下的罚款；情节严重的，由颁发资质证书的部门责令停止整顿，降低资质等级或者吊销资质证书；造成损失的，依法承担赔偿责任：①未对进入施工现场的墙体材料、保温材料、门窗、采暖制冷系统和照明设备进行查验的；②使用不符合施工图设计文件要求的墙体材料、保温材料、门窗、采暖制冷系统，和照明设备的；……。"据此，当地建设主管部门应当依法责令该施工单位改正，处10万元以上20万元以下的罚款。

【案例7-2】

1. 背景

2009年3月15日，A市节能行政主管部门接到举报，A市某建筑陶瓷有限公司正在规划建设90万 m^2/a 的建筑陶瓷砖生产线。2009年3月17日，A市节能行政主管部门组织节能监察人员到现场进行监察，发现该项目设计方案违反了强制性节能标准。A市节能行政主管部门依据《节约能源法》有关规定，于2009年4月2日对该企业下达了节能行政处罚告知书，告知其违法事实、理由以及拟作出责令停止建设、限期改造的行政处罚，并告知其依法享有的权利。该企业在规定期限内，没有进行申辩、陈述。2009年4月6日，A市节能行政主管部门依法对该企业下达了行政处罚决定书，作出责令其停止建设、限期改造的处罚决定。该企业不服，于2009年5月6日向A市人民政府提起行政复议。经审查，2009年5月26日，A市人民政府作出行政复议决定，认为：A市节能行政主管部门以某建筑陶瓷有限公司违规开工建设不符合国家强制性能源效率标准的固定资产投资项目，对其进行行政处罚，事实清楚，证据确凿，维持A市节能行政主管部门于2009年4月6日作出的节能行政处罚。该公司未提起行政诉讼。

2. 问题

该建筑陶瓷有限公司开工建设符合建筑节能的要求吗？

3. 分析

《节约能源法》第十五条规定："国家实行固定资产投资项目节能评估和审查制度。不符合强制性节能标准的项目，依法负责项目审批或者核准的机关不得批准或者核准建设；建设单位不得开工建设；已经建成的，不得投入生产、使用。"明确不符合强制性节能标准的项目不得开工建设和不得投入生产使用。"强制性节能标准"是指具有法律强制性必须执行的节能标准，包括高耗能产品能耗限额标准、建筑节能方面的标准和规范、用能设备和产品能效标准等。本案中，该建筑陶瓷有限公司违规开工建设不符合强制性节能标准项目，明显违反了《节约能源法》第十五条的规定。

《节约能源法》第六十八条第二款规定："固定资产投资项目建设单位开工建设不符合强制性节能标准的项目或者将该项目投入生产、使用的，由管理节能工作的部门责令停止建设或者停止生产、使用，限期改造；不能改造或者逾期不改造的生产性项目，由管理节能工作的部门报请本级人民政府按照国务院规定的权限责令关闭。"该建筑陶瓷有限公司，若限期内经改造达到要求，则可以继续建设；若限期内经改造未达到要求，则由 A 市节能行政主管部门报本级人民政府依法责令关闭。

【案例 7-3】

1. 背景

某公司为山东省 A 市一家供电公司，该公司对单位内部职工的家庭用电实行免费的福利政策。由于所有用电全部免费，职工日常生活中如需使用能源，比如做饭、取暖时统统用电，每月用电都在 100kW·h 以上，多者每月用电能达到上千千瓦时。2008 年 4 月 1 日，新修订的《节约能源法》开始实施，新《节约能源法》规定："能源生产经营单位无偿向本单位职工提供能源或者对能源消费实行包费制，逾期不改正的，将处五万元以上二十万元以下罚款。"发现公司现行福利政策违反《节约能源法》之后，该公司高层召开会议研究如何应对。甲经理认为，若依法取消用电福利，恐怕职工会颇有怨言，而违反法律规定最多罚款 20 万元，对公司无甚影响。乙经理认为，虽然罚款 20 万元对公司财务状况影响不大，但是有损商誉，还是尽量规避法律为佳。丙经理认为，职工用电收费与否，是我们经营权限内的事情，法律这样规定，有干涉企业自主经营权之嫌，不可理解。经过讨论，该公司高层决定以每度电五分钱的优惠价格向单位职工提供用电，从而既不违反《节约能源法》中"无偿向本单位职工提供能源或者对能源消费实行包费制"的规定，维护了公司声誉，又能继续给本单位职工提供福利。

2. 问题

山东省 A 市该公司的做法符合建筑节能的要求吗？

3. 分析

节约能源为我国一项基本国策，已经写入法律之中，任何单位和个人都应履行相应的节能义务。能源生产经营单位向职工无偿提供能源，导致能源浪费，有损公共利益，因而不再仅仅是公司经营权限范围内的事。《节约能源法》第二十八条规定："能源生产经营单位不得向本单位职工无偿提供能源。任何单位不得对能源消费实行包费制。"第七十七条规定："违反本法规定，无偿向本单位职工提供能源或者对能源消费实行包费制的，由管理节能工作的部门责令限期改正；逾期不改正的，处五万元以上二十万元以下罚款。"该公司为规避法律规定，以低于市场价格向单位职工提供用电，认为既不属于无偿提供能源，也不是包费制（即支付一定费用后可以不加限制地使用能源），因而认为本公司的行为不属于违法情形。但从立法意图讲，该项条款实际上确立了"用能必须计量，用能必须付费"的原则，实际生活中违反该原则的形式是多样的，凡是违反计量收费原则的情形，而又无其他法律法规规定可享受优惠的情况，都属于本条款禁止的范围。同时，作为山东省内的能源生产经营企业，不仅适用国家层面的《节约能源法》，还应适用山东省的地方法规——《山东省节约能源条例》，该条例第三十四条规定："能源生产经营单位不得无偿或者低于市场价格向本单位职工提供能源，不得对本单位职工按能源消费量给予补贴。任何单位不得对能源消费实行包费制。"可见，无论从《节约能源法》的立法意图来看，还是该公司应适用的地方法规明文规定来看，该公司的应对之策都属违法行为，应予以禁止。

本 章 小 结

主要介绍了建筑节能的含义及立法现状，我国建设工程项目的节能管理监管政策；主要讲述了各参建单位的节能质量责任与义务，详细说明了民用建筑节能的有关规定及违法应承担的法律责任。最后，讲述了关于绿色施工的内容，施工节水、施工节材、施工节地等具体的一些规定。我国在建设节能方面的立法还在不断完善，最后通过案例来进一步来帮助理解相关方面的内容。

思 考 与 练 习 题

思考题

1. 在工程建设领域，节约能源主要包括哪两个方面？

2. 建筑工程节能法规的立法现状如何？

3. 什么是绿色施工？

4. 建设节能主体包括哪些？

5. 既有建筑节能改造指的是什么？

6. 建筑用能系统运行节能包括哪些？

7. 监理单位、施工单位应当履行的建筑工程节能质量责任和义务有哪些？

8. 施工单位节能法律责任有哪些？

练习题

单项选择

1. 国务院颁布的《民用建筑节能条例》实施的时间为（　　　）。

A. 2008 年 10 月 1 日　　　　　　　　　　B. 2010 年 3 月 1 日

C. 2006 年 1 月 1 日　　　　　　　　　　D. 2007 年 10 月 1 日

2. 建筑用能系统运行节能包括（　　　）。

A. 用电节能和用水节能　　　　　　　　　B. 用电节能和供热节能

C. 用水节能和供热节能　　　　　　　　　D. 用水节能和供冷节能

3.《绿色施工导则》规定，图纸会审时，应审核节材与材料资源利用的相关内容，达到材料损耗率比定额损耗率降低（　　　）。

A. 10%　　　　　　B. 20%　　　　　　C. 30%　　　　　　D. 40%

4. 设计单位未按照民用建筑节能强制性标准进行设计，或者使用列入禁止使用目录的技术、工艺、材料和设备的，处（　　　）的罚款；情节严重的，由颁发资质证书的部门责令停业整顿，降低资质等级或者吊销资质证书；造成损失的，依法承担赔偿责任。

A. 5 万元以上 10 万元以下　　　　　　　B. 10 万元以上 15 万元以下

C. 15 万元以上 20 万元以下　　　　　　D. 10 万元以上 30 万元以下

多项选择

1. 建设节能主体包括（　　　）。

A. 城乡规划主管部门与建设主管部门 　　　B. 施工图审查机构

C. 建设单位、设计单位 　　　D. 施工单位、工程监理单位

E. 建筑质量检测部门

2. 墙体、屋面的保温工程施工时，监理工程师应当如何进行监理（　　　）。

A. 按照工程监理规范的要求 　　　B. 采取旁站

C. 巡视 　　　D. 平行检验等形式实施监理

E. 可以等施工完成检验合格后签字

3. 施工单位应当履行的建筑节能质量责任和义务不包括（　　　）。

A. 对采暖空调系统、照明设备等进行检验，保证产品说明书和产品标识上注明的性能指标符合建筑节能要求

B. 应当编制建筑节能专项施工技术方案，由施工单位技术负责人及监理单位总监理工程师签字

C. 施工图设计文件须包括建筑节能热工计算书，大型公共建筑工程方案设计须同时报送有关建筑节能专题报告，明确建筑节能措施及目标等内容

D. 对大型公共建筑工程采暖空调、通风、电气等系统的调试，应当符合设计要求

E. 不得擅自修改设计文件，当设计修改涉及建筑节能强制性标准时，必须将修改后的设计文件送原施工图审查机构重新审查

4. 建设单位有下列行为之一的，由县级以上地方人民政府建设主管部门责令改正，处 20 万元以上 50 万元以下的罚款（　　　）。

A. 明示或者暗示设计单位、施工单位违反民用建筑节能强制性标准进行设计、施工的

B. 明示或者暗示施工单位使用不符合施工图设计文件要求的墙体材料、保温材料、门窗、采暖制冷系统和照明设备的

C. 采购不符合施工图设计文件要求的墙体材料、保温材料、门窗、采暖制冷系统和照明设备的

D. 使用列入禁止使用目录的技术、工艺、材料和设备的

5. 依据《民用建筑节能条例》，鼓励发展下列建筑节能技术和产品（　　　）。

A. 新型节能墙体和屋面的保温、隔热技术与材料、节能门窗的保温隔热和密闭技术

B. 供热采暖系统温度调控和分户热量计量技术与装置

C. 太阳能、地热等可再生能源应用技术及设备

D. 建筑照明节能技术与产品

E. 空调制冷节能技术与产品

教学单元 8　建设工程安全生产管理法律制度

[知识目标] 掌握建设工程生产安全的基本制度，施工企业安全责任和义务；掌握施工现场消防管理、安全防护管理；熟悉建设工程生产安全事故的等级与调查程序和处理原则。

[能力目标] 能够运用建设工程安全生产管理法规的理论知识解释和处理建设工程中的相关法律问题；能够按照建设工程安全生产管理法规依法从事工程建设活动。

8.1　建设工程安全生产管理概述

为了加强建设工程安全生产管理，预防和减少建筑业事故的发生，保障建筑职工及他人的人身安全和财产安全，国务院建设行政主管部门制定了一系列的工程建设安全生产法规和规范性文件。特别是 2011 年 4 月经修订后颁布的《中华人民共和国建筑法》和最新修订自 2014 年 12 月 1 日起施行的《中华人民共和国安全生产法》（以下简称《安全生产法》）两部法律。针对建设工程安全生产的具体情况，国务院于 2004 年 2 月 1 日实施的《建设工程安全生产管理条例》（以下简称《安全生产管理条例》）以及 2013 年 7 月修改的《安全生产许可证条例》加大了建筑安全生产管理方面的立法力度。

8.1.1　安全生产管理基本制度

全国人大常委会 2014 年 8 月 31 日表决通过了关于修改安全生产法的决定。2014 年 12 月 1 日起，新修订的《中华人民共和国安全生产法》（简称《安全生产法》）正式实施。从强化安全生产工作地位、进一步落实生产经营单位主体责任、政府安全监管定位和加强基层执法力量、强化安全生产责任追究等四个方面入手，增加完善了多项法律规定，创新建立了多项法律制度。

1. 建设工程安全生产管理方针与原则

（1）建设工程安全生产的概念

建设工程安全生产是指建筑生产过程中要避免人员、财产的损失及对周围环境的破坏。它包括建筑生产过程中施工现场的人身安全，财产设备安全，施工现场及附近的道路、管线和房屋的安全，施工现场和周围环境的保护及工程建成后的使用安全等方面的内容。

（2）建设工程安全生产管理的方针

《安全生产法》第三条规定，安全生产工作应当以人为本，坚持安全发展，坚持安全第一、预防为主、综合治理的方针，强化和落实生产经营单位的主体责任，建立生产经营单位负责、职工参与、政府监管、行业自律和社会监督的机制。

（3）建设工程安全生产管理原则

国务院有关规定中明确的建设工程安全生产管理原则主要是"管生产必须管安全"和

"谁主管谁负责"。

安全生产第一责任人制度正是这一原则的体现。行政一把手是本地区建筑安全生产的第一责任人，对所辖区域建筑安全生产的行业管理负全面责任；企业法定代表人是本企业安全生产的第一责任人，对本企业的建筑安全生产负全面责任；项目经理是本项目安全生产的第一责任人，对项目施工中贯彻落实安全生产的法规、标准负全面责任。

2. 建设工程安全生产管理基本制度

（1）安全生产责任制度

《建筑法》第三十六条规定，要"建立健全安全生产的责任制度和群防群治制度"。安全生产责任制度是建筑生产中最基本的安全管理制度，是所有安全规章制度的核心。安全责任制的主要内容包括：

1）从事建筑活动主体的负责人的责任制。比如，施工单位的法定代表人要对本企业的安全负主要的安全责任。

2）从事建筑活动主体的职能机构或职能处室负责人及其工作人员的安全生产责任制。比如，施工单位根据需要设置的安全处室或者专职安全人员要对安全负责。

3）岗位人员的安全生产责任制。岗位人员必须对安全负责。

（2）群防群治制度

群防群治制度是职工群众进行预防和治理安全的一种制度。要求建筑企业职工在施工中应当遵守有关生产的法律、法规和建筑行业安全规章、规程，不得违章作业；对于危及生命安全和身体健康的行为有权提出批评、检举和控告。

（3）建筑安全生产认证制度

为了严格规范安全生产条件，进一步加强安全生产监督管理，防止和减少生产安全事故，国家和相关部门制定了一系列的安全生产认证制度。

（4）建筑安全生产教育培训制度

《建筑法》第四十六条规定："建筑施工企业应当建立健全安全生产教育培训制度，加强对职工的安全教育生产培训；未经安全生产教育培训的人员，不得上岗作业。"

（5）建筑安全生产预防排查隐患制度

上级管理部门和企业自身对安全生产状况进行定期或不定期检查的制度，通过检查可以发现问题，检查隐患，从而采取有效措施，发现问题，把事故消灭在发生之前，做到防患于未然，是"预防为主"的具体体现。

（6）建筑安全生产意外伤害保险制度

《建筑法》第四十八条明确规定："建筑施工企业必须为从事危险作业的职工办理意外伤害保险，支付保险费。"

（7）建筑安全伤亡事故报告制度

发生事故时，建筑企业应当采取紧急措施减少人员伤亡和事故损失，并按照国家有关规定及时向有关部门报告。

（8）建筑安全责任追究制度

建设单位、设计单位、施工单位、监理单位，由于没有履行职责造成人员伤亡和事故损失的，视情节予以相关处理；情节严重的，责令停业整顿，降低资质等级或吊销资质证书；构成犯罪的，依法追究刑事责任。

8.1.2 施工生产安全许可证制度

国家对矿山企业，建筑施工企业和危险化学品、烟花爆竹、民用爆破器材生产企业（以下统称企业）实行安全生产许可制度。企业未取得安全生产许可证的，不得从事生产活动。

1. 建筑施工企业取得安全生产许可证应具备的安全生产条件

（1）建立、健全安全生产责任制，制定完备的安全生产规章制度和操作规程；保证本单位安全生产条例所需资金的投入；

（2）设置安全生产管理机构，按照国家有关规定配备专职安全生产管理人员；

（3）主要负责人、项目负责人、专职安全生产管理人员经建设主管部门或者其他有关部门考核合格；

（4）特种作业人员经有关业务主管部门考核合格，取得特种作业操作资格证书；

（5）管理人员和作业人员每年至少进行一次安全生产教育培训并考核合格；

（6）依法参加工伤保险、依法为施工现场从事危险作业的人员办理意外伤害保险，为从业人员交纳保险费；

（7）施工现场的办公、生活区及作业场所和安全防护用具、机械设备、施工机具及配件符合有关安全生产法律、法规、标准和规程的要求；

（8）有职业危害防护措施，并为作业人员配备符合国家标准的或者行业标准的安全防护用具和安全防护服装；

（9）有对危险性较大的分部分项工程及施工现场易发生重大事故的部位、环节的预防、监控措施和应急预案；

（10）有生产安全事故应急救援预案、应急救援组织或者应急救援人员，配备必要应急救援器材、设备；

（11）法律、法规规定的其他条件。

2. 施工安全生产许可证的申请

（1）申请

建筑施工企业从事建设施工活动前，应当依据规定向省级以上建设主管部门申请领取安全生产许可证。

建筑施工企业申请安全生产许可证时，应当向建设主管部门提供材料：建筑施工企业安全生产许可证申请表；企业法人营业执照；与申请安全生产许可证应当具备的安全生产条件相关的文件、材料。

（2）有效期

安全许可证的有效期为3年。安全许可证有效期满需要延期的，企业应当于期满前3个月向原来生产许可证颁发管理机关办理延期手续。企业在安全许可证有效期内，严格遵守有关安全生产的法律法规，未发生死亡事故的，安全生产许可证有效期满时，经原安全生产许可证颁发管理机关同意，不再审查，安全许可证有效期延期3年。

3. 建筑生产企业的其他安全认证

（1）特殊专业队伍的安全认证

对特殊专业队伍的安全认证，主要是指对人工挖孔桩、地基基础、护壁支撑、搭吊装拆、井子架（龙门架）、特种脚手架搭设等施工队伍进行资格审查，经审查合格领取《专业施工安全许可证》后方可从事专业施工。

（2）工程项目的安全认证

对工程项目的安全认证，主要是指开工前对安全条件的审查，其主要内容是：施工组织设计中有无针对性的安全技术措施和专项作业安全技术方案，安全员的配备情况，项目经理的安全资格条件，进入现场的机械、机具设施是否符合安全规定等。

（3）防护用品、安全设施、机械设备等安全认证

对防护用品、安全设施、机械设备等进行安全认证，主要是指对进入施工现场使用的各类防护用品、电器产品、安全设施、架设机具、机械设备等要进行检验、检测，凡技术指标和安全性能不合格的，不得在施工现场中使用。

（4）专职安全人员资格认证

建筑施工单位等主要负责人和安全生产管理人员，应当由有关主管部门对其安全生产知识和管理能力考核合格后方可任职。因此，对专职安全人员实行资格认证，主要是审查其工程建设及安全专业的知识和能力。不具备条件的，不能从事安全专职工作。

8.2 施工单位的安全生产责任

8.2.1 施工单位和施工项目负责人的安全生产责任

施工安全生产责任制和安全生产教育培训制度，是建设工程施工活动应该贯彻始终的法定基本制度。其中，安全生产责任制度是施工单位最基本的安全管理制度，是施工单位安全生产的核心和中心环节。

1. 施工单位主要负责人全面负责安全生产

《建筑法》规定，建筑施工企业的法定代表人对本企业的安全生产负责。施工单位主要负责人依法对本单位的安全生产工作全面负责。施工单位主要负责人可以是董事长，也可以是总经理或总裁等。

2. 管理机构和管理人员

安全生产管理机构是指施工单位设置的负责安全生产管理工作的独立职能部门。专职安全生产管理人员是指经建设主管部门或者其他有关部门安全生产考核合格取得安全生产考核合格证书，并在施工单位及其项目从事安全生产管理工作的专职人员。

3. 安全生产管理机构的主要职责

（1）宣传和贯彻国家有关安全生产法律法规和标准；编制并适合更新安全生产管理制度并监督实施。

（2）组织或参与企业生产安全事故应急救援预案的编制及演练；组织开展安全教育培训与交流；协调配备项目专职安全生产管理人员。

（3）制定企业安全生产检查计划并组织实施；监督在建项目安全生产费用的使用；参与危险性较大工程安全专项施工方案专家论证会。

（4）通报在建项目违规违章查处情况；组织开展安全生产评优评先表彰工作；建立企业在建项目安全生产管理档案。

（5）考核评价分包企业安全生产业绩及项目安全生产管理情况；参加生产安全事故的调查和处理工作。

（6）企业明确的其他安全生产管理职责。

4. 专职安全生产管理人员的职责

（1）查阅在建项目安全生产有关资料、核实有关情况；检查危险性较大工程安全专项施工方案落实情况。

（2）监督项目专职安全生产管理人员履责情况；监督作业人员安全防护用品的配备及使用情况。

（3）对发现的安全生产违章违规行为或安全隐患，有权当场予以纠正或作出处理决定。

（4）对不符合安全生产条件的设施、设备、器材，有权当场作出查封的处理决定。

（5）对施工现场存在的重大安全隐患有权越级报告或直接向建设主管部门报告。

（6）企业明确的其他安全生产管理职责。

5. 施工项目负责人的安全生产责任

施工单位的项目负责人应当由取得相应执业资格的人员担任，对建设工程项目的安全施工负责，落实安全生产责任制度、安全生产规章制度和操作规程，确保安全生产费用的有效使用，并根据工程的特点组织制定安全施工措施，消除安全事故隐患，如实报告生产安全事故。

（1）施工项目负责人

项目负责人在该项目的施工组织管理中居于核心地位，因而必须对施工单位安全负起责任。

（2）项目负责人的安全生产责任

1）对建设工程项目的安全施工负责；

2）落实安全生产责任制度、安全生产规章制度和操作规程；

3）确保安全生产费用的有效使用；

4）根据工程的特点组织制定安全施工措施，消除安全事故隐患；

5）及时、如实报告生产安全事故情况。

此外，建设工程施工前，施工单位负责项目管理的技术人员应当对有关安全施工的技术要求向施工作业班组、作业人员作出详细说明，并由双方签字确认，这就是通常所说的交底制度。

8.2.2 施工总承包和分包单位的安全生产责任

《建筑法》规定，施工现场安全由建筑施工企业负责。实行施工总承包的，由施工单位对建设总承包单位负责。分包单位向总承包单位负责，服从总承包单位对施工现场的安全生产管理。

1. 总承包单位应当承担的安全生产责任

总承包单位不仅要负责建设工程质量、建设工期、造价控制，还要对施工现场的施工组织和安全生产进行统一管理和全面负责。

（1）分包合同应当明确总分包双方的安全生产责任

总承包单位依法将建设工程分包给其他单位的，分包合同中应当明确各自的安全生产方面的权利、义务。

施工总承包单位与分包单位的安全生产责任，可以分为法定责任和约定责任两种表现形式。所谓法定的安全生产责任，即法律、法规中明确规定的总承包单位、分包单位各自的安全生产责任。所谓约定的安全生产责任，即总承包单位与分包单位在分包合同中通过协商，约定各自应承担的安全生产责任。但是，这种约定不能违反法律、法规的强制性规定。

（2）统一组织编制建设工程生产安全应急救援预案

实行施工总承包的，由总承包单位统一组织编制建设工程生产安全事故应急救援预案，工程总承包单位和分包单位按照应急救援预案，各自建立应急救援组织或者配备应急救援人员，配备救援器材、设备，并定期组织演练。

总承包单位要统一组织编制建设工程生产安全事故应急救援预案。

（3）负责向有关部门上报生产安全事故

实行施工总承包的建设工程，由总承包单位负责上报事故。据此，一旦发生施工安全事故，施工总承包单位应当依法负起及时报告的义务。

（4）自行完成建设工程主体结构的施工

为了防止转包和违法分包等行为导致安全事故的发生，真正落实施工总承包单位的安全生产责任，总承包单位应当自行完成建设工程主体结构的施工。

（5）承担连带责任

总承包单位和分包单位对分包工程的安全生产承担连带责任。

2. 分包单位应当承担的法定安全生产责任

分包单位向总承包单位负责，服从总承包单位对施工现场的安全生产管理。分包单位不服从管理导致生产安全事故的，由分包单位承担主要责任。

8.2.3 施工作业人员的安全生产权利和义务

建筑施工企业和作业人员在施工过程中，应当遵守有关安全生产的法律、法规和建筑行业安全规章、规程，不得违背指挥或者违章作业。

1. 施工作业人员应当享有的安全生产权利

（1）施工安全生产的知情权和建议权

生产经营单位的从业人员有权了解其作业场所和工作岗位存在的危险因素、防范措施及事故应急措施，有权对本单位的安全生产工作提出建议。作业人员有权对影响人身健康的作业程序和作业条件提出改进意见。

（2）施工安全防护用品的获得权

施工安全防护用品，一般包括安全帽、安全带、安全网、安全绳及其他个人防护用品（如防护鞋、防护服装、防尘口罩）等。虽然是辅助性的用品，对于预防或减少伤亡事故的发生具有重要作用。因此，施工作业人员有权按规定获得安全生产所需的防护用品，施工单位必须按照规定发放。

（3）批评、检举、控告权及拒绝违章指挥权

作业人员的批评权，是指作业人员对施工单位的现场管理人员实施的危及生命安全和身体健康的行为提出批评的权利。

检举和控告权，是指作业人员对施工单位的现场管理人员实施的危及生命安全和身体健康的行为，有向政府主管部门和司法机关进行检举和控告的权利。

违章指挥则是指强迫作业人员违反法律、法规或者规章制度、操作规程进行作业的

行为。

（4）紧急避险权

建设工程施工具有特殊性，发生紧急情况是不可预测的。因此，作业人员享有停止作业和紧急撤离的权利。

（5）获得意外伤害保险赔偿的权利

这项规定既是施工单位必须履行的义务，也是施工作业人员安全生产应当享有的权利。

（6）请求民事赔偿权

因生产安全事故受到损害的从业人员，除依法享有工伤社会保险外，依照有关民事法律尚有获得赔偿的权利，有权向本单位提出赔偿要求。

2. 施工作业人员应当履行的安全生产义务

（1）守法遵章和正确使用安全防护用具等义务

施工单位要保障作业人员的安全，作业人员也必须遵守有关的规章制度，做到不违章作业。实践证明，作业人员严格遵守规章制度和操作规程，就能够大大减少事故隐患，降低事故的发生率。

（2）接受安全生产教育培训的义务

施工单位加强安全教育培训，提高从业人员素质，通过安全教育培训，具备必要的安全生产知识，熟悉有关的安全生产规章制度和安全操作规程，掌握本岗位的安全操作技能，是控制和减少安全事故的关键措施。

（3）安全事故隐患报告的义务

作业人员一旦发现事故隐患或者其他不安全因素，应当立即报告，以便及时采取措施，防患于未然。

8.2.4 施工管理、作业人员的教育培训制度

《建筑法》规定，建筑施工企业应当建立健全劳动安全生产教育培训制度，加强对职工安全生产的教育培训；未经安全教育培训的人员，不得上岗作业。

《安全生产法》第二十五条规定"生产经营单位应当对从业人员进行安全生产教育和培训，保证从业人员具备必要的安全生产知识，熟悉有关的安全生产规章制度和安全操作规程，掌握本岗位的安全操作技能，了解事故应急处理措施，知悉自身在安全生产方面的权利和义务。未经安全生产教育和培训合格的从业人员，不得上岗作业。"

1. 施工单位主要管理人员的考核

施工单位的主要负责人、项目负责人、安全生产管理人员在施工安全生产方面的知识水平和管理能力直接关系到本单位、本项目的安全生产管理水平。

2. 每年至少进行一次全员安全生产教育培训

施工单位应当建立健全安全生产教育培训制度，落实教育培训组织和经费，根据实际需要，对不同人员、不同岗位和不同工种进行因人、因材施教。安全教育培训可采取多种形式，包括安全报告会、事故分析会、安全技术交流会、安全奖惩会、安全竞赛及安全日（周、月）活动等。

3. 进入新的岗位或者新的施工现场前的安全生产教育培训

进入新岗位、新工地的作业人员往往是安全生产的薄弱环节。因此，施工单位必须对

新录用的职工和转场的职工进行安全教育培训。

4. 接收学生实习的生产经营单位必须进行安全教育培训

生产经营单位接收中等职业学校、高等学校学生实习的，应当对实习学生进行相应的安全生产教育和培训，提供必要的劳动防护用品。学校应当协助生产经营单位对实习学生进行安全生产教育和培训。

生产经营单位应当建立安全生产教育和培训档案，如实记录安全生产教育和培训的时间、内容、参加人员以及考核结果等情况。

培训内容包括安全生产重要意义、施工工地特点及危险因素、有关法律法规及施工单位规章制度、安全技术操作规程、机械设备电气及高处作业安全知识、防火防毒防尘防爆知识、紧急情况安全处置与安全疏散知识、防护用品使用知识以及发生事故时自救、排险、抢救伤员、保护现场和及时报告等。

5. 采用新技术、新工艺、新设备、新材料前的安全教育培训

施工单位在采用新技术、新工艺、新设备、新材料时，必须对作业人员进行专门的安全生产教育培训，让其了解不安全因素，学会危险辨识，并采取保证安全的防护措施，以防止事故发生。

6. 特种作业人员的安全培训考核

特种作业人员是指直接从事特种作业的人员。对于特种作业人员，必须经过专门的安全生产培训，取得特种作业操作资格证书后，方可上岗作业。

特种作业的范围包括电工作业（不含电力系统进网作业）、焊接与热切割作业、高处作业、制冷与空调作业、煤矿安全作业、金属非金属矿山安全作业、石油天然气安全作业、冶金（有色）生产安全作业、危险化学品安全作业、烟花爆竹安全作业等。

7. 消防安全教育培训

公安部、住房和城乡建设部等9部委联合颁布的《社会消防安全教育培训规定》中规定，在建工程的施工单位应当开展下列消防安全教育工作：

（1）建设工程施工前应当对施工人员进行消防安全教育；

（2）在建设工地醒目位置、施工人员集中住宿场所设置消防安全宣传栏，悬挂消防安全挂图和消防安全警示标识；

（3）对明火作业人员进行经常性的消防安全教育；

（4）组织灭火和应急疏散演练。

8.2.5 违法行为应承担的法律责任

1. 施工单位违法行为应承担的法律责任

《建设工程安全生产管理条例》规定，违反本条例的规定，施工单位有下列行为之一的，责令限期改正；逾期未改正的，责令停业整顿，处以罚款；造成重大安全事故，构成犯罪的，对直接责任人员，依照刑法有关规定追究刑事责任：

（1）未设立安全生产管理机构、配备专职安全生产管理人员或者分部分项工程施工时无专职安全生产管理人员现场监督的；

（2）施工单位主要负责人、项目负责人、专职安全生产管理人员、作业人员或者特种人员，未经安全教育培训或者经考核不合格即从事相关工作的；

（3）未在施工现场的危险部位设置明显的安全警示标志，或者未按照国家有关规定在

施工现场设置消防通道、消防水源、配备消防设施和灭火器材的；

（4）未向作业人员提供安全防护用具和安全防护服装的；

（5）未按照规定在施工起重机械和整体提升脚手架、模板等自升式架设设施验收合格后登记的；

（6）使用国家明令淘汰、禁止使用的危及施工安全的工艺、设备、材料的。

2. 施工单位负责人、作业人员等有关人员的违法行为及法律责任

根据《安全生产管理条例》第六十六条，施工单位的主要负责人、项目负责人未履行安全生产管理职责的，责令限期改正；逾期未改正的，责令施工单位停业整顿；造成重大安全事故、重大伤亡事故或者其他严重后果，构成犯罪的，依照刑法有关规定追究刑事责任。

施工单位的主要负责人、项目负责人有上述违法行为，尚不够刑事处罚的，处 2 万元以上 20 万元以下罚款或者按照管理权限给予撤职处分；自刑罚执行完毕或者受处分之日起，5 年内不得担任任何施工单位的主要负责人、项目负责人。

3. 特种作业违法行为应承担的法律责任

（1）特种设备使用单位有下列情形之一的，由特种设备安全监督管理部门责令限期改正；逾期未改正的，责令停止使用或者停产停业整顿，处 2000 元以上 2 万元以下罚款：

1）未按规定设置特种设备安全管理机构或者配备专职、兼职的安全管理人员的；

2）从事特种设备作业的人员，未取得相应特种作业人员证书，上岗作业的；

3）未对特种设备作业人员进行特种设备安全教育和培训的。

（2）国家安全生产监督管理总局《特种作业人员安全技术培训考核管理规定》中规定，生产经营单位未建立健全特种作业人员档案的，给予警告，并处 1 万元以下的罚款。

（3）生产经营单位使用未取得特种作业操作证的特种作业人员上岗作业，责令限期改正；逾期未改正，责令停产停业整顿，可以并处 2 万元以下的罚款。

（4）生产经营单位非法印制、伪造、倒卖特种作业操作证，或者使用非法印刷、伪造、倒卖的特种作业操作证的，给予警告并处 1 万元以上 3 万元以下的罚款；构成犯罪的，依法追究刑事责任。

（5）特种作业人员伪造、涂改特种作业操作证或者使用伪造的特种作业操作证的，给予警告，并处 5000 元以上 10000 元以下的罚款。特种作业人员转接、转让、冒用特种作业操作证的，给予警告，并处 2000 元以上 10000 元以下的罚款。

8.3 建设工程施工过程中的安全生产管理

8.3.1 施工现场的安全管理制度

1. 编制安全技术措施和施工现场临时用电方案

施工单位应当在组织设计中编制安全技术措施和施工现场临时用电方案。

（1）安全技术措施

安全技术措施是为了实现安全生产，在防护上、技术上和管理上采取的措施。就是在建设工程施工中，针对工程特点、施工现场环境、施工方法、劳动组织、作业方法、使用机械、动力设备、变配电设施、架设工具以及各项安全防护设施等指定的确保安全施工的

措施。

1) 安全技术措施的内容

根据基坑、地下室深度和地质资料，保证土石方边坡稳定的措施；脚手架、吊篮、安全网、各类洞口防止人员堕落的技术措施；外用电梯、井架以及塔吊等垂直运输机具的拉结要求及防倒塌的措施；安全用电和机电防短路、防触电的措施；有毒有害、易燃易爆作业的技术措施；施工现场周围通行道路及居民防护隔离等措施。

2) 安全技术措施的分类

安全技术措施可分为防止事故发生的安全技术措施和减少事故损失的安全技术措施。常用的防止事故发生的安全技术措施有：消除危险源、限制能量或危险物质、隔离、故障——安全设计、减少故障和失误等。

减少事故损失的安全技术措施是在事故发生后，迅速控制局面，防止事故扩大，避免引起二次事故发生，从而减少事故造成的损失。常用的减少事故损失的安全技术措施有隔离、个体防护、设置薄弱环节、避难与救援等。

(2) 施工现场临时用电方案

施工现场临时用电组织设计应包括下列内容：现场勘测；确定电源进线、变电所或配电室、配电装置、用电设备位置及线路走向；进行负荷计算；选择变压器；设计配电系统；涉及防雷装置；确定防护措施；制定安全用电措施和电气防火措施。临时用电工程图纸应单独绘制，临时用电工程应按图施工。

2. 编制安全生产专项施工方案

对下列达到一定规模的危险性较大的分部分项工程编制专项施工方案，并附具安全验算结果，经施工单位技术负责人、总监理工程师签字后实施，有专职安全生产管理人员进行现场监督。

①基坑支护与降水工程；②土方开挖工程；③模板工程；④起重机吊装工程；⑤脚手架工程；⑥拆除、爆破工程；⑦国务院建设行政主管部门或者其他有关部门规定的其他危险性较大的工程。

(1) 安全专项施工方案的编制

建筑工程施工实行施工总承包的，专项方案应当由施工总承包单位组织编制。其中，起重机械安装拆卸工程、深基坑工程、附着式升降脚手架等专业工程实行分包的，其专项方案可由专业承包单位组织编制。

专项方案编制应当包括以下内容：①工程概况：危险性较大的分部分项工程概况、施工平面布置、施工要求和技术保证条件。②编制依据：相关法律、法规、规范性文件、标准、规范及图纸（国标图集）、施工组织设计等。③施工计划：包括施工进度计划、材料与设备计划。④施工工艺技术：技术参数、工艺流程、施工方法、检查验收等。⑤施工安全保证措施：组织保障、技术措施、应急预案、监测监控等。⑥劳动力计划：专职安全生产管理人员、特种作业人员等。⑦计算书及相关图纸。

(2) 安全专项施工方案的审核

专项方案应当由施工单位技术部门组织本单位施工技术、安全、质量等部门的专业技术人员进行审核。经审核合格的，由施工单位技术负责人签字。实行施工总承包的，专项方案应当由总承包单位技术负责人及相关专业承包单位技术负责人签字。

（3）安全专项施工方案的实施

对于按规定需要验收的危险性较大的分部分项工程，施工单位、监理单位应当组织有关人员进行验收。验收合格的，经施工单位项目技术负责人及项目总监理工程师签字后，方可进入下一道工序。

3. 安全施工技术交底

施工前对有关安全施工的技术要求做出详细说明，就是通常说的安全技术交底。

（1）交底内容

通常包括：施工工种安全技术交底、分部分项工程施工安全技术交底、大型特殊工程单项安全技术交底、设备安装工程技术交底以及使用新工艺、新技术、新材料施工的安全技术交底等。

（2）交底方式

施工单位负责项目管理的技术人员与作业班组、作业人员进行安全技术交底后，应当由双方确认，确认的方式是填写安全技术措施交底单，主要内容应当包括工程名称、分部分项工程名称、安全技术措施交底内容、交底时间以及施工单位负责项目管理的技术人员签字、接受任务负责人签字等。

8.3.2 施工现场的安全防护规定

1. 危险部位设置安全警示标志

施工单位应当在施工现场入口处、施工起重机械、临时用电设施、脚手架、出入通道口、楼梯口、电梯井口、孔洞口、桥梁口、隧道口、基坑边沿、爆破物及有害危险气体和液体存放处等危险部位，设置明显的安全警示标志。安全警示标志必须符合国家标准。各种安全警示标志设置后，未经施工单位负责人批准，不得擅自移动或者拆除。

2. 根据不同施工阶段等采取相应的安全施工措施

施工单位应当根据不同施工阶段和周围环境及季节、气候的变化，在施工现场采取相应的安全施工措施。施工现场暂时停止施工时，施工单位应当做好现场防护，所需费用由责任方承担，或者按合同约定执行。

3. 施工现场临时设施的安全卫生要求

施工单位应当将施工现场的办公、生活区与作业区分开设置，并保持安全距离；办公、生活区的选址应当符合安全性要求。职工的膳食、饮水、休息场所等应当符合卫生标准。施工单位不得在尚未竣工的建筑物内设置员工集体宿舍。施工现场临时搭建的建筑物应当符合安全使用要求，施工现场使用的装配式活动房屋应当具有产品合格证。

施工现场的办公区、生活区应当与作业区分开设置，并保持安全距离。此外，办公区和生活区的选址也要满足安全性要求，即必须建在安全地带，保证办公、生活用房不致因滑坡、泥石流等地质灾害而受到破坏，造成人员伤亡和财产损失。

由于施工是流动作业，为了保障职工身体健康，对职工的膳食、饮水、休息场所等，都应当符合卫生安全标准。

4. 对施工现场周边的安全防护措施

施工单位对因建设工程施工可能造成伤害的毗邻建筑物、构筑物和地下管线等，应当采取专项防护措施。在城市市区内的建设工程，施工单位应当对施工现场实行封闭围挡。

施工现场实行封闭管理，主要是解决"扰民"和"民扰"问题。施工现场采用密目式安全网、围墙、围栏等封闭起来，既可以防止施工中的不安全因素扩散到场外，也可以起到保护环境、美化市容、文明施工的作用，还可以防盗、防砸、打损害物品等。

5. 危险作业的施工现场安全管理

爆破、吊装等作业具有较大的危险性，容易发生事故。因此，作业人员必须严格按照操作规程进行操作，施工单位也应当采取必要的防范措施，安排专门人员进行作业现场的安全管理。

6. 安全防护设备、机械设备等的安全管理

安全防护用具、机械设备、施工机具及配件质量的好坏，直接关系到施工作业人员的人身安全。因此，决不能让不合格的产品流入施工现场。同时，还要加强日常的检查、维修和保养，保障这些设备和产品的正常使用和运转。

7. 施工起重机械及设备等的安全使用管理

施工起重机械，是国务院《特种设备安全监察条例》所规定的特种设备，使用单位应当按照安全技术规范的定期检验要求，在安全检验合格有效期届满前1个月内向特种设备检验检测机构提出定期检验要求。未经定期检验或者检验不合格的特种设备，不得继续使用。

8.3.3　施工现场的消防管理

1. 在施工现场建立消防安全责任制，确定消防安全责任人

施工单位的主要负责人是本单位的消防安全责任人；项目负责人则是本项目施工现场的消防安全责任人。同时，要在施工现场实行和落实逐级防火责任制、岗位防火责任制，各部门、各班组负责人以及每个岗位人员都应当对自己管辖工作范围内的消防安全负责，切实做到"谁主管，谁负责；谁在岗，谁负责"。

2. 制定各项消防安全管理制度和操作规程

施工现场大都存在可燃物和火源、电源，稍有不慎就会发生火灾。为此，要制定严格的用火用电制度，如禁止在具有火灾、爆炸危险的场所使用明火，包括焊接、切割、热处理、烘烤、熬炼等明火作业，也包括炉灶及灼热的炉体、烟筒、电热器以及吸烟、明火取暖、明火照明等。同时，不得擅自降低消防技术标准施工，不能使用防火性能不符合国家标准的建筑构件、材料包括装饰装修材料施工等。

3. 设置消防通道、消防水源、配备消防设施和灭火器材并在施工现场入口处设置明显标志

（1）消防通道，是指供消防人员和消防车辆等消防装备进入施工现场能够通行的道路，消防通道应当保证道路的宽度、限高和道路的设置，满足消防车通行和灭火作业需要的基本要求。

（2）消防水源，是指市政消火栓、天然水源取水设施、消防蓄水池和消防供水管网等消防供水设施。消防供水设施应当保证设施数量、水量、水压等满足灭火需要，保证消防车到达火场后能够就近利用消防供水设施，及时扑救火灾，控制火势蔓延的基本要求。对于消防设施和器材应当定期组织检验、维修，确保其完好、有效，以发挥预防火灾和扑灭初期火灾的作用。

（3）消防安全标志，是指用以表达与消防有关的安全信息的图形符号或者文字标志，包括火灾报警和手动控制标志、火灾时疏散途径标志、灭火设备标志、具有火灾爆炸物危

险的物质或场所标志等。消防安全标志应当按照《消防安全标志设置要求》GB 15630—1995、《消防安全标志》GB 13495—1992 设置。

4. 施工现场消防安全违法行为应承担的法律责任

（1）建筑施工企业不按照消防设计文件和消防设计标准施工，降低消防施工质量的，责令改正或者停止施工，并处 1 万元以上 10 万元以下的罚款。

（2）单位违反本法规定，有下列行为之一的，责令改正，处 5000 元以上 5 万元以下罚款：

1）消防设施、器材或者安全标志的配置、设置不符合国家标准、行业标准，或者未保持完好有效的；

2）损坏、挪用或者擅自拆除、停业消防设施、器材的；

3）占用、堵塞、封闭疏散通道、安全出口或者其他妨碍安全疏散行为的；

4）埋压、圈占、遮挡消火栓或者占用防火间距的；

5）占用、堵塞、封闭消防车通道，妨碍消防车通行的；

6）人员密集场所在门窗上设置影响逃生和灭火救援的障碍物的；

7）对火灾隐患经公安机关消防机构通知后不及时采取措施消除的。

（3）有下列行为之一，尚不构成犯罪的，处 10 日以上 15 日以下拘留，可以并处 500元以下罚款；情节较轻的，处警告或者 500 元以下罚款：

指使或者强令他人违反消防安全规定，冒险作业的；过失引起火灾的；在火灾发生后阻拦报警，或者负有报告职责的人员不及时报警的；扰乱火灾现场秩序，或者拒不执行火灾现场指挥员指挥，影响灭火救援的；故意破坏或者伪造火灾现场的；擅自拆封或者使用被公安机关消防机构查封的场所、部位的。

8.3.4 生产安全事故的等级划分标准与应急救援制度

安全事故都是严重的责任事故，事故发生后，施工单位首先应按规定及时上报有关部门。实行总承包的项目，由总承包单位负责上报，接到报告的部门应按规定如实上报。在发生安全事故的现场，施工单位应当采取有效的措施。在调查清楚事故原因的基础上，对相关负责人的责任作出明确的界定。

1. 生产安全事故的等级划分标准与应急救援预案的制定

生产安全事故的等级划分标准

国务院《生产安全事故报告和调查处理条例》规定，根据生产安全事故（以下简称事故）造成的人员伤亡或者直接经济损失，事故一般分为以下等级：

（1）特别重大事故，是指造成 30 人以上死亡，或者 100 人以上重伤（包括急性工业中毒，下同），或者 1 亿元以上直接经济损失的事故；

（2）重大事故，是指造成 10 人以上 30 人以下死亡，或者 50 人以上 100 人以下重伤，或者 5000 万元以上 1 亿元以下直接经济损失的事故；

（3）较大事故，是指造成 3 人以上 10 人以下死亡，或者 10 人以上 50 人以下重伤，或者 1000 万元以上 5000 万元以下直接经济损失的事故；

（4）一般事故，是指造成 3 人以下死亡，或者 10 人以下重伤，或者 1000 万元以下直接经济损失的事故。所称的"以上"包括本数，所称的"以下"不包括本数。

2. 安全事故应急预案的制定

应急救援预案是指事先指定的关于特大生产安全事故发生时进行紧急救援的组织、程序、措施、责任以及协调等方面的方案和计划。

（1）政府相关部门应制定本行政区域内特大生产安全事故应急救援预案

《安全生产管理条例》第四十七条规定了县级以上地方各级人民政府有组织有关部门制定本行政区域内特大生产安全事故应急救援预案和建立应急救援体系的义务。

（2）施工单位生产安全事故应急救援预案的制定和责任的落实

施工单位应当制定本单位生产安全事故应急救援预案，建立应急救援组织或者配备应急救援人员，配备必要的应急救援器材、设备并定期组织演练。

1）所有的施工单位都应制定应急救援预案。

2）建立专门从事应急救援工作的组织机构。

3）对一些施工规模较小、从业人员较少、发生事故时应急救援任务相对较轻的施工单位，可以配备兼职的能够胜任的应急救援人员，来保证应急救援预案的实施。

4）施工单位要根据生产经营活动的性质、特点以及应急救援工作的实际需要，有针对性、有选择地配备应急救援器材、设备。

5）对于不同的预案，要有计划地组织救援人员培训，定期进行演练，以使配备的应急救援物资、人员符合实战需要。

（3）施工单位在施工现场落实应急预案责任的划分

实行施工总承包的，施工总承包单位要对施工现场的施工组织和安全生产进行统一管理和全面负责。因此，工程项目的生产安全事故应急救援预案应由总承包单位统一组织、编制，分包单位应服从总承包单位的管理。

3. 生产安全事故的报告与调查处理制度

（1）生产安全事故报告制度

事故发生后，事故现场有关人员应当立即向本单位负责人报告；单位负责人接到报告后，应当于 1 小时内向事故发生地县级以上人民政府安全生产监督管理部门和负有安全生产监督管理职责的有关部门报告。实行施工总承包的，在总承包工程中发生伤亡事故，应由总承包单位负责统计上报事故情况。

（2）事故报告的内容

包括下列内容：事故发生单位概况；事故发生的时间、地点以及事故现场情况；事故的简要经过；事故已造成或者可能造成的伤亡人数（包括下落不明的人数）和初步估计的直接经济损失；已经采取的措施；其他应当报告的情况。

8.4 建筑业企业的相关法律责任

建设单位、勘察单位、设计单位、施工单位、工程监理单位及其他与建设安全生产有关的单位，必须遵守安全生产法律、法规的规定，保证建设工程安全生产，依法承担建设工程安全生产责任。

8.4.1 建设单位的安全责任

建设单位必须遵守安全生产法规的规定，保证建设工程安全生产，依法承担建设工程安全生产责任。

1. 依法办理有关批准手续

建设单位应当按照国家有关规定办理申请批准手续。（1）需要临时占用规划批准范围以外场地的；（2）可能损坏道路、管线、电力、邮电通信等公共设施的；（3）需要临时停水、停电、中断道路交通的；（4）需要进行爆破作业的；（5）法律、法规规定需要办理报批手续的其他情形。

2. 向施工单位提供真实、准确和完整的有关资料

建设单位应当向建筑施工企业提供与施工现场相关的地下管线、气象、水文、相邻建（构）筑物、地下工程等资料，以便建筑施工企业采取措施加以保护施工现场。

3. 不得提出违法要求和随意压缩合同工期

合同约定的工期是建设单位与施工单位经过双方论证、磋商约定的或者通过招标投标确定的工期。建设单位不能为了早日发挥项目的效益，迫使承包单位大量增加人力、物力投入，简化施工程序，赶工期，损害承包单位的利益。

4. 编制工程概算时应当确定建设工程安全费用

建设单位在编制工程概算时，应当确定建设工程安全作业环境及安全施工措施所需费用。

5. 不得要求购买、租赁和使用不符合安全施工要求的用具设备等

建设单位不得明示或者暗示施工单位购买、租赁和使用不符合安全施工要求的安全防护用具、机械设备、施工机具及配件、消防设施和器材。

6. 建设单位违法行为应承担的法律责任

建设单位有下列行为之一的，责令限期整改，处 20 万元以上 50 万元以下的罚款；造成重大安全事故，构成犯罪的，对直接责任人员，依照刑法有关规定追究刑事责任；造成损失的，依法承担赔偿责任：（1）对勘察、设计、施工、工程监理等单位提出不符合安全生产法律、法规和强制性标准规定的要求的；（2）要求施工单位压缩合同约定的工期的；（3）将拆除工程发包给不具有相应资质等级的施工单位的。

8.4.2 建设工程勘查、设计、工程监理单位的安全责任

建设工程安全生产是一个系统工程。工程勘察、设计作为工程建设的重要环节，对于保障安全施工有着重要影响。

1. 勘察单位的安全责任

勘察单位必须按照法律、法规和强制性标准的要求进行勘察，并提供真实、准确的勘察文件，不能弄虚作假。勘察人员必须严格执行操作规程，还应当采取措施保证各类管线、设施和周边建筑物、构筑物的安全。

2. 设计单位的安全责任

设计单位应当在设计中提出保障施工作业人员安全和预防生产安全事故的措施建议。在施工作业前，向施工单位技术交底，提出指导意见。

3. 工程监理单位的安全责任

工程监理单位和监理工程师应当按照法律、法规和工程建设强制性标准实施监理，并对建设工程安全生产承担监理职责。包括对安全技术措施或专项施工方案进行审查；依法对施工安全施工隐患进行处理；对建设工程安全生产承担监理责任。

4. 勘察、设计、监理单位应承担的法律责任

（1）勘察单位、设计单位

勘察单位、设计单位有下列行为之一的，责令限期整改，处 10 万元以上 30 万元以下罚款；情节严重的，责令停业整顿，降低资质等级，直至吊销资质证书；造成重大安全事故，构成犯罪的，对直接责任人员，依照刑法有关规定追究刑事责任；造成损失的，依法承担赔偿责任：

1）未按照法律、法规和工程建设强制性标准进行勘察、设计的；

2）采用新结构、新材料、新工艺的建设工程和特殊结构的建设工程，设计单位未在设计中提出保障施工作业人员安全和预防生产安全事故的措施建议的。

（2）工程监理单位

工程监理单位有下列行为之一的，责令限期整改；逾期未改正的，责令停业整顿，并处 10 万元以上 30 万元以下罚款；情节严重的，责令停业整顿，降低资质等级，直至吊销资质证书；造成重大安全事故，构成犯罪的，对直接责任人员，依照刑法有关规定追究刑事责任；造成损失的，依法承担赔偿责任：

1）未对施工组织设计中的安全技术措施或者专项施工方案进行审查的；

2）发现安全事故隐患未及时要求施工单位整改或者暂时停止施工的；

3）施工单位拒不整改或者不停止施工的，未及时向有关主管部门报告的；

4）未依照法律、法规和工程建设强制性标准实施监理的。

8.5 案 例 分 析

【案例 8-1】

1. 背景

某建筑安装公司承担一住宅工程施工。该公司原已依法取得安全生产许可证，但在开工 5 个月后有效期满。因当时正值施工高峰期，该公司忙于组织施工，未能按规定办理延期手续。当地政府监管机构发现后，立即责令其停止施工，限期补办延期手续。但该公司为了赶工期，既没有停止施工，到期后也未办理延期手续。

2. 问题

（1）本案中的建筑安装公司有哪些违法行为？

（2）违法者应当承担哪些法律责任？

3. 分析

（1）本案中的建筑安装公司有两项违法行为：一是安全生产许可证有效期满，未依法办理延期手续并继续从事施工活动；二是在政府监管机构责令停止施工、限期补办延期手续后，仍逾期不补办延期手续，并继续从事施工活动。《安全生产许可证条例》第 9 条规定："安全生产许可证的有效期为 3 年。安全生产许可证有效期满需要延期的，企业应当于期满前 3 个月向原安全生产许可证颁发管理机关办理延期手续。"

（2）对于该建筑安装公司的违法行为，应当依法作出相应处罚。《安全生产许可证条例》第 20 条规定："违反本条例规定，安全生产许可证有效期满未办理延期手续，继续进行生产的，责令停止生产，限期补办延期手续，没收违法所得，并处 5 万元以上 10 万元以下的罚款；逾期仍不办理延期手续，继续进行生产的，依照本条例第 19 条的规定处罚。"第 19 条则规定:"违反本条例规定,未取得安全生产许可证擅自进行生产的,责令停止生产,没收违法所得,并处 10 万元以上 50 万元以下的罚款;造成重大事故或者其他严重后果,构成犯罪的,依法追究刑事责任。"

【案例 8-2】

1. 背景

某建筑公司在城市市区承担一商厦工程施工,在施工现场周边设置了 2m 高的围挡,但因施工日久失管,有几处已破损成洞。某日,有 2 个男孩淘气从洞处钻入工地现场玩耍,不小心被堆放的钢筋等材料碰伤,引起了孩子家长与该建筑公司的赔偿纠纷。

2. 问题

(1) 本案中的建筑公司是否存在违法行为?

(2) 该违法行为应当承担哪些法律责任?

3. 分析

(1)《建设工程安全生产管理条例》第 30 条第 3 款规定:"在城市市区内的建设工程,施工单位应当对施工现场实行封闭围挡。"本案中的某建筑公司虽然对施工现场设置了围挡,但由于疏于管理和维护,使围挡出现多处孔洞而未能真正形成封闭,违反了上述规定。

(2)《建设工程安全生产管理条例》第 64 条规定:"施工单位有下列行为之一的,责令限期改正;逾期未改正的,责令停业整顿,并处 5 万元以上 10 万元以下的罚款;造成重大安全事故,构成犯罪的,对直接责任人员,依照刑法有关规定追究刑事责任……施工现场临时搭建的建筑物不符合安全使用要求的;未对因建设工程施工可能造成损害的毗邻建筑物、构筑物和地下管线等采取专项防护措施的。施工单位造成损失的,依法承担赔偿责任。"据此,政府主管部门应当依法对施工单位责令限期改正;逾期未改正的,责令停业整顿,并处 5 万元以上 10 万元以下的罚款。至于孩子家长所提出的赔偿问题,在《建设工程安全生产管理条例》中并未就此作出规定,《民法通则》中也无相应的明确规定。孩子擅入施工现场而受伤,孩子家长作为监护人未能尽到监护责任,是有重大过失的;施工单位管理不到位,致使施工现场的围挡没有真正形成封闭,也是有一定责任的。双方如不能协商解决,可以诉之法院裁决。

【案例 8-3】

1. 背景

某住宅小区工地上,一载满作业工人的施工升降机在上升过程中突然失控冲顶,从 100m 高处坠落,造成施工升降机上的 9 名施工人员全部随机坠落而遇难的惨剧。

2. 问题

(1) 本案中的事故应当定为何等级?

(2) 在事故发生后,施工单位应当依法采取哪些措施?

3. 分析

(1)《生产安全事故报告和调查处理条例》第 3 条规定:"较大事故,是指造成 3 人以上 10 人以下死亡,或者 10 人以上 50 人以下重伤,或者 1000 万元以上 5000 万元以下直接经济损失的事故。"据此,本案中的事故应当定为较大事故。

(2) 在事故发生后,施工单位应当按照《生产安全事故报告和调查处理条例》第 9

条、第14条、第16条和《建设工程安全生产管理条例》第50条、第51条的规定，采取下列措施：①报告事故。事故发生后，事故现场有关人员应当立即向本单位负责人报告；单位负责人接到报告后，应当于1小时内向事故发生地县级以上人民政府安全生产监督管理部门、建设行政主管部门或者其他有关部门报告。特种设备发生事故的，还应当同时向特种设备安全监督管理部门报告。情况紧急时，事故现场有关人员可以直接向事故发生地县级以上人民政府安全生产监督管理部门、建设行政主管部门或者其他有关部门报告。实行施工总承包的建设工程，由总承包单位负责上报事故。②启动事故应急预案，组织抢救。事故发生单位负责人接到事故报告后，应当立即启动事故相应应急预案，或者采取有效措施，组织抢救，防止事故扩大，减少人员伤亡和财产损失。③事故现场保护。有关单位和人员应当妥善保护事故现场以及相关证据，任何单位和个人不得破坏事故现场、毁灭相关证据。因抢救人员、防止事故扩大以及疏通交通等原因，需要移动事故现场物件的，应当做出标志，绘制现场简图并做出书面记录，妥善保存现场重要痕迹、物证。

【案例8-4】

1. 背景

某高层建筑，总建筑面积约14万 m²，地下2层，地上15层。业主与施工单位签订了施工总承包合同，并委托监理单位进行工程监理。开工前，施工单位进行了三级安全教育。在地下桩基施工中，由于是深基坑工程，项目经理部按照设计文件和施工技术标准编制了基坑支护及降水工程专项施工组织方案，经项目经理签字后组织施工。同时，项目经理安排负责质量检查的人员兼任安全工作。当土方开挖至坑底设计标高时，监理工程师发现基坑四周地表出现大量裂纹，坑边部分土石有滑落现象，即向现场作业人员发出口头通知，要求停止施工，撤离相关作业人员。但施工作业人员担心拖延施工进度，对监理通知不予理睬，继续施工。随后，基坑发生大面积坍塌，基坑下6名作业人员被埋，造成3人死亡、2人重伤、1人轻伤。事故发生后，经查施工单位未经办理意外伤害保险。

2. 问题

本案中施工单位有哪些违法行为？

3. 分析

本案中，施工单位存在如下违法问题：

（1）专项施工方案审批程序错误。《建设工程安全生产管理条例》第26条规定，施工单位对到达一定规模的危险性较大的分部分项工程编制专项施工方案后，须经施工单位技术负责人、总监理工程师签字后实施。而本案中的基坑支护和降水工程专项施工方案仅由项目经理签字后即组织施工，是违法的。

（2）安全生产管理环节严重缺失。《建设工程安全生产管理条例》第23条规定，"施工单位应当设立安全生产管理机构，配备专职安全生产管理人员。"第26条规定，对分部分项工程专项施工方案的实施，"由专职安全生产管理人员进行现场监督。"本案中，项目经理部安排质量检查人员兼任安全管理人员，明显违反了上述规定。

（3）施工作业人员安全生产自我保护意识不强。《建设工程安全生产管理条例》第32条规定："作业人员有权对施工现场的作业条件、作业程序和作业方式中存在的安全问题提出批评、检举和控告，有权拒绝违章指挥和强令冒险作业。在施工中发生危及人身安全的紧急情况时，作业人员有权立即停止作业或者采取必要的应急措施后撤离危险区域"。

本案中，施工作业人员迫于施工进度压力冒险作业，也是造成安全事故的重要原因。

（4）施工单位未办理意外伤害保险。《建设工程安全生产管理条例》第38条规定："施工单位应当为施工现场从事危险作业的人员办理意外伤害保险。意外伤害保险费由施工单位支付。"意外伤害保险属于强制性保险，必须依法办理。

【案例 8-5】

1. 背景

2010 年 8 月，某建筑公司按合同约定对其施工并已完工的路面进行维修，路面经铲挖后形成凹凸和小沟，路边堆有砂石料，但在施工路面和路两头均未设置任何提示过往行人及车辆注意安全的警示标志。2010 年 8 月 26 日，张某骑摩托车经过此路段时，因不明路况，摩托车碰到路面上的施工材料而翻倒，造成 10 级伤残。张某受伤后多次要求该建筑公司赔偿，但建筑公司认为张某受伤与己方无关。张某将建筑公司起诉至人民法院。

2. 问题

该建筑公司是否存在违法施工行为？是否应承担赔偿的民事法律责任？

3. 分析

（1）《建设工程安全生产管理条例》第 28 条规定："施工单位应当在施工现场入口处、施工起重机械、临时用电设施、脚手架、出入通道口、楼梯口、电梯井口、孔洞口、桥梁口、隧道口、基坑边沿、爆破物及有害危险气体和液体存放处等危险部位，设置明显的安全警示标志。安全警示标志必须符合国家标准。"本案中的某建筑公司在施工时未设置任何提示过往行人及车辆注意安全的警示标志，明显违反了上述规定。

（2）法院经审理后认为，某建筑公司在进行路面维修时，致使路面凹凸不平，并未设置明显的警示标志和采取安全措施，造成原告伤残，按照《民法通则》第 125 条规定："在公共场所、道旁或者通道上挖坑、修缮安装地下设施等，没有设置明显标志和采取安全措施造成他人伤害时，施工人应当承担民事责任。"判决建筑公司作为施工方应当承担民事赔偿责任。

本 章 小 结

《安全生产法》的立法目的是为了加强安全生产监督管理，防止和减少生产安全事故，保障人民群众生命和财产安全，促进经济发展。

建筑生产的特点使建筑业成为事故多发行业，为此所制定的工程建设安全生产管理基本制度包括：安全生产责任制度、群防群治制度、安全生产教育培训制度、安全生产预防排查隐患制度、伤亡事故处理报告制度、安全生产追究制度。严格规定工程建设各方（建设单位、工程勘察设计单位、施工单位、监理单位及建设工程相关单位）对安全生产管理负有相应的责任和义务。

思 考 与 练 习 题

思考题

1. 工程建设安全生产管理的基本制度有哪些？

2. 简述施工方的安全生产责任有哪些。

3. 简述施工现场消防管理与安全防护管理的内容。

4. 建设工程生产安全事故分为哪几个等级？

练习题

单项选择

1. 下列哪一项不是建设工程安全生产管理的方针（　　）。

A. 安全第一、预防为主　　　　　　　　B. 保障生产、兼顾安全

C. 坚持安全发展、综合治理　　　　　　D. 以人为本，坚持安全发展

2. （　　）是建设工程施工活动应该贯彻始终的法定基本制度。

A. 群防群治制度　　　　　　　　　　　B. 施工安全生产责任制

C. 安全生产教育培训制度　　　　　　　D. 施工安全生产责任制和安全生产教育培训制度

3. 国家安全生产监督管理总局《特种作业人员安全技术培训考核管理规定》中规定，生产经营单位未建立健全特种作业人员档案的，给予警告，并处（　　）万元以下的罚款。

A. 1万元　　　　　　B. 2万元　　　　　　C. 3万元　　　　　　D. 4万元

4. 生产经营单位使用未取得特种作业操作证的特种作业人员上岗作业，责令限期改正；逾期未改正，责令停产停业整顿，可以并处（　　）以下的罚款。

A. 1万元　　　　　　B. 2万元　　　　　　C. 3万元　　　　　　D. 4万元

5. 生产经营单位接收中等职业学校、高等学校学生实习的，应当对实习学生进行相应的（　　）。

A. 安全生产教育和培训　　　　　　　　B. 特种作业培训

C. 发放安全生产教育补助　　　　　　　D. 工种培训

6. 造成10人以上30人以下死亡，或者50人以上100人以下重伤，或者5000万元以上1亿元以下直接经济损失的事故属于（　　）。

A. 特别重大事故　　　B. 重大事故　　　　C. 较大事故　　　　D. 一般事故

多项选择

1. 常用的防止事故发生的安全技术措施有（　　）。

A. 消除危险源、限制能量　　　　　　　B. 危险物质、隔离、故障——安全设计

C. 安全设计、减少故障　　　　　　　　D. 减少故障和失误

2. 建筑施工企业取得安全生产许可证应具备（　　）安全生产条件。

A. 建立、健全安全生产责任制，制定完备的安全生产规章制度和操作规程

B. 管理人员和作业人员每年至少进行一次安全生产教育培训并考核合格

C. 依法参加工伤保险、为施工现场从事危险作业的人员办理意外伤害保险，为从业人员交纳保险费

D. 设置安全生产管理机构，按照国家有关规定配备专职安全生产管理人员

E. 保证本单位安全生产条例所需资金的投入

3. 项目负责人的安全生产责任包括（　　）。

A. 对建设工程项目的安全施工负责

B. 发现不安全行为行使罚款职责

C. 落实安全生产责任制度、安全生产规章制度和操作规程

D. 确保安全生产费用的有效使用

E. 根据工程的特点组织制定安全施工措施，消除安全事故隐患

4. 国务院《特种设备安全监察条例》规定，特种设备使用单位有下列（　　）情形之一的，由特种设备安全监督管理部门责令限期改正；逾期未改正的，责令停止使用或者停产停业整顿，处2000元以上2万元以下罚款。

A. 未按规定保管和存放特种设备，导致特种设备失效的

B. 未按规定设置特种设备安全管理机构或者配备专职、兼职的安全管理人员

C. 从事特种设备作业的人员，未取得相应特种作业人员证书，上岗作业

D. 未对特种设备作业人员进行特种设备安全教育和培训

5. 按照《消防法》的规定，除应当履行所有单位都应当履行的职责外，还应当履行（　　）消防安全职责。

A. 确定消防安全管理人，组织实施本单位的消防安全管理工作

B. 建立消防档案，确定消防安全重点部位，设置防火标志，实行严格管理

C. 实行每日防火巡查，并建立巡查记录

D. 对职工进行岗前消防安全培训，定期组织消防安全培训和消防演练

6. 对下列（　　）达到一定规模的危险性较大的分部分项工程编制专项施工方案，并附具安全验算结果，经施工单位技术负责人、总监理工程师签字后实施，有专职安全生产管理人员进行现场监督。

A. 基坑支护与降水工程　　　　　　　B. 土方开挖工程

C. 模板工程　　　　　　　　　　　　D. 起重机吊装工程

E. 脚手架工程

教学单元 9　建设工程质量管理法律制度

[知识目标]熟悉工程验收、质量保修的概念及相关的主要法律、法规和规章；掌握我国的工程质量保修制度及工程质量保修的范围、期限及保修的实施；熟悉工程质量验收的基本要求、程序以及质量不符合要求时的处理方法。

[能力目标]能够运用建设工程质量管理法规的理论知识解释和处理建设工程中的相关法律问题。

9.1　建设工程质量责任制度

建设工程是人们日常生活和生产、经营、工作等的主要场所，是人类赖以生存和发展的重要物质基础。建设工程一旦发生质量事故，特别是重大垮塌事故，将危及人民生命财产安全，甚至造成无可估量的损失。

工程质量验收是工程质量控制的重要环节，竣工验收是防止质量不合格工程流入社会的最后一道关口。国家对此作出了严格的法律规定。为此，本章首先介绍有关工程验收及质量保修的基本知识，然后详细介绍工程质量验收、竣工验收及工程质量保修的具体规定，并着重介绍《建筑法》、2000 年 1 月 30 日国务院制定的《建设工程质量管理条例》、2005 年 11 月 1 日实施的原建设部第 141 号令发布的《建设工程质量检测管理办法》、2010 年 9 月 1 日实施的住房和城乡建设部发布的第 5 号令《房屋建筑和市政基础设施工程质量监督管理规定》等相关法律中的有关内容。

9.1.1　建设工程质量监督制度

1. 建设工程质量的管理体系

（1）建设工程质量的含义

建设工程质量指工程实体质量，它是指在国家现行的有关法律、法规、技术标准、设计文件和合同中，对工程的安全、适用、经济、美观等特性的综合要求。

工程实体质量的好坏是决策、计划、勘察、设计、施工等单位各方面、各环节工作质量的综合反映。影响建设工程质量的因素很多，如决策、设计、材料、机械、地形、地质、水文、气象、施工工艺、操作方法、技术措施、人员素质、管理制度等，但归纳起来，可分为五大方面，即通常所说的人、机械、材料、方法和环境，在工程建设全过程中严格控制好这五大因素，是保证建设工程质量的关键。

（2）建设工程质量管理体系

目前我国现行的建设工程质量管理体系包括纵向管理和横向管理两个方面。

1）纵向管理

国家对建设工程质量所进行的监督管理，它具体由建设行政主管部门及其授权机构实施，这种管理贯穿在工程建设的全过程和各个环节之中，它既对工程建设从计划、规划、土地管理、环保、消防等方面进行监督管理，又对工程建设的主体从资质认定和审查，成果质量检测、验证和奖惩等方面进行监督管理，还对工程建设中各种活动如工程建设招标投标、工程施工、验收、维修等方面进行监督管理。

2）横向管理

包括两个方面，一是工程承包单位，如勘察单位、设计单位、施工单位自己对所承担工作的质量管理。承包单位要按要求建立专门质检机构，配备相应的质检人员，监理相应的质量保证制度，如审核校对制、培训上岗制、质量抽检制、各级质量责任制和部门领导质量责任制等。二是建设单位对所建设工程的管理。它可成立相应的机构和人员，对建设工程的质量进行监督管理，也可委托社会监理单位对工程建设的质量进行监理。

2. 对工程建设强制性标准的监督检查

（1）监督管理机构

《实施工程建设强制性标准监督规定》规定，国务院建设行政主管部门负责全国实施工程建设强制性标准的监督管理工作。国务院有关行政主管部门按照国务院的职能分工负责实施工程建设强制性标准的监督管理工作。县级以上地方人民政府建设行政主管部门负责本行政区域内实施工程建设强制性标准的监督管理工作。

建设项目规划审查机关应当对工程建设规划阶段执行强制性标准的情况实施监督；施工图设计文件审查单位应当对工程建设勘察、设计阶段执行强制性标准的情况实施监督；建筑安全监督管理机构应当对工程建设施工安全阶段执行施工安全强制性标准的情况实施监督；工程质量监督机构应当对工程建设施工、监理、验收等阶段执行强制性标准的情况实施监督。

（2）监督检查的方式和内容

工程建设标准批准部门应当定期对建设项目规划审查机关、施工图设计文件审查单位、建筑安全监督管理机构、工程质量监督机构实施强制性标准的监督进行检查，对监督不力的单位和个人，给予通报批评，建议有关部门处理。

工程建设标准批准部门应当对工程项目执行强制性标准情况进行监督检查。监督检查可以采取重点检查、抽查和专项检查的方式。

9.1.2 建设工程质量检测制度

1. 建设工程质量检测制度

（1）建设工程质量检测概念

建筑工程质量检测工作是建筑工程质量监督管理工作的重要手段。根据《建设工程质量检测管理办法》，建筑工程质量检测工作由工程质量检测机构在建设主管部门的领导下开展。建设工程质量检测（简称质量检测）是指工程质量检测机构（简称检测机构）接受委托，依据国家有关法律、法规和工程建设强制性标准，对涉及结构安全项目的抽样检测和对进入施工现场的建筑材料、构配件的见证取样检测。

（2）建设工程质量检测机构管理

建设工程质量检测机构是具有独立法人资格的中介机构。检测机构不得与行政机关，法律、法规授权的具有管理公共事务职能的组织以及所检测工程项目相关的设计单位、施工单位、监理单位有隶属关系或者其他利害关系。检测机构从事质量检测业务，应当依法取得相应资质证书，检测机构未取得相应资质证书不得承担质量检测业务。检测机构资质按照其承担的检测业务内容分为专项检测机构资质和见证取样检测机构资质。

国务院建设主管部门负责对全国质量检测活动实施监督管理，并负责制定检测机构资质标准。省、自治区、直辖市人民政府建设主管部门负责对本行政区域内的质量检测活动实施监督管理，并负责检测机构的资质审批。市、县人民政府建设主管部门负责对本行政区域内的质量检测活动实施监督管理。

2. 建设工程质量检测范围及业务内容

《建设工程质量管理条例》第31条规定："施工人员对涉及结构安全的试块、试件以及有关材料，应当在建设单位或者工程监理单位监督下现场取样，并送具有相应资质等级的质量检测单位进行检测"。

《建设工程施工质量验收统一标准》GB 50300—2013中强制性条文规定："涉及结构安全的试块、试件以及有关材料，应按规定进行见证取样检测；对涉及结构安全和使用功能的重要分部工程应进行抽样检测"。

（1）检测机构从事的质量检测业务范围

根据《建设工程质量检测管理办法》，检测机构从事的质量检测业务有：专项检测和见证取样检测。

（2）专项检测

1）地基基础工程检测

地基基础工程检测包括：地基及复合地基承载力静载检测、桩的承载力检测、桩身完整性检测以及锚杆锁定力检测。

2）主体结构工程现场检测

主要包括：混凝土、砂浆、砌体强度现场检测，钢筋保护层厚度检测，混凝土预制构件结构性能检测以及后置埋件的力学性能检测。

3）建筑幕墙工程检测

包括：建筑幕墙的气密性、水密性、风压变形性能、层间变位性能检测以及硅酮结构胶相容性检测。

4）钢结构工程检测

包括：钢结构焊接质量无损检测，钢结构防腐及防火涂装检测，钢结构节点、机械连接用紧固标准件及高强度螺栓力学性能检测，钢网架结构的变形检测。

（3）见证取样检测

见证取样检测包括：水泥物理力学性能检验；钢筋（含焊接与机械连接）力学性能检验；砂、石常规检验；混凝土、砂浆强度检验；简易土工试验；混凝土掺加剂检验；预应力钢绞线、锚夹具检验；沥青、沥青混合料检验。

建设工程质量检测业务由工程项目建设单位委托具有相应资质的检测机构进行检测。委托方与被委托方应当签订书面合同。检测机构不得转包建设工程质量检测业务。检测机构跨省、自治区、直辖市承担建设工程质量检测业务的，应当向工程所在地的省、自治区、直辖市人民政府建设主管部门备案。

3. 建设工程质量检测责任

检测机构完成检测业务后，应当及时出具检测报告。检测报告经检测人员签字、检测机构法定代表人或者其授权的签字人签署，并加盖检测机构公章或者检测专用章后方可生效。检测报告经建设单位或者工程监理单位确认后，由施工单位归档。见证取样检测的检测报告中应当注明见证人单位及姓名。任何单位和个人不得明示或者暗示检测机构出具虚假检测报告，不得篡改或者伪造检测报告。

检测机构应当对其检测数据和检测报告的真实性和准确性负责。检测机构伪造检测数据，出具虚假检测报告或者鉴定结论的，县级以上地方人民政府建设主管部门给予警告，并处3万元罚款；给他人造成损失的，依法承担赔偿责任；构成犯罪的，依法追究其刑事责任。

检测机构应当将检测过程中发现的建设单位、监理单位、施工单位违反有关法律、法规和工程建设强制性标准的情况，以及涉及结构安全检测结果的不合格情况，及时报告工程所在地建设主管部门。

9.2 建设工程有关单位的质量责任和义务

9.2.1 建设单位的质量责任和义务

建设单位作为建设工程的投资人，是建设工程的重要责任主体。建设单位有权选择承包单位，有权对建设工程进行检查、控制，对建设工程进行验收，并要按时支付工程款和费用等，在整个建设活动中居于主导地位。因此要确保建设工程的质量，首先就要对建设单位的行为进行规范，对其质量责任予以明确。

1. 依法发包工程

（1）严格按照企业资质等级进行发包

原建设部颁布的《工程勘察和工程设计单位资格管理办法》、《建筑企业资质管理规定》、《工程建设监理单位资质管理试行办法》等，对工程勘察单位、工程设计单位、施工企业和工程监理单位的资质等级、资质标准、业务范围等作出了明确规定。如果建设单位将工程发包给没有资质等级或资质等级不符合条件的单位，不仅扰乱了建设市场秩序，更重要的将会因为承包单位不具备完成建设工程的技术能力、专业人员和资金，造成工程质量低劣，甚至使工程项目半途而废。

（2）不得肢解发包工程

建设单位发包工程时，应该根据工程特点，以有利于工程的质量、进度、成本控制为原则，合理划分标段，但不得肢解发包工程。如果将应当由一个承包单位完成的工程肢解成若干部分，分别发包给不同的承包单位，将使整个工程建设在管理和技术上缺乏应有的统筹协调，从而造成施工现场秩序的混乱，责任不清，严重影响建设工程质量，一旦出现问题也很难找到责任方。

（3）择优选择承包人

建设单位还要依照《招标投标法》等有关规定，对必须实行招标的工程项目进行招标，择优选定工程勘察、设计、施工、监理单位以及采购重要设备、材料等。

2. 与承包单位的其他责任

（1）向施工单位提供概算批准文件，建设项目正式列入国家、部门或地方的年度固定资产投资计划，建设用地的征用资料，施工图纸及技术资料，建设资金和主要建筑材料、设备的来源落实资料，建设项目所在地规划部门批准文件，施工现场完成"三通一平"的平面图等资料。

（2）向工程监理单位提供的原始资料，除包括给施工单位的资料外，还要有建设单位与施工单位签订的承包合同文本。

（3）建设单位也不得任意压缩合理工期。如果盲目要求赶工期，势必会简化工序，不按规程操作，从而导致建设工程出现质量等诸多问题。

建设单位更不得以任何理由，诸如建设资金不足、工期紧等，违反强制性标准的规定，要求设计单位降低设计标准，或者要求施工单位采用建设单位采购的不合格材料设备等。这种行为是法律决不允许的。

（4）依法实行工程监理

监理工作要求监理人员具有较高的技术水平和较丰富的工程经验，因此国家对开展工程监理工作的单位实行资质许可。工程监理单位的资质反映了该单位从事某项监理工作的资格和能力。为了保证监理工作的质量，建设单位必须将需要监理的工程委托给具有相应资质等级的工程监理单位进行监理。

（5）依法办理工程质量监督手续

办理工程质量监督手续是法定程序，不办理质量监督手续的，不发施工许可证，工程不得开工。因此，建设单位在领取施工许可证或者开工报告之前，应当依法到建设行政主管部门或者铁路、交通、水利等有关管理部门，或其委托的工程质量监督机构办理工程质量监督手续，接受政府主管部门的工程质量监督。

建设单位办理工程质量监督手续，应提供以下文件和资料：①工程规划许可证；②设计单位资质等级证书；③监理单位资质等级证书，监理合同及《工程项目监理登记表》；④施工单位资质等级证书及营业执照副本；⑤工程勘察设计文件；⑥中标通知书及施工承包合同等。

（6）依法保证建筑材料等符合要求

《建设工程质量管理条例》规定，按照合同规定，由建设单位采购建筑材料、建筑构配件和设备的，建设单位应当保证建筑材料、建筑构配件和设备符合设计文件和合同要求。建设单位不得明示或者暗示施工单位使用不合格的建筑材料、建筑构配件和设备。

在工程实践中，根据工程项目设计文件和合同要求的质量标准，哪些材料和设备由建设单位采购，哪些材料和设备由施工单位采购，应该在合同中明确约定，并且是谁采购、谁负责。对于建设单位负责供应的材料设备，在使用前施工单位应当按照规定对其进行检验和试验，如果不合格，不得在工程上使用，并应通知建设单位予以退还。

（7）依法进行装修工程

随意拆改建筑主体结构和承重结构等，会危及建设工程安全和人民生命财产安全。因此，《建设工程质量管理条例》规定，涉及建筑主体和承重结构变动的装修工程，建设单位应当在施工前委托原设计单位或者具有相应资质等级的设计单位提出设计方案；没有设计方案的，不得施工。房屋建筑使用者在装修过程中，不得擅自变动房屋建筑主体和承重结构。

房屋使用者在装修过程中，也不得擅自变动房屋建筑主体和承重结构，如拆除隔墙、窗洞改门洞等，都是不允许的。

3. 建设单位质量违法行为应承担的法律责任

《建设工程质量管理条例》规定，建设单位有下列行为之一的，责令改正，处 20 万元以上 50 万元以下的罚款：

(1) 迫使承包方以低于成本的价格竞标的；

(2) 任意压缩合理工期的；

(3) 明示或者暗示设计单位或者施工单位违反工程建设强制性标准，降低工程质量的；

(4) 施工图设计文件未经审查或者审查不合格的，擅自施工的；

(5) 建设项目必须实行工程监理而未实行工程监理的；

(6) 未按照国家规定办理工程质量监督手续的；

(7) 明示或者暗示施工单位使用不合格的建筑材料、建筑构配件和设备的；

(8) 未按照国家规定将竣工验收报告、有关认可文件或者准许使用文件报送备案的。

9.2.2 施工单位的质量责任和义务

施工阶段是建筑工程实物质量形成的阶段，勘察、设计工作质量均要在这一阶段得以实现，施工阶段的质量责任制度尤为重要。

1. 施工单位对施工质量负责

对施工质量负责是施工单位法定的质量责任。施工单位是建设工程质量的重要责任主体，但不是唯一的责任主体。

总分包单位的质量责任

(1) 总承包单位要按照总包合同向建设单位负总体质量责任

建筑工程实施总承包的，工程质量由工程总承包单位负责，总承包单位将建筑工程分包给其他单位的，应当对分包工程的质量与分包单位承担连带责任。分包单位应当接受总承包单位的质量管理。

建筑工程实行总承包的，总承包单位应当对全部建筑工程质量负责；建设工程勘察、设计、施工、设备采购的一项或者多项实行总承包的，总承包单位应当对其承包的建设工程或者采购的设备的质量负责。总承包的单位依法将建设工程分包给其他单位的，分包单位应当按照分包合同的约定对其分包工程的质量向总承包单位负责，总承包单位与分包单位对分包工程的质量承担连带责任。

在总承包单位承担责任后，可以依据分包合同的约定，追究分包单位的质量责任包括追偿经济损失。

(2) 分包单位应当接受总承包单位的质量管理

总承包单位与分包单位对分包工程的质量还要依法承担连带责任。当分包工程发生质量问题时，建设单位或其他受害人既可以向分包单位请求赔偿，也可以向总承包单位请求赔偿；进行赔偿的一方，有权依据分包合同的约定，对不属于自己责任的那部分赔偿向对方追偿。

2. 按照图纸和施工技术标准施工

(1) 按图施工遵守标准

按工程设计图纸施工，是保证工程实现设计意图的前提，也是明确划分设计、施工单位质量责任的前提。如果施工单位不按图施工或不经原设计单位同意就擅自修改工程设计，其直接的后果往往是违反了原设计的意图，严重的将给工程结构安全留下隐患；间接地后果是在原设计有缺陷或出现工程质量事故的情况下，由于施工单位擅自修改了设计，将会混淆设计、施工单位各自的质量责任。所以，按图施工、不得擅自修改设计，是施工单位保证工程质量的最基本要求。

偷工减料则属于一种非法牟利的行为。如果在工程的一般部位，施工工序不严格按照标准要求，减少工料投入，简化操作程序，将会产生一般性的质量通病，影响工程外观质量或一般使用功能；但在关键部位，如结构中使用劣质钢筋、水泥，或是让不具备资格的人上特许岗位如充当电焊工等，将给工程留下严重的结构隐患。

（2）防止设计文件和图纸出现差错

施工人员特别是施工管理负责人、技术负责人以及项目经理等，均为有丰富实践经验的专业人员，对设计文件和图纸中存在的差错是有能力发现的。如果施工单位在施工过程中发现设计文件和图纸中确实存在差错，有义务及时向设计单位提出，避免造成不必要的损失和质量问题。这是施工单位应具备的职业道德，也是履行合同应尽的基本义务。

3. 对建筑材料、设备进行检验检测的规定

（1）建筑材料、建筑构配件、设备和商品混凝土的检验制度

对进入施工现场的建筑材料、建筑构配件、设备和商品混凝土，施工单位应当严把两道关：一是谨慎选择生产供应商；二是实行进场二次检验。

检验结果要按规定的格式形成书面记录，并由相关的专业人员签字。这是为了促使检验工作严谨认真，以及未来必要时有据可查，方便管理，明确责任。

对于未经检验或检验不合格的，不得在施工中用于工程上。否则，将是一种违法行为，要追究擅自使用或批准使用人的责任。此外，对于混凝土构配件和商品混凝土的生产厂家，还应当按照《混凝土构件和商品混凝土生产企业资质管理规定》的要求，如果没有资质或相应资质等级的，其提供的产品应视为不合格产品。

（2）施工检测的见证取样和送检制度

所谓见证取样和送检，是指在建设单位或工程监理单位人员的见证下，由施工单位的现场实验人员对工程中涉及结构安全的试块、试件和材料在现场取样，并送至具有法定资格的质量检测单位进行检测的活动。

《房屋建筑工程和市政基础设施工程实行见证取样和送检的规定》中规定，涉及结构安全的试块、试件和材料见证取样和送检的比例不得低于有关技术标准中规定应取样数量的30%。

下列试块、试件和材料必须实施见证取样和送检：①用于承重结构的混凝土试块；②用于承重墙体的砌筑砂浆试块；③用于承重结构的钢筋及连接接头试件；④用于承重墙的砖和混凝土小型砌块；⑤用于拌制混凝土和砌筑砂浆的水泥；⑥用于承重结构的混凝土中使用的掺加剂；⑦地下、屋面、厕浴间使用的防水材料；⑧国家规定必须实行见证取样和送检的其他试块、试件和材料。

见证人员应由建设单位或该工程的监理单位中具备施工试验知识的专业技术人员担任，并由建设单位或该工程的监理单位书面通知施工单位、检测单位和负责该项工程的质量监督机构。

在施工过程中，见证人员应按照见证取样和送检计划，对施工现场的取样和送检进行见证。取样人员应在试样或其包装上作出标识、封志。标识和封志应标明工程名称、取样

部位、取样日期、样品名称和样品数量，并由见证人员和取样人员签字。见证人员和取样人员应对试样的代表性和真实性负责。

4. 施工质量检验与返修

（1）施工质量检验制度

施工质量检验，通常是指工程施工过程中工序质量检验（或称为过程检验），包括预检、自检、交接检、分部工程中间检验以及隐蔽工程检验等。施工单位必须建立、健全施工质量的检验制度，严格工序管理，作好隐蔽工程的质量检查和记录。隐蔽工程在隐蔽前，施工单位应当通知建设单位和建设工程质量监督机构。

1）严格工序质量检验和管理

施工工序也可以称为过程。各个工序或过程之间横向和纵向的联系形成了工序网络或过程网络。任何一项过程的施工，都是通过一个由许多工序或过程组成的工序（或过程）网络来实现的。网络上的关键工序或过程都有可能对工程最终的施工质量产生决定性的影响。如焊接节点的破坏就可能引起桁架破坏，从而导致屋面坍塌。所以，施工单位要加强对施工工序或过程的质量控制，特别是要加强影响结构安全的地基和结构等关键施工过程的质量控制。

2）强化隐蔽工程质量检查

隐蔽工程，是指在施工过程中某一道工序所完成的工程实物，被后一工序形成的工程实物所隐蔽，而且不可以逆向作业的那部分工程。例如，钢筋混凝土工程施工中，钢筋为混凝土所覆盖，前者即为隐蔽工程。

隐蔽工程在隐蔽前，施工单位除了要做好检查、检验并做好记录外，还应当及时通知建设单位（实施监理的工程为监理单位）和建设工程质量监督机构，以接受政府监督和向建设单位提供质量保证。

施工单位在隐蔽或中间验收前48小时以书面形式通知监理工程师验收。验收不合格的，施工单位在监理工程师限定的时间内修改并重新验收。如果工程质量符合标准规范和设计图纸的要求，验收24小时后，监理工程师没有在验收记录上签字的，视为已经批准，施工单位可继续进行隐蔽或施工。

对于整个工程所有隐蔽工程的验收活动，建设工程质量监督机构要保持一定的抽检频率。对于工程关键部位的隐蔽工程验收通常要到场，并对参加隐蔽工程验收的各方人员资格、验收程序以及工程实物进行监督检查，发现问题及时责成责任方予以纠正。

（2）有关建设工程的返修规定

对已发现的质量缺陷，建筑施工企业应当修复。施工单位对施工中出现质量问题的建设工程或者竣工验收不合格的建设工程，应当负责返修。返修作为施工单位的法定义务，其返修包括施工过程中出现质量问题的建设工程和竣工验收不合格的建设工程两种情形。

所谓返工，是指工程质量不符合规定的质量标准，而又无法修理的情况下重新进行施工；修理则是指工程质量不符合标准，而又有可能修复的情况下，对工程进行修补，使其达到质量标准的要求。不论是施工过程中出现质量问题的建设工程，还是竣工验收时发现质量问题的工程，施工单位都要负责返修。

对于非施工单位原因造成的质量问题，施工单位也应当负责返修，但是因此而造成的损失及返修费用由责任方负责。

5. 违法行为应承担的责任

施工单位质量违法行为应承担的主要法律责任如下：

（1）违反资质管理规定和转包、违法分包造成质量问题应承担的法律责任

建筑施工企业转让、出借资质证书或者以其他方式允许他人以本企业的名义承揽工程的，对因该项承揽工程不符合规定的质量标准造成的损失，建筑施工企业与使用本企业名义的单位或者个人承担连带赔偿责任。

承包单位将承包的工程转包的，或者违反本法规定进行分包的，对因转包工程或者违法分包的工程不符合规定的质量标准造成的损失，与接受转包或者分包的单位承担连带赔偿责任。

（2）偷工减料等违法行为应承担的法律责任

建筑施工企业在施工中偷工减料的，使用不合格的建筑材料、建筑构配件和设备的，或者有其他不按照工程设计图纸或者施工技术标准施工的行为的，责令改正，处以罚款；情节严重的，责令停业整顿，降低资质等级或者吊销资质证书；造成建筑工程质量不符合规定的质量标准的，负责返工、修理，并赔偿因此造成的损失；构成犯罪的，依法追究刑事责任。

《建设工程质量管理条例》规定，施工单位在施工中偷工减料的，使用不合格的建筑材料、建筑构配件和设备的，或者有不按照工程设计图纸或者施工技术标准施工的其他行为的，责令改正，处工程合同价款2%以上4%以下的罚款；造成建设工程质量不符合规定的质量标准的，负责返工、修理，并赔偿因此造成的损失；情节严重的，责令停业整顿，降低资质等级或者吊销资质证书。

（3）检验检测违法行为应承担的法律责任

《建设工程质量管理条例》规定，施工单位未对建筑材料、建筑构配件、设备和商品混凝土进行检验，或者未对涉及结构安全的试块、试件以及有关材料取样检测的，责令改正，处10万元以上20万元以下的罚款；情节严重的，责令停业整顿，降低资质等级或者吊销资质证书；造成损失的，依法承担赔偿责任。

（4）构成犯罪的追究刑事责任

《建设工程质量管理条例》规定，建设单位、设计单位、施工单位、工程监理单位违反国家规定，降低工程质量标准，造成重大安全事故，构成犯罪的，对直接责任人员依法追究刑事责任。

建设、勘察、设计、施工、工程监理单位的工作人员因调动工作、退休等原因离开该单位后，被发现在该单位工作期间违反国家有关建设工程质量管理规定，造成重大工程质量事故的，仍应当依法追究刑事责任。

《刑法》规定，建设单位、设计单位、施工单位、工程监理单位违反国家规定，降低工程质量标准，造成重大安全事故的，对直接责任人员处5年以下有期徒刑或者拘役，并处罚金；后果特别严重的，处5年以上10年以下有期徒刑，并处罚金。

9.2.3 勘察设计、监理单位相关的质量责任和义务

建设工程质量责任制涵盖了多方主体的质量责任制，除建设单位、施工单位外，还有勘察、设计单位，工程监理单位的质量责任制。

1. 勘察、设计单位的质量责任和义务

勘察、设计单位和执业注册人员是勘察设计质量的责任主体，也是整个工程质量的责任主体之一。勘察、设计质量实行单位与执业注册人员双重责任，即勘察、设计单位对其勘察、设计的质量负责，注册建筑师、注册结构工程师等专业人士对其签字的设计文件负责。

（1）遵守执业资质等级制度的责任

勘察设计单位必须在其资质等级允许范围内承揽工程勘察设计任务，不得擅自超越资质等级或以其他勘察、设计单位的名义承揽工程，不得允许其他单位或个人以本单位的名义承揽工程，也不得转包或违法分包自己所承揽的工程。

（2）建立质量保证体系的责任

勘察设计单位应建立健全质量保证体系，加强设计过程的质量控制，健全设计文件的审核会签制度。注册建筑师、注册结构工程师等执业人员应在设计文件上签字，对设计文件的质量负责。

（3）遵守国家工程建设强制性标准及有关规定的责任

工程勘察文件要反映工程地质、地形地貌、水文地质状况，其勘察成果必须真实准确，评价应准确可靠。设计单位要根据勘察成果文件进行设计，设计文件的深度应符合国家规定，满足相应设计阶段的技术要求，并注明工程合理使用年限；所完成的施工图应当配套，细部节点应交代清楚，标注说明应清晰、完整。凡设计所选用的建筑材料、建筑构配件和设备，应注明规格、型号、性能等技术指标，其质量必须符合国家规定的标准；除有特殊要求的建筑材料、专用设备、工艺生产线等以外，设计单位不得指定生产厂家或供应商。

（4）技术交底和事故处理责任

设计单位应就审查合格的施工图向施工单位作出详细说明，做好设计文件的技术交底工作，对大中型建设工程、超高层建筑以及采用新技术、新结构的工程，设计单位还应向施工现场派驻设计代表。当其所设计的工程发生质量事故时，设计单位应参与质量事故分析，并对因设计造成的质量事故提出相应的技术处理方案。

（5）勘察、设计单位质量违法行为应承担的法律责任

《建设工程质量管理条例》中规定有下列行为之一的，责令改正，处10万元以上30万元以下的罚款：勘察单位未按照工程建设强制性标准进行勘察的；设计单位未根据勘察成果文件进行工程设计的；设计单位指定建筑材料、建筑构配件的生产厂、供应商的；设计单位未按照工程建设强制性标准进行设计的。有以上所列行为，造成工程质量事故的，责令停业整顿，降低资质等级；情节严重的，吊销资质证书；造成损失的，依法承担赔偿责任。

2. 监理单位的质量责任和义务

工程监理单位接受建设单位的委托，代表建设单位，对建设工程进行管理。因此，工程监理单位也是建设工程质量责任主体之一。

（1）依法承担工程监理业务

监理单位按照资质等级承担工程监理业务，是保证监理工作质量的前提。越级监理、允许其他单位或者个人以本单位的名义承担监理业务等，将使工程监理变得有名无实，最终会对工程质量造成危害。监理单位转让工程监理业务，与施工单位转包工程有着同样的

危害性。

（2）对有隶属关系或其他利害关系的回避

由于工程监理单位与被监理工程的承包单位以及建筑材料、建筑构配件和设备供应单位之间，是一种监督与被监督的关系，为了保证客观、公正执行监理任务，工程监理单位与上述单位不能有隶属关系或者其他利害关系。如果有这种关系，工程监理单位在接受监理委托前，应当自行回避；对于没有回避而被发现的，建设单位可以依法解除委托关系。

（3）监理工作的依据和监理责任

监理单位对施工质量承担监理责任，包括违约责任和违法责任两个方面：

1）违约责任。如果监理单位不按照监理合同约定履行监理义务，给建设单位或其他单位造成损失的，应当承担相应的赔偿责任。

2）违法责任。如果监理单位违法监理，或者降低工程质量标准，造成质量事故的，要承担相应的法律责任。

（4）工程监理的职责和权限

《建设工程质量管理条例》中规定，工程监理单位应当选派具备相应资格的总监理工程师和监理工程师进驻施工现场。未经监理工程师签字，建筑材料、建筑构配件和设备不得在工程上使用或者安装，施工单位不得进行下一道工序的施工。未经总监理工程师签字，建设单位不拨付工程款，不进行竣工验收。

监理单位应根据所承担的监理任务，组建驻工地监理机构。监理机构一般由总监理工程师、监理工程师和其他监理人员组成。监理工程师拥有对建筑材料、建筑构配件和设备以及每道施工工序的检查权，对检查不合格的，有权决定是否允许在工程上使用或进行下一道工序的施工。工程监理实行总监理工程师负责制。总监理工程师依法和在授权范围内可以发布有关指令，全面负责受委托的监理工程。

（5）工程监理的形式

《建设工程质量管理条例》中规定，监理工程师应当按照工程监理规范的要求，采取旁站、巡视和平行检验等形式，对建设工程实施监理。

所谓旁站，是指对工程中有关地基和结构安全的关键工序和关键施工过程，进行连续不断地监督检查或检验的监理活动，有时甚至要连续跟班监理。所谓巡视，主要是强调除了关键点的质量控制外，监理工程师还应对施工现场进行面上的巡查监理。所谓平行检验，主要是强调监理单位对施工单位已经检验的工程应及时进行检验。对于关键性、较大体量的工程实物，采取分段后平行检验的方式，有利于及时发现质量问题，及时采取措施予以纠正。

（6）工程监理单位质量违法行为应承担的法律责任

工程监理单位与建设单位或者建筑施工企业串通，弄虚作假、降低工程质量的，责令改正，处以罚款，降低资质等级或者吊销资质证书；有违法所得的，予以没收；造成损失的，承担连带赔偿责任；构成犯罪的，依法追究刑事责任。

《建设工程质量管理条例》中规定工程监理单位有下列行为之一的，责令改正，处 50 万元以上 100 万元以下的罚款，降低资质等级或者吊销资质证书；有违法所得的予以没收；造成损失的，承担连带赔偿责任：与建设单位或者施工单位串通、弄虚作假、降低工程质量的；将不合格的建设工程、建筑材料、建筑构配件和设备按照合格签字的。

3. 政府部门工程质量监督管理的规定

建设工程质量管理条例规定，国家实行建设工程质量监督管理制度。

（1）我国的建设工程质量监督管理体制

国务院建设行政主管部门对全国的建设工程质量实施统一监督管理。国务院铁路、交通、水利等有关部门按照国务院规定的职责分工，负责对全国的有关专业建设工程质量的监督管理。

建设工程质量监督管理，可以由建设行政主管部门或者其他有关部门委托的建设工程质量监督机构具体实施。在政府加强监督的同时，还要发挥社会监督的巨大作用，即任何单位和个人对建设工程的质量事故、质量缺陷都有权检举、控告、投诉。

（2）政府监督检查的内容和有权采取的措施

县级以上人民政府建设行政主管部门和其他有关部门履行监督检查职责时，有权采取下列措施：

1）要求被检查的单位提供有关工程质量的文件和资料；

2）进入被检查单位的施工现场进行检查；

3）发现有影响工程质量问题时，责令改正。

有关单位和个人对县级以上人民政府建设行政主管部门和其他有关部门进行的监督检查应当支持与配合，不得拒绝或者阻碍建设工程质量监督检查人员依法执行职务。

（3）禁止滥用权力的行为

目前，有关部门或单位利用其管理职能或垄断地位指定生产厂家或产品的现象较多，如果建设单位或施工单位不采用，就在竣工验收时故意刁难或不予验收，不准投入使用。政府有关部门这种滥用职权的行为，是法律所不允许的。

（4）建设工程质量事故报告制度

根据国务院《生产安全事故报告和调查处理条例》规定，特别重大事故、重大事故逐级上报至国务院安全生产监督管理部门和负有安全生产监督管理职责的有关部门。每级上报的时间不得超过 2 小时。必要时，安全生产监督管理部门和负有安全生产监督管理职责的有关部门可以越级上报事故情况。

（5）有关质量违法行为应承担的法律责任

《建设工程质量管理条例》规定，发生重大工程质量事故隐瞒不报、谎报或者拖延报告期限的，对直接负责的主管人员和其他责任人员依法给予行政处分。

供水、供电、供气、公安消防等部门或者单位明示或者暗示建设单位或施工单位购买其指定的生产供应单位的建筑材料、建筑构配件和设备的，责令改正。

国家机关工作人员在建设工程质量监督管理工作中玩忽职守、滥用职权、徇私舞弊，构成犯罪的，依法追究刑事责任；尚不构成犯罪的，依法给予行政处分。

9.3 建设工程质量竣工验收制度

工程项目的竣工验收是施工全过程的最后一道工序，也是工程项目管理的最后一项工作。它是建设投资成果转入生产或使用的标志，也是全面考核投资效益、检验设计和施工质量的重要环节。

9.3.1 竣工验收的主体和法定条件

1. 建设工程竣工验收的主体

建设单位收到建设工程竣工报告后，应当组织设计、施工、工程监理等有关单位进行竣工验收。对工程进行竣工检查和验收，是建设单位法定的权利和义务。

在建设工程完工后，承包单位应当向建设单位提供完整的竣工资料和竣工验收报告，提请建设单位组织竣工验收。建设单位收到竣工验收报告后，应及时组织有设计、施工、工程监理等有关单位参加的竣工验收，检查整个工程项目是否已按照设计要求和合同约定全部建设完成，并符合竣工验收条件。

2. 竣工验收应当具备的法定条件

《建筑法》和《建设工程质量管理条例》进一步规定，建设工程竣工验收应当具备下列条件：完成建设工程设计和合同约定的各项内容；有完整的技术档案和施工管理资料；有工程使用的主要建筑材料、建筑构配件和设备的进场试验报告；有勘察、设计、施工、工程监理等单位分别签署的质量合格文件；有施工单位签署的工程保修书。建设工程经验收合格的，方可交付使用。

（1）完成建设工程设计和合同约定的各项内容

建设工程设计和合同约定的内容，主要是指设计文件所确定的以及承包合同"承包人承揽工程项目一览表"中载明的工作范围，也包括监理工程师签发的变更通知单中所确定的工作内容。承包单位必须按合同的约定，按质、按量、按时完成上述工作内容，使工程具有正常的使用功能。

（2）有完整的技术档案和施工管理资料

工程技术档案和施工管理资料是工程竣工验收和质量保证的重要依据之一，主要包括以下档案和资料：工程项目竣工验收报告；分项、分部工程和单位工程技术人员名单；图纸会审和技术交底记录；设计变更通知单，技术变更核实单；工程质量事故发生后调查和处理资料；隐蔽验收记录及施工日志；竣工图；质量检验评定资料等；合同约定的其他资料。

（3）有工程使用的主要建筑材料、建筑构配件和设备的进场试验报告

对建设工程使用的主要建筑材料、建筑构配件和设备，除须具有质量合格证明资料外，还应当有进场试验、检验报告，其质量要求必须符合国家规定的标准。

（4）有勘察、设计、施工、工程监理等单位分别签署的质量合格文件

勘察、设计、施工、工程监理等有关单位要依据工程设计文件及承包合同所要求的质量标准，对竣工工程进行检查评定；符合规定的，应当签署合格文件。

（5）有施工单位签署的工程保修书

施工单位向建设单位签署的工程保修书，也是交付竣工验收的条件之一。凡是没有经过竣工验收或者经过竣工验收确定为不合格的建设工程，不得交付使用。如果建设单位为提前获得投资效益，在工程未经验收就提前投产或使用，由此而发生的质量等问题，建设单位要承担责任。

3. 施工单位应提交的档案资料

建设单位应当严格按照国家有关档案管理的规定，及时收集、整理建设项目各环节的文件资料，建立、健全建设项目档案，并在建设工程竣工验收后，及时向建设行政主管部

门或者其他有关部门移交建设项目档案。

建设工程是百年大计，一般的建筑物设计年限都在 50 到 70 年之间，重要的建筑物达百年以上。在建设工程投入使用之后，要进行检查、维修、管理，还可能会遇到改建、扩建或拆除活动，以及在其周围进行建设活动。这些都需要参考原始的勘察、设计、施工等资料。建设单位是建设活动的总负责方，应当在合同中明确要求勘察、设计、施工、监理等单位分别提供工程建设各环节的文件资料，及时收集整理，建立健全建设项目档案。

2001 年 7 月原建设部经修改后发布的《城市建设档案管理规定》中规定，建设单位应当在工程竣工验收后 3 个月内，向城建档案馆报送一套符合规定的建设工程档案。凡建设工程档案不齐全的，应当限期补充。对改建、扩建和重要部位维修的工程，建设单位应当组织设计、施工单位据实修改、补充和完善原建设工程档案。

施工单位应当按照归档要求制定统一目录，有专业分包工程的，分包单位要按照总承包单位的总体安排做好各项资料整理工作，最后再由总承包单位进行审核、汇总。施工单位一般应当提交的档案资料是：（1）工程技术档案资料；（2）工程质量保证资料；（3）工程检验评定资料；（4）竣工图等。

9.3.2 竣工验收的程序和备案管理制度

1. 竣工验收的准备工作

建设单位应认真做好竣工验收的准备工作，其主要内容有：

（1）技术资料

各有关单位（包括设计、施工单位）应将技术资料进行系统整理，由建设单位分类立卷，交生产单位或使用单位统一保管。技术资料主要包括土建卷、安装卷及各种有关的文件、合同和试生产的情况报告等。

（2）竣工图纸

与其他技术资料一样，竣工图纸是建设单位移交生产单位的重要资料，是生产单位必须长期保存的技术档案，也是国家的重要技术档案。竣工图必须准确、完整、符合归档要求，方能交工验收。

（3）编制竣工决算

建设单位必须及时清理所有财产、物资和未花完或应收回的资金，编制工程竣工决算，分析预（概）算执行情况，考核投资效益，报主管部门审查。编制竣工决算是基本建设管理工作的重要组成部分，竣工决算是反映建设项目实际造价和投资效益的文件，是办理交付使用新增固定资产的依据，是竣工验收报告的重要组成部分。

2. 竣工验收的程序

根据原建设部颁布的《房屋建筑工程和市政基础设施工程验收暂行规定》，工程竣工验收应当按以下程序进行：

（1）工程完工后，施工单位向建设单位提交工程竣工报告，申请工程竣工验收。实行监理的工程，工程竣工报告须经总监理工程师签署意见。

（2）建设单位收到工程竣工报告后，对符合竣工验收要求的工程，组织勘察、设计、施工、监理等单位和其他有关方面的专家组成验收组，制订验收方案。

（3）建设单位应当在工程竣工验收 7 个工作日前将验收的时间、地点及验收组名单书面通知负责监督该工程质量的监督机构。

（4）建设单位组织工程竣工验收，具体包括以下内容：

1）建设、勘察、设计、施工、监理单位分别汇报工程合同履约情况和在工程建设各个环节执行法律、法规和工程建设强制性标准的情况；

2）审阅建设、勘察、设计、施工、监理单位的工程档案资料；

3）实地查验工程质量；

4）对工程勘察、设计、施工、设备安装质量和各管理环节等方面作出全面评价，形成经验收组人员签署的工程竣工验收意见。

当参与工程竣工验收的建设、勘察、设计、施工、监理等各方不能形成一致意见时，应当协商提出解决的方法，待意见一致后，重新组织工程竣工验收。

工程竣工验收合格后，建设单位应当及时提出工程竣工验收报告。工程竣工验收报告主要包括工程概况，建设单位执行基本建设程序情况，对工程勘察、设计、施工、监理等方面的评价，工程竣工验收时间、程序、内容和组织形式，工程竣工验收意见等内容。

工程竣工验收报告还应附有下列文件：施工许可证；施工图设计文件审查意见；竣工验收条件所规定的文件；验收组人员签署的工程竣工验收意见；市政基础设施工程应附有质量检测和功能性试验资料；施工单位签署的工程质量保修书；法规、规章规定的其他有关文件。

3. 竣工日期和投产日期

投产日期是指经验收合格、达到竣工验收标准、正式移交生产（或使用）的时间。在正常情况下，建设项目的全部投产日期应当同竣工日期是一致的，但实际上有些项目的竣工日期往往晚于全部投产日期，这是因为当建设项目设计规定的生产性工程的全部生产作用线建成，经试运转，验收鉴定合格，移交生产部门时，便可算为全部投产，而竣工则要求该项目的生产性、非生产性工程全部建成，投产项目遗留的收尾工程全部完工。

4. 竣工验收备案管理制度

2000 年 4 月 7 日原建设部以部令 78 号的形式发布了《房屋建筑工程和市政基础设施工程竣工验收备案管理暂行办法》，对房屋建筑工程和市政基础设施工程的竣工验收备案管理做出了具体规定。

国务院建设行政主管部门负责全国房屋建筑工程和市政基础设施工程（以下统称工程）的竣工验收备案管理工作。

县级以上地方人民政府建设行政主管部门负责本行政区域内工程的竣工验收备案管理工作。

（1）备案时间

建设单位应当自工程竣工验收合格之日起 15 日内，按照规定向工程所在地的县级以上地方人民政府建设行政主管部门（以下简称备案机关）备案。

（2）建设单位办理工程竣工验收备案应当提交下列文件：

1）工程竣工验收备案表。

2）工程竣工验收报告。竣工验收报告应当包括工程报建日期，施工许可证号，施工图设计文件审查意见，勘察、设计、施工、工程监理等单位分别签署的质量合格文件及验收人员签署的竣工验收原始文件，市政基础设施的有关质量检测和功能性试验资料以及备案机关认为需要提供的有关资料。

3）法律、行政法规规定应当由规划、公安消防、环保等部门出具的认可文件或者准许使用文件。

4）施工单位签署的工程质量保修书。

5）法规、规章规定必须提供的其他文件。如商品住宅还应当提交《住宅质量保证书》和《住宅使用说明书》。

备案机关收到建设单位报送的竣工验收备案文件，验证文件齐全后，应当在工程竣工验收备案表上签署文件收讫。

工程竣工验收备案表一式两份，一份由建设单位保存，一份留备案机关存档。

（3）备案实限

工程质量监督机构应当在工程竣工验收之日起5日内，向备案机关提交工程质量监督报告。

9.3.3 建设工程的消防、节能、环保等验收的规定

《建设工程质量管理条例》规定，建设单位应当自建设工程竣工验收合格之日起15日内，将建设工程竣工验收报告和规划、公安消防、环保等部门出具的认可文件或者准许使用文件报建设行政主管部门或者其他有关部门备案。

1. 建设工程竣工消防验收

（1）有关消防验收、备案的规定

2008年10月经修改后颁布的《消防法》规定，按照国家工程建设消防技术标准需要进行消防设计的建设工程竣工，依照下列规定进行消防验收、备案：

1）国务院公安部门规定的大型的人员密集场所和其他特殊建设工程，建设单位应当向公安机关消防机构申请消防验收。

2）其他建设工程，建设单位在验收后应当报公安机关消防机构备案，公安机关消防机构应当进行抽查。依法应当进行消防验收的建设工程，未经消防验收或者消防验收不合格的，禁止投入使用；其他建设工程经依法抽查不合格的，应当停止使用。

（2）申请消防验收提供的资料

2012年7月公安部经修改后发布的《建设工程消防监督管理规定》进一步规定，建设单位申请消防验收应当提供下列8个方面的材料：建设工程消防验收申报表；工程竣工验收报告和有关消防设施的工程竣工图纸；消防产品质量合格证明文件；具有防火性能要求的建筑构件、建筑材料、装修材料符合国家标准或者行业标准的证明文件、出厂合格证；消防设施检测合格证明文件；施工、工程监理、检测单位的合法身份证明和资质等级证明文件；建设单位的工商营业执照等合法身份证明文件；法律、行政法规规定的其他材料。

（3）消防验收管理

公安机关消防机构应当自受理消防验收申请之日起20日内组织消防验收，并出具消防验收意见。公安机关消防机构对申报消防验收的建设工程，应当依照建设工程消防验收评定标准对已经消防设计审核合格的内容组织消防验收。对综合评定结论为合格的建设工程，公安机关消防机构应当出具消防验收合格意见；对综合评定结论为不合格的，应当出具消防验收不合格意见，并说明理由。

对于依法应当进行消防验收的建设工程，未经消防验收或者消防验收不合格，擅自投

入使用的，《消防法》规定，由公安机关消防机构责令停止施工、停止使用或者停产停业，并处 3 万元以上 30 万元以下罚款。

2. 建设工程竣工环保验收

1998 年 11 月颁布的《建设项目环境保护管理条例》规定，建设项目竣工后，建设单位应当向审批该建设项目环境影响报告书、环境影响报告表或者环境影响登记表的环境保护行政主管部门，申请该建设项目需要配套建设的环境保护设施竣工验收。

环境保护设施竣工验收，应当与主体工程竣工验收同时进行。需要进行试生产的建设项目，建设单位应当自建设项目投入试生产之日起 3 个月内，向审批该建设项目环境影响报告书、环境影响报告表或者环境影响登记表的环境保护行政主管部门，申请该建设项目需要配套建设的环境保护设施竣工验收。分期建设、分期投入生产或者使用的建设项目，其相应的环境保护设施应当分期验收。

环境保护行政主管部门应当自收到环境保护设施竣工验收申请之日起 30 日内，完成验收。建设项目需要配套建设的环境保护设施经验收合格，该建设项目方可正式投入生产或者使用。

《建设项目环境保护管理条例》还规定，建设项目投入试生产超过 3 个月，建设单位未申请环境保护设施竣工验收的，由审批该建设项目环境影响报告书、环境影响报告表或者环境影响登记表的环境保护行政主管部门责令限期办理环境保护设施竣工验收手续；逾期未办理的，责令停止试生产，可以处 5 万元以下的罚款。

建设项目需要配套建设的环境保护设施未建成、未经验收或者经验收不合格，主体工程正式投入生产或者使用的，由审批该建设项目环境影响报告书、环境影响报告表或者环境影响登记表的环境保护行政主管部门责令停止生产或者使用，可以处 10 万元以下的罚款。

3. 建筑工程节能验收

《节约能源法》规定，不符合建筑节能标准的建筑工程，建设主管部门不得批准开工建设；已经开工建设的，应当责令停止施工、限期改正；已经建成的，不得销售或者使用。

《民用建筑节能条例》进一步规定，建设单位组织竣工验收，应当对民用建筑是否符合民用建筑节能强制性标准进行查验；对不符合民用建筑节能强制性标准的，不得出具竣工验收合格报告。

建筑节能工程施工质量的验收，主要应按照国家标准《建筑节能工程施工质量验收规范》GB 50411—2007 以及《建筑工程施工质量验收统一标准》GB 50300—2013、各专业工程施工质量验收规范等执行。单位工程竣工验收应在建筑节能分部工程验收合格后进行。

建筑节能工程为单位建筑工程的一个分部工程，并按规定划分为分项工程和检验批。建筑节能工程应按照分项工程进行验收，如墙体节能工程、幕墙节能工程、门窗节能工程、屋面节能工程、地面节能工程、采暖节能工程、通风与空气调节节能工程、配电与照明节能工程等。当建筑节能分项工程的工程量较大时，可以将分项工程划分为若干个检验批进行验收。当建筑节能工程验收无法按照要求划分分项工程或检验批时，可由建设、施工、监理等各方协商进行划分。但验收项目、验收内容、验收标准和验收记录均应遵守规范的规定。

（1）建筑节能分部工程进行质量验收的条件

建筑节能分部工程的质量验收，应在检验批、分项工程全部合格的基础上，进行建筑围护结构的外墙节能构造实体检验，严寒、寒冷和夏热冬冷地区的外窗气密性现场检测，以及系统节能性能检测和系统联合试运转与调试，确认建筑节能工程质量达到验收的条件后方可进行。

（2）建筑节能分部工程验收的组织

建筑节能工程验收的程序和组织应遵守《建筑工程施工质量验收统一标准》GB 50300—2013的要求，并符合下列规定：节能工程的检验批验收和隐蔽工程验收应由监理工程师主持，施工单位相关专业的质量检查员与施工员参加；节能分项工程验收应由监理工程师主持，施工单位项目技术负责人和相关专业的质量检查员、施工员参加，必要时可邀请设计单位相关专业的人员参加；节能分部工程验收应由总监理工程师（建设单位项目负责人）主持，施工单位项目经理、项目技术负责人和相关专业的质量检查员、施工员参加，施工单位的质量或技术负责人应参加，设计单位节能设计人员应参加。

（3）建筑节能工程验收的程序

1）施工单位自检评定

建筑节能分部工程施工完成后，施工单位对节能工程质量进行检查，确认符合节能设计文件要求后，填写《建筑节能分部工程质量验收表》，并由项目经理和施工单位负责人签字。

2）监理单位进行节能工程质量评估

监理单位收到《建筑节能分部工程质量验收表》后，应全面审查施工单位的节能工程验收资料且整理监理资料，对节能各分项工程进行质量评估，监理工程师及项目总监在《建筑节能分部工程质量验收表》中签字确认验收结论。

3）建筑节能分部工程验收

由监理单位总监理工程师（建设单位项目负责人）主持验收会议，组织施工单位的相关人员、设计单位节能设计人员对节能工程质量进行检查验收。验收各方对工程质量进行检查，提出整改意见。

建筑节能质量监督管理部门的验收监督人员到施工现场对节能工程验收的组织形式、验收程序、执行验收标准等情况进行现场监督，发现有违反规定程序、执行标准或评定结果不准确的，应要求有关单位改正或停止验收。对未达到国家验收标准合格要求的质量问题，签发监督文书。

4）施工单位按验收意见进行整改

施工单位按照验收各方提出的整改意见进行整改；整改完毕后，建设、监理、设计、施工单位对节能工程的整改结果进行确认。对建筑节能工程存在重要的整改内容的项目，质量监督人员参加复查。

5）节能工程验收结论

符合建筑节能工程质量验收规范的工程为验收合格，即通过节能分部工程质量验收。对节能工程验收不合格工程，按《建筑节能工程施工质量验收规范》和其他验收规范的要求整改完后，重新验收。

6）验收资料归档

建筑节能工程施工质量验收合格后，相应的建筑节能分部工程验收资料应作为建设工程竣工验收资料中的重要组成部分归档。

（4）建筑节能工程专项验收应注意事项

建筑节能工程验收重点是检查建筑节能工程效果是否满足设计及规范要求，监理和施工单位应加强和重视节能验收工作，对验收中发现的工程实物质量问题及时解决。

工程项目存在以下问题之一的，监理单位不得组织节能工程验收：未完成建筑节能工程设计内容的；隐蔽验收记录等技术档案和施工管理资料不完整的；工程使用的主要建筑材料、建筑构配件和设备未提供进场检验报告的，未提供相关的节能性能检测报告的；工程存在违反强制性条文的质量问题而未整改完毕的；对监督机构发出的责令整改内容未整改完毕的；存在其他违反法律、法规行为而未处理完毕的。

工程项目验收存在以下问题之一的，应重新组织建筑节能工程验收：

验收组织机构不符合法规及规范要求的；参加验收人员不具备相应资格的；参加验收各方主体验收意见不一致的；验收程序和执行标准不符合要求的；各方提出的问题未整改完毕的。

单位工程在办理竣工备案时应提交建筑节能相关资料，不符合要求的不予备案。

（5）建筑工程节能验收违法行为应承担的法律责任

《民用建筑节能条例》规定，建设单位对不符合民用建筑节能强制性标准的民用建筑项目出具竣工验收合格报告的，由县级以上地方人民政府建设主管部门责令改正，处民用建筑项目合同价款 2%以上 4%以下的罚款；造成损失的，依法承担赔偿责任。

9.4　建设工程质量保修制度

9.4.1　质量保修书和最低保修期限的规定

建设工程质量保修制度，是指建设工程竣工经验收后，在规定的保修期限内，因勘察、设计、施工、材料等原因造成的质量缺陷，应当由施工承包单位负责维修、返工或更换，由责任单位负责赔偿损失的法律制度。建设工程质量保修制度对于促进建设各方加强质量管理，保护用户及消费者的合法权益可起到重要的保障作用。

1. 建设工程质量保修书的提交时间及主要内容

建设工程质量保修的承诺，应当由承包单位以建设工程质量保修书这一书面形式来体现。建设工程质量保修书是一项保修合同，是承包合同所约定双方权利义务的延续，也是施工单位对竣工验收的建设工程承担保修责任的法律文本。人们在日常生活中购买几十元数百元的商品，生产供应厂商往往都须出具质量保修书，而建设工程造价动辄几十万元、数百万元、数亿元甚至更多，如果没有保修的书面约定，那么对投资人和用户是不公平的，也不符合权利义务对等的市场经济准则。

建设工程承包单位应当依法在向建设单位提交工程竣工验收报告资料时，向建设单位出具工程质量保修书。工程质量保修书包括如下主要内容：

（1）质量保修范围

建筑法规定，建筑工程的保修范围应当包括地基基础工程、主体结构工程、屋面防水工程和其他土建工程，以及电气管线、上下水管线的安装工程，供热、供冷系统工程等项目。当然不同类型的建设工程，其保修范围有所不同。

（2）质量保修期限

建筑法规定，保修的期限应当按照保证建筑物合理寿命年限内正常使用，维护使用者合法权益的原则确定。

（3）承诺质量保修责任

主要是施工单位向建设单位承诺保修范围、保修期限和有关具体实施保修的措施，如保修的方法、人员及联络办法，保修答复和处理时限，不履行保修责任的罚则等。

需要注意的是，施工单位在建设工程质量保修书中，应当对建设单位合理使用建设工程有所提示。如果是因建设单位或用户使用不当或擅自改动结构、设备位置以及不当装修等造成质量问题的，施工单位不承担保修责任；由此而造成的质量受损或其他用户损失，应当由责任人承担相应的责任。

2. 建设工程质量的最低保修期限

（1）《建设工程质量管理条例》中的规定

《建设工程质量管理条例》规定，在正常使用条件下，建设工程的最低保修期限为：

1）基础设施工程、房屋建筑的地基基础工程和主体结构工程，为设计文件规定的该工程的合理使用年限；

2）屋面防水工程、有防水要求的卫生间、房间和外墙面的防渗漏，为5年；

3）供热与供冷系统，为2个采暖期、供冷期；

4）电气管线、给排水管道、设备安装和装修工程，为2年。

其他项目的保修期限由发包方与承包方约定。

（2）地基基础工程和主体结构的保修期

基础设施工程、房屋建筑的地基基础工程和主体结构工程的质量，直接关系到基础设施工程和房屋建筑的整体安全可靠，必须在该工程的合理使用年限内予以保修，即实行终身负责制。可以说，工程合理使用年限就是该工程勘察、设计、施工等单位的质量责任年限。

（3）屋面防水工程、供热与供冷系统等的最低保修期

在《建设工程质量管理条例》中，对屋面防水工程、供热与供冷系统、电气管线、给排水管道、设备安装和装修工程等的最低保修期限分别作出了规定。如果建设单位与施工单位经平等协商另行签订保修合同的，其保修期限可以高于法定的最低保修期限，但不能低于最低保修期限，否则视作无效。

建设工程保修期的起始日是竣工验收合格之日。按照《建设工程质量管理条例》的规定，建设行政主管部门或者其他有关部门发现建设单位在竣工验收过程中有违反国家有关建设工程质量管理规定行为的，责令停止使用，重新组织竣工验收。对于重新组织竣工验收的工程，其保修期为各方都认可的重新组织竣工验收的日期。

（4）建设工程超过合理使用年限后需要继续使用的规定

《建设工程质量管理条例》规定，建设工程在超过合理使用年限后需要继续使用的，产权所有人应当委托具有相应资质等级的勘察、设计单位鉴定，并根据鉴定结果采取加固、维修等措施，重新界定使用期。

各类工程根据其重要程度、结构类型、质量要求和使用性能等所确定的使用年限是不同的。确定建设工程的合理使用年限，并不意味着超过合理使用年限后，建设工程就一定要报废、拆除。对该建设工程经过具有相应资质等级的勘察、设计单位鉴定，提出技术加固措施，在设计文件中重新界定使用期，并经有相应资质等级的施工单位进行加固、维修和补强，达到能继续使用条件的可以继续使用。否则，如果违法继续使用的，所产生的后果由产权所有人负责。

9.4.2 质量责任的损失赔偿

《建设工程质量管理条例》规定，建设工程在保修范围和保修期限内发生质量问题的，施工单位应当履行保修义务，并对造成的损失承担赔偿责任。

1. 保修义务的责任落实与损失赔偿责任的承担

《最高人民法院关于审理建设施工合同适用法律问题的解释》规定，因保修人未及时履行保修义务，导致建筑物损毁或者造成人身、财产损毁的，保修人应当承担赔偿责任。保修人与建筑物所有人或者发包人对建筑物毁损均有过错的，各自承担相应的责任。

建设工程保修的质量问题是指在保修范围和保修期限内的质量问题。对于保修义务的承担和维修的经济责任承担应当按下述原则处理：

（1）施工单位未按照国家有关标准规范和设计要求施工所造成的质量缺陷，由施工单位负责返修并承担经济责任。

（2）由于设计问题造成的质量缺陷，先由施工单位负责维修，其经济责任按有关规定通过建设单位向设计单位索赔。

（3）因建筑材料、构配件和设备质量不合格引起的质量缺陷，先由施工单位负责维修，其经济责任属于施工单位采购的或经其验收同意的，由施工单位承担经济责任；属于建设单位采购的，由建设单位承担经济责任。

（4）因建设单位错误管理而造成的质量缺陷，先由施工单位负责维修，其经济责任由建设单位承担；如属监理单位责任，则由建设单位向监理单位索赔。

（5）因使用单位使用不当造成的损坏问题，先由施工单位负责维修，其经济责任由使用单位自行负责。

（6）因地震、台风、洪水等自然灾害或其他不可抗拒原因造成的损害问题，先由施工单位负责维修，建设参与各方再根据国家具体政策分担经济责任。

2. 建设工程质量保证金

2005 年，原建设部、财政部规定，建设工程质量保证金是指发包人与承包人在建设工程承包合同中约定，从应付的工程款中预留，用以保证承包人在缺陷责任期内对建设工程出现的缺陷进行维修的资金。

（1）缺陷责任期的确定

所谓缺陷，是指建设工程质量不符合工程建设强制性标准、设计文件，以及承包合同的约定。缺陷责任期一般为 6 个月、12 个月或 24 个月，具体可由发承包双方在合同中约定。

缺陷责任期从工程通过竣（交）工验收之日起计。由于承包人原因导致工程无法按规定期限进行竣（交）工验收的缺陷责任期从实际通过竣（交）工验收之日起计。由于发包人原因导致工程无法按规定期限进行竣（交）工验收的，在承包人提交竣（交）工验收报告 90 天后，工程自动进入缺陷责任期。

（2）预留保证金的比例

全部或者部分使用政府投资的建设项目，按工程价款结算总额 5% 左右的比例预留保证金。社会投资项目采用预留保证金方式的，预留保证金的比例可参照执行。

（3）质量保证金的返还

缺陷责任期内，承包人认真履行合同约定的责任，到期后，承包人向发包人申请返还保证金。

发包人在接到承包人返还保证金申请后，应于 14 日内会同承包人按照合同约定的内容进行核实。如无异议，发包人应当在核实后 14 日内将保证金返还给承包人。逾期支付的，从逾期之日起，按照同期银行贷款利率计付利息，并承担违约责任。发包人在接到承包人返还保证金申请后 14 天内不予答复，经催告后 14 日内仍不予答复，视同认可承包人的返还保证金申请。

发包人和承包人对保证金预留、返还以及工程维修质量、费用有争议，按承包合同约定的争议和纠纷解决程序处理。

9.4.3 法律责任

建设工程质量保修违法行为应承担的主要法律责任如下：

1.《建筑法》规定，建筑施工企业违反本法规定，不履行保修义务的责令改正，可以处以罚款，并对在保修期内因屋顶、墙面渗漏、开裂等质量缺陷造成的损失，承担赔偿责任。

2.《建设工程质量管理条例》规定，施工单位不履行保修义务或者拖延履行保修义务的责令改正，处 10 万元以上 20 万元以下的罚款，并对在保修期内因质量缺陷造成的损失承担赔偿责任。

3.《建设工程质量保证金管理暂行办法》规定，缺陷责任期内，由承包人原因造成的缺陷，承包人应负责维修，并承担鉴定及维修费用。如承包人不维修也不承担费用，发包人可按合同约定扣除保证金，并由承包人承担违约责任。承包人维修并承担相应费用后，不免除对工程的一般损失赔偿责任。

4.《建筑业企业资质管理规定》规定，建筑业企业申请晋升资质等级或者主项资质以外的资质，在申请之日前 1 年内有未履行保修义务，造成严重后果的情形的，建设行政主管部门不予批准。

9.5 案 例 分 析

【案例 9-1】

1. 背景

2012 年 3 月，承包商甲通过招标获得了某单位家属楼工程，后经发包单位同意，承包商甲将该家属楼的附属工程分包给杨某负责的工程队，并签订了分包合同。1 年后，工程按期完成。但是，经工程质量监督机构检验发现，该家属楼附属工程存在严重的质量问题。发包单位便要求承包商甲承担责任。承包商甲却称该附属工程系经发包单位同意后分包给杨某负责的工程队，所以与己无关。发包单位又找到了分包人杨某，杨某亦以种种理由拒绝承担工程的质量责任。

2. 问题

（1）承包商甲是否应该对该家属楼附属工程的质量负责？

（2）该质量问题应该如何解决？

3. 分析

（1）根据《建筑法》、《建筑工程质量管理条例》的规定，总承包单位应当对承包工程的质量负责，分包单位应当就分包工程的质量向总承包单位负责，总承包单位与分包单位对分包工程的质量承担连带责任。因此，承包商甲应该对该家属楼附属工程的质量负责。

（2）分包人杨某分包的该家属楼附属工程完工后，经检验发现存在严重的质量问题，根据《建筑工程质量管理条例》、《合同法》的规定应当负责返修。发包人有权要求杨某的工程队或承包商甲对该家属楼附属工程履行返修义务。如果是承包商甲进行返修，在返修后有权向杨某的工程队进行追偿。此外，如果因为返修而造成逾期交付的，依据《合同法》的规定，承包商甲与杨某的工程队还应当向发包人承担违约的连带责任。对本案中杨某的工程队还应当查有无相应的资质证书，如无，则应依据《建筑法》等定为违法分包，由政府主管部门依法做出处罚。

【案例 9-2】

1. 背景

2011 年 3 月 5 日，山东某制药公司与某施工单位签订了一份"建设工程施工承包合同"，双方约定由该施工单位承包制药公司的提取车间等 1 万多平方米的建筑工程土建及配套附属工程。之后，施工单位不严格按设计图纸施工，且偷工减料。为此，制药公司曾多次向施工单位提出：对于工程质量不符合要求的部位要求返工处理。施工单位只是口头上承诺，但没有实际行动。2011 年 9 月 25 日，经质量监督机构检查并做出了"关于山东某制药有限公司提取车间的工程质量报告"。该报告称，经现场随机抽查，施工单位有明显的偷工减料行为，以上问题的存在影响了设备工艺的使用功能。

2. 问题

（1）施工单位有哪些违法行为？

（2）对施工单位的违法行为应该怎样处理？

3. 分析

（1）施工单位主要过错如下：①施工单位工程质量意识差，对施工质量没有认真负起责任，违反了《建设工程质量管理条例》第 26 条规定："施工单位对建设工程的施工质量负责。"②施工单位不严格按设计图纸施工、偷工减料等行为，违反了《建设工程质量管理条例》第 28 条规定："施工单位必须按照工程设计图纸和施工技术标准施工，不得擅自修改工程设计，不得偷工减料。"③施工单位对于部分工程质量不符合要求的事实，一直不做返修处理，违反了《建设工程质量管理条例》第 32 条规定："对施工中出现质量问题的建设工程或者竣工验收不合格的建设工程，应当负责返修。"

（2）对施工单位应作如下处理：根据《建筑法》第 74 条、《建设工程质量管理条例》第 64 条的规定，施工单位在施工中偷工减料的、使用不合格的建筑材料、建筑构配件和设备的，或者有不按照工程设计图纸或者施工技术标准施工的其他行为的，责令改正，处工程合同价款 2% 以上 4% 以下的罚款；造成建设工程质量不符合规定的质量标准的，负责返工、修理，并赔偿因此造成的损失；情节严重的，责令停业整顿，降低资质等级或者吊销资质证书。构成犯罪的，依法追究刑事责任。

据此，当地的建设行政主管部门应该根据处罚权限，责令施工单位对其违法行为立即整改，并在工程合同价款 2% 以上 4% 以下处以适当罚款；对于本案例中的"提取车间"工程质量不符合规定质量标准的，责令施工单位负责返修，并赔偿因此而造成的损失。如果情节严重的，可以责令其停业整顿，由颁发资质证书的机关降低资质等级或者吊销资质证书；构成犯罪的，可以提请司法机关依法追究刑事责任。

【案例 9-3】

1. 背景

某机床厂在同一厂区建设第二个大型厂房时，为了节省投资，决定不做勘察，便将 4 年前为第一个大型厂房做的勘察成果提供给设计院作为设计依据，让其设计新厂房。设计院不同意。但是，在该工厂的一再坚持下最终设计院妥协，答应使用旧的勘察成果。厂房建成后使用一年多就发现其北墙墙体多处开裂。该工厂一纸诉状将施工单位告上法庭，请求判定施工单位承担工程质量责任。

2. 问题

（1）本案中的质量责任应当由谁承担？

（2）工程中设计方是否有过错？违反了什么规定？

3. 分析

（1）本案中的墙体开裂，经检测发现是设计方案对地基处理不当引起厂房不均匀沉陷所致。《建筑法》第 54 条规定："建设单位不得以任何理由，要求建筑设计单位或者建筑施工企业在工程设计或者施工作业中，违反法律、行政法规和建筑工程质量、安全标准，降低工程质量。"该工厂为节省投资，坚持不做勘察，只向设计单位提供旧的勘察成果，违反了法律规定，对该工程的质量应该承担主要责任。

（2）设计方也有过错。《建筑法》第 54 条还规定，建筑设计单位和建筑施工企业对建设单位违反规定提出的降低工程质量的要求，应当予以拒绝。《建设工程质量管理条例》第 21 条规定："设计单位应当根据勘察成果文件进行建设工程设计。"因此，设计单位尽管开始不同意建设单位的做法，但后来没有坚持原则做了妥协，也应该对工程设计承担质量责任。

（3）法庭经审理，认定该工程的质量责任由该工厂承担主要责任，由设计方承担次要责任。

【案例 9-4】

1. 背景

某施工单位承接了一栋办公楼的施工任务。在进行二层楼面板施工时，施工单位在楼面钢筋、模板分项工程完工并自检后，准备报请监理方进行钢筋隐蔽工程验收。由于其楼面板钢筋中有一种用量较少（100kg）的钢筋复检结果尚未出来，监理方的隐蔽验收便未通过。因为建设单位要求赶工期，在建设单位和监理方同意的情况下，施工单位浇筑了混凝土，进行了钢筋隐蔽。事后建设工程质量监督机构要求施工单位破除楼面，进行钢筋隐蔽验收。监理单位也提出同样的要求。与此同时，待检的少量钢筋复检结果显示钢筋质量不合格。显然，该钢筋隐蔽工程存在质量问题。后经设计验算，提出用碳纤维进行楼面加固，造成直接经济损失约100万元。为此，有关方对损失的费用由谁承担发生了争议。

2. 问题

(1) 施工单位有何过错？

(2) 用碳纤维进行楼面加固的费用应由谁来承担？

3. 分析

(1)《建设工程质量管理条例》第30条规定："施工单位必须建立、健全施工质量的检验制度，严格工序管理，作好隐蔽工程的质量检查和记录。隐蔽工程在隐蔽前，施工单位应当通知建设单位和建设工程质量监督机构。"显然，对于隐蔽工程，施工单位必须做好检查、检验和记录，并应当及时发出隐蔽通知。本案中，有一种钢筋复检结果尚未出来，应当还处于自检阶段，不具备隐蔽通知的条件。违反了《建筑工程质量管理条例》的规定，绕开了建设工程质量监督机构的监督，所以施工单位是有严重过错的。

(2) 用碳纤维进行楼面加固是对钢筋隐蔽工程有质量问题的补救措施，应该由责任者承担加固的费用。具体而言，施工单位没有按照规定坚持原则，在建设单位和监理单位同意的情况下就进行了钢筋隐蔽，所以应该承担主要责任。建设单位敦促赶工期并和监理单位同意施工单位违规操作，也有一定的过错，也应当承担一定的责任。具体费用的负担，应当按照责任的大小分别来承担。

【案例 9-5】

1. 背景

2010年4月，某大学为建设学生公寓，与某建筑公司签订了一份建设工程合同。合同约定：工程采用固定总价合同形式，主体工程和内外承重砖一律使用国家标准砌块，每层加水泥圈梁；某大学可预付工程款（合同价款的10%）；工程的全部费用于验收合格后一次付清；交付使用后，如果在6个月内发生严重质量问题，由承包人负责修复等。1年后，学生公寓如期完工，在某大学和某建筑公司共同进行竣工验收时，某大学发现工程3～5层的内承重墙体裂缝较多，要求某建筑公司修复后再验收，某建筑公司认为不影响使用而拒绝修复。因为很多新生急待入住，某大学接收了宿舍楼。在使用了8个月之后，公寓楼5层宿舍的内承重墙倒塌，致使1人死亡，3人受伤，其中1人致残。受害者与某大学要求某建筑公司赔偿损失，并修复倒塌工程。某建筑公司以使用不当且已过保修期为由拒绝赔偿。无奈之下，受害者与某大学诉至法院，请法院主持公道。

2. 问题

这种情况法院该如何处理？

3. 分析

法院在审理期间对工程事故原因进行了鉴定，鉴定结论为某建筑公司偷工减料致宿舍楼内承重墙倒塌。因此，法院对某建筑公司以保修期已过为由拒绝赔偿的主张不予支持，判决某建筑公司应当向受害者承担损害赔偿责任，并负责修复倒塌的部分工程。

根据《建设工程质量管理条例》第四十条规定，基础设施工程、房屋建筑的地基基础工程、主体结构工程，为设计文件规定的该工程的合理使用年限。屋面防水工程、有防水要求的卫生间、房间和外墙面的防渗漏为5年。供热与供冷系统为2个采暖期、供冷期。电器管线、给排水管道、设备安装和装修工程为2年。其他项目的保修期限由发包方与承包方约定。建设工程的保修期，由竣工验收合格之日起计算。

根据上述法律规定，建设工程的保修期限不能低于国家规定的最低保修期限，其中对地基基础工程、主体结构工程实际规定为终身保修。

在本案中，某大学与某建筑公司虽然在合同中双方约定保修期限为 6 个月，但这一期限远远低于国家规定的最低期限，尤其是承重墙属主体结构，其最低保修期限依法应终身保修。双方的质量期限条款违反了国家强制性法律规定，因此是无效的。某建筑公司应当向受害者承担损害赔偿责任。承包人损害赔偿责任的内容应当包括：医疗费、因误工减少的收入、残废者生活补助费等。造成受害人死亡的，还应支付丧葬费、抚恤费、死者生前抚养的人必要的生活费用等。此外，某建筑公司在施工中偷工减料，造成质量事故，有关主管部门应当依照《建筑法》第七十四条的有关规定对其进行法律制裁。

本 章 小 结

工程质量验收是工程质量控制的一个重要环节，做好质量验收工作对保证整个工程的质量至关重要。建设工程质量责任制涵盖了多方主体的质量责任制，施工单位是工程建设的重要责任主体之一。由于施工阶段影响质量稳定的因素和涉及的责任主体均较多，协调管理的难度较大，施工阶段的质量责任制度尤为重要。除施工单位外，还有建设单位，勘察、设计单位，工程监理单位的质量责任制。

建筑工程的竣工验收是项目建设全过程的最后一道程序，是对工程质量实施控制的一个重要环节。交付竣工验收的工程，必须符合规定的工程质量标准，有完整的工程技术经济资料和经签署的工程保修书，并具备国家规定的其他竣工条件。工程竣工验收合格后，方可交付使用；未经验收或者验收不合格的，不得交付使用。

质量保修制度，指工程交付使用后的一定期限内发现的工程质量缺陷，由施工单位承担修复责任的制度。《建筑工程质量管理条例》、《房屋建筑质量保修办法》等法规，对质量保修的范围、期限、实施、保修费用的承担等方面均做出了明确的规定。

思 考 与 练 习 题

思考题

1. 施工单位的质量责任有哪些？

2. 建设单位、监理的质量责任有哪些？

3. 简述我国的竣工验收备案管理制度。

4. 简述工程质量保修的范围和最低保修期限。

5. 工程在保修期内出现质量缺陷时如何实施保修？

6. 简述工程质量保修费用的分担原则。

练习题

单项选择

1.《建筑工程质量管理条例》规定，施工单位在施工中偷工减料的，使用不合格的建筑材料、建筑构配件和设备的，或者有不按照工程设计图纸或者施工技术标准施工的其他行为的，责令改正，处工程合同价款（　　）的罚款。

    A. 1%～2%　　　　　　B. 2%～4%　　　　　　C. 4%～5%　　　　　　D. 5%～6%

2. 对于依法应当进行消防验收的建设工程，未经消防验收或者消防验收不合格，擅自投入使用的，

《消防法》规定，由公安机关消防机构责令停止施工、停止使用或者停产停业，并处（　　）罚款。

A. 5 万元以上 10 万元以下

B. 3 万元以上 30 万元以下

C. 10 万元以上 20 万元以下

D. 30 万元以上 50 万元以下

3. 《房屋建筑工程和市政基础设施工程实行见证取样和送检的规定》中规定，涉及结构安全的试块、试件和材料见证取样和送检的比例不得低于有关技术标准中规定应取样数量的（　　）。

A. 10%　　　　　B. 20%　　　　　C. 30%　　　　　D. 40%

4. 建设单位应当自工程竣工验收合格之日起（　　）内，按照规定向工程所在地的县级以上地方人民政府建设行政主管部门（以下简称备案机关）备案。

A. 5 日　　　　　B. 10 日　　　　　C. 15 日　　　　　D. 20 日

5. 《民用建筑节能条例》规定，建设单位对不符合民用建筑节能强制性标准的民用建筑项目出具竣工验收合格报告的，由县级以上地方人民政府建设主管部门责令改正，处民用建筑项目合同价款（　　）的罚款。

A. 2%以上 4%以下的罚款

B. 3%以上 4%以下的罚款

C. 1%以上 4%以下的罚款

D. 4%以上 8%以下的罚款

多项选择

1. 建设单位办理工程质量监督手续，应提供（　　）等文件和资料。

A. 工程规划许可证

B. 设计单位资质等级证书

C. 监理单位资质等级证书，监理合同及《工程项目监理登记表》

D. 施工单位资质等级证书及营业执照副本

E. 工程勘察设计文件

2. 县级以上人民政府建设行政主管部门和其他有关部门履行监督检查职责时，有权采取（　　）措施。

A. 要求被检查的单位提供有关工程质量的文件和资料

B. 进入被检查单位的施工现场进行检查

C. 发现有影响工程质量问题时，责令改正

D. 限期停产

3. 工程技术档案和施工管理资料是工程竣工验收和质量保证的重要依据之一，主要包括（　　）档案和资料。

A. 工程项目竣工报告

B. 分项、分部工程和单位工程技术人员名单

C. 图纸会审和设计交底记录

D. 设计变更通知单，技术变更核实单

E. 工程质量事故发生后调查和处理资料

F. 竣工图

4. 工程竣工验收报告还应附有（　　）文件。

A. 建设用地许可证

B. 施工图设计文件审查意见

C. 竣工验收条件所规定的文件

D. 验收组人员签署的工程竣工验收意见

E. 市政基础设施工程应附有质量检测和功能性试验资料

F. 施工单位签署的工程质量保修书

5. 工程项目验收应重新组织建筑节能工程验收（　　）。

A. 验收组织机构不符合法规及规范要求的

B. 参加验收人员不具备相应资格的

C. 参加验收各方主体验收意见不一致的

D. 验收程序和执行标准不符合要求的

E. 各方提出的问题未整改完毕的

6. 对于依法应当进行消防验收的建设工程，未经消防验收或者消防验收不合格，擅自投入使用的，《消防法》规定(　　　)。

A. 由公安机关消防机构责令停止施工、停止使用或者停产停业

B. 并处 3 万元以上 30 万元以下罚款

C. 明示或者暗示设计单位或者施工单位违反工程建设强制性标准，降低工程质量的

D. 施工图设计文件未经审查或者审查不合格的，擅自施工的

教学单元 10　环境保护等有关工程建设的其他法规

[知识目标] 掌握工程建设中的环境保护管理制度和噪声、大气、水、固体废物的环保规定及防治措施；掌握工程建设中采取的消防安全措施，熟悉工程建设中的档案管理和保险制度的主要内容。

[能力目标] 能够按照法规中的环境保护要求、建设工程消防要求、工程档案管理、保险制度等法规基本知识解决相关法律问题，依法从事工程建设活动。

10.1　工程建设中的环境保护法规

10.1.1　建设项目环境保护制度

环境保护是我国的一项基本国策。建设项目消耗大量资源，排放大量的废水、废气、废渣以及产生噪声，影响周围环境。目前，我国制定的关于环境保护的主要法律法规有最新版 2015 年 1 月 1 日起实施的《中华人民共和国环境保护法》，还有《中华人民共和国环境影响评价法》，《中华人民共和国水污染防治法》，《中华人民共和国大气污染防治法》，《中华人民共和国固体废物污染防治法》，《建设项目环境保护管理条例》，《建设项目竣工环境保护验收管理办法》等。

1. 建设项目环境影响评价制度

（1）建设项目环境影响评价的概念

环境影响评价是指对规划和建设项目实施后可能造成的环境影响进行分析、预测和评估，提出预防或者减轻不良环境影响的对策和措施，进行跟踪监测的方法与制度。

（2）对建设项目的环境影响评价实行分类管理

建设单位应当按照下列规定组织编制环境影响评价文件：可能造成重大环境影响的，应当编制环境影响报告书，对产生的环境影响进行全面评价；可能造成轻度环境影响的，应当编制环境影响报告表，对产生的环境影响进行分析或者专项评价；对环境影响很小、不需要进行环境影响评价的应当填报环境影响登记表。

（3）环境影响报告书的基本内容

建设项目的环境影响报告书应当包括建设项目概况及周围环境现状；建设项目对环境可能造成影响的分析、预测和评估；环境保护措施及其技术、经济论证；对环境影响的经济损益分析；对建设项目实施环境监测的建议；环境影响评价的结论等内容。

（4）建设项目环境影响评价机构与文件审批管理

1）接受委托为建设项目环境影响评价提供技术服务的机构，应当经国务院环境保护行政主管部门考核审查合格后，颁发资质证书，按照资质证书规定的等级和评价范围，从事环境影响评价服务，并对评价结论负责。

2）建设项目的环境影响评价文件，由建设单位按照国务院的规定报有审批权的环境保护行政主管部门审批；建设项目有行业主管部门的，其环境影响报告书或者环境影响报告表应当经行业主管部门预审后，报有审批权的环境保护行政主管部门审批。

建设项目的环境影响评价文件经批准后，建设项目的性质、规模、地点、采用的生产工艺或者防治污染、防止生态破坏的措施发生重大变动的，建设单位应当重新报批建设项目的环境影响评价文件。

2. 环境保护"三同时"制度

建设项目需要配套建设的环境保护设施，必须与主体工程实施"三同时制度"，即同时设计、同时施工、同时投产使用。

建设项目竣工后，建设单位应当向审批该建设项目环境影响报告书、环境影响报告表或者环境影响登记表的环境保护行政主管部门，申请该建设项目需要配套建设的环境保护设施竣工验收。环境保护设施竣工验收，应当与主体工程竣工验收同时进行。环境保护行政主管部门应当自收到环境保护设施竣工验收申请之日起 30 日内，完成验收。建设项目需要配套建设的环境保护设施经验收合格，该建设项目方可正式投入生产或者使用。

10.1.2　其他有关环保规定及防治措施

《建筑法》规定，建筑施工企业应当遵守有关环境保护和安全生产的法律、法规的规定，采取控制和处理施工现场的各种粉尘、废气、废水、固体废物以及噪声、振动对环境的污染和危害的措施。

《建设工程安全生产管理条例》进一步规定，施工单位应当遵守有关环境保护法律、法规的规定，在施工现场采取措施，防止或者减少粉尘、废气、废水、固体废物、噪声、振动和施工照明对人和环境的危害和污染。

1. 施工现场噪声污染防治

环境噪声，是指在工业生产、建筑施工、交通运输和社会生活中所产生的干扰周围生活环境的声音。环境噪声污染，则是指产生的环境噪声超过国家规定的环境噪声排放标准，并干扰他人正常生活、工作和学习的现象。

在工程建设领域，环境噪声污染的防治主要包括两个方面：一是建设项目环境噪声污染的防治；二是施工现场环境噪声污染的防治。前者主要是解决建设项目建成后使用过程中可能产生的环境噪声污染问题，后者则是要解决建设工程施工过程中产生的施工噪声污染问题。

（1）建设项目环境噪声污染的防治

《环境噪声污染防治法》规定，新建、改建、扩建的建设项目，必须遵守国家有关建设项目环境保护管理的规定。

建设项目的环境噪声污染防治设施必须与主体工程同时设计、同时施工、同时投产使用。例如，建设经过已有的噪声敏感建筑物集中区域的高速公路和城市高架、轻轨道路，有可能造成环境噪声污染的，应当设置声屏障或者采取其他有效的控制环境噪声污染的措施；在已有的城市交通干线的两侧建设噪声敏感建筑物的，建设单位应当按照国家规定间隔一定距离，并采取减轻、避免交通噪声影响的措施等。

建设项目在投入生产或者使用之前，其环境噪声污染防治设施必须经原审批环境影响报告书的环境保护行政主管部门验收；达不到国家规定要求的，该建设项目不得投入生产或者使用。

（2）施工现场环境噪声污染的防治

施工噪声，是指在建设工程施工过程中产生的干扰周围生活环境的声音。在城市人口稠密地区的建设工程施工中产生的噪声污染，不仅影响周围居民的正常生活，而且损害城市的环境形象。施工单位与周围居民因噪声而引发的纠纷也时有发生，群众投诉日渐增多。因此，应当依法加强施工现场噪声管理，采取有效措施防治施工噪声污染。

1）排放建筑施工噪声应当符合建筑施工场界环境噪声排放标准

按照《建筑施工场界噪声限值》GB 12523—2008 的规定：土石方施工阶段（主要噪声源为推土机、挖掘机、装载机等），噪声限值是昼间 75dB，夜间 55dB；打桩施工阶段（主要噪声源为各种打桩机等），噪声限值是昼间 85dB，夜间禁止施工；结构施工阶段（主要噪声源为混凝土施工、振捣棒、电锯等），噪声限值是昼间 70dB，夜间 55dB；装修施工阶段（主要噪声源为吊车、升降机等），噪声限值是昼间 62dB，夜间 35dB。所谓夜间，是指晚 22 点至早 6 点之间的期间。

2）使用机械设备可能产生环境噪声污染的申报

《环境噪声污染防治法》规定，在城市市区范围内，建筑施工过程中使用机械设备，可能产生环境噪声污染的，施工单位必须在工程开工 15 日以前向工程所在地县级以上地方人民政府环境保护行政主管部门申报该工程的项目名称、施工场所和期限、可能产生的环境噪声值以及所采取的环境噪声污染防治措施的情况。

（3）禁止夜间进行产生环境噪声污染施工作业的规定

《环境噪声污染防治法》规定，在城市市区噪声敏感建筑物集中区域内，禁止夜间进行产生环境噪声污染的建筑施工作业，但抢修、抢险作业和因生产工艺上的要求或者特殊需要必须连续作业的除外。因特殊需要必须连续作业的，必须有县级以上人民政府或者其有关主管部门的证明。以上规定的夜间作业，必须公告附近居民。

所谓噪声敏感建筑物集中区域，是指医疗区、文教研究区和以机关或者居民住宅为主的区域。所谓噪声敏感建筑物，是指医院、学校、机关、科研单位、住宅等需要保持安静的建筑物。

2. 施工现场废气污染防治的规定

施工现场大气污染的防治，重点是防治扬尘污染。对于扬尘控制，原建设部《绿色施工导则》中规定：

（1）运送土方、垃圾、设备及建筑材料等，不污损场外道路。运输容易散落、飞扬、流漏的物料的车辆，必须采取措施封闭严密，保证车辆清洁。施工现场出口应设置洗车槽。

（2）土方作业阶段，采取洒水、覆盖等措施，达到作业区目测扬尘高度小于 1.5m，不扩散到厂区外。

（3）对易产生扬尘的堆放材料应采取覆盖措施；对粉末状材料应封闭存放；场区内可能引起扬尘的材料及建筑垃圾搬运应有降尘措施，如覆盖、洒水等；浇筑混凝土前清理灰尘和垃圾时尽量使用吸尘器，避免使用吹风器等易产生扬尘的设备；机械剔凿作业时可用局部遮挡、掩盖、水淋等防护措施；高层或多层建筑清理垃圾应搭设封闭性临时专用道或采用容器吊运。

（4）构筑物爆破拆除前，做好扬尘控制计划。可采用清理积尘、淋湿地面、预湿墙体、屋面铺水袋、楼面蓄水、建筑外设高压喷雾状水系统、搭设防尘排栅和直升机投水弹等综合降尘，选择风力小的天气进行爆破作业等。

10.1.3 施工现场水污染防治的规定

1.《水污染防治法》规定

排放水污染物，不得超过国家地方规定的水污染物排放标准和重点水污染物排放总量控制指标。

（1）禁止向水体排放油类、酸液、碱液或者剧毒废液。禁止在水体清洗装贮过油类或者有毒污染物的车辆和容器。禁止向水体排放、倾倒放射性固体废物或者含有高放射性和中放射性物质的废水。

（2）禁止向水体排放、倾倒工业废渣、城镇垃圾和其他废弃物。禁止将含有汞、镉、砷、铬、铅、氰化物、黄磷等可溶性剧毒废渣向水体排放、倾倒或者直接埋入地下。存放可溶性剧毒废渣的场所，应当采取防水、防渗漏、防流失的措施。禁止江河、湖泊、运河、渠道、水库最高水位线以下的滩地和岸坡堆放、存贮固体废弃物和其他污染物。

（3）在饮用水水源保护区内，禁止设置排污口。在风景名胜区水体、重要渔业水体和其他具有特殊经济文化价值的水体的保护区内，不得新建排污口。在保护区附近新建排污口，应当保证保护区水体不受污染。

（4）禁止利用渗井、渗坑、裂隙和溶洞排放、倾倒含有毒污染物的废水、含病原体的污水和其他废弃物。禁止利用无防渗漏措施的沟渠、坑塘等输送或者存贮含有毒污染物的废水、含病原体的污水和其他废弃物。

（5）兴建地下工程设施或者进行地下勘探、采矿等活动，应当采取防护措施，防止地下水污染。人工回灌补给地下水，不得恶化地下水质。

2. 施工现场水污染防治

原建设部《绿色施工导则》规定，水污染防治措施有：（1）施工现场污水排放应达到国家标准《污水综合排放标准》GB 8978—1996 的要求。（2）在施工现场应针对不同的污染水，设置相应的处理设施，如沉淀地、隔油地、化粪池等。（3）污水排放应委托有资质的单位进行废水水质检测，提供相应的污水检测报告。（4）保护地下水环境，采用隔水性能好的边坡支护技术，在缺水地区或地下水位持续下降的地区，基坑降水尽可能少地抽取地下水。当基坑开挖抽水量大于 50 万 m³ 时，应进行水回灌，并避免地下水被污染。（5）对于化学品等有毒材料、油料的储存地，应有严格的隔水层设计，做好渗漏液收集和处理。

10.1.4 施工现场固体废物污染防治的规定

施工现场的固体废物主要是建筑垃圾和生活垃圾。固体废物又分为一般固体废物和危险废物。所谓危险废物，是指列入国家危险废物名录或者根据国家规定的危险废物鉴别标准和鉴别方法认定的具有危险特性的固体废物。

1. 一般固体废物的防治

（1）收集、贮存、运输、利用、处置固体废物的单位和个人，必须采取防扬散、防渗漏、防流失或者其他防治污染环境的措施；不得擅自倾倒、堆放、丢弃、遗撒固体废物。禁止任何单位或者个人向江河、湖泊、运河、渠道、水库及其最高水位线以下的滩地和岸坡等法律、法规规定禁止倾倒、堆放废弃物的地点倾倒、堆放固体废物。

（2）工程施工单位应当及时清运工程施工过程中产生的固体废物，并按照环境卫生行政主管部门的规定进行利用或者处置。

2. 关于危险废物污染环境的防治的特别规定

（1）对危险废物的容器和包装物以及收集、贮存、运输、利用、处置危险废物的设施、场所，必须设置危险废物识别标志。以填埋方式处置危险废物不符合国务院环境保护行政主管部门规定的，应当缴纳危险废物排污费。危险废物排污费用于污染环境的防治，不得挪作他用。

（2）禁止将危险废物提供或者委托给无经营许可证的单位从事收集、贮存、运输、利用、处置的经营活动。运输危险废物，必须采取防治污染环境的措施，并遵守国际有关危险货物运输管理的规定。禁止将危险废物与旅客在同一运输工具上载运。

（3）收集、贮存、运输、利用、处置危险废物的设施、场所、设备和容器、包装物及其他物品转作他用时，必须经过消除污染的处理，方可使用。

（4）产生、收集、贮存、运输、利用、处置危险废物的单位，应当制定意外事故的防范措施和应急预案，并向所在地县级以上地方人民政府环境保护行政主管部门备案；环境保护行政主管部门应当进行检查。因发生事故或者其他突发性事件，造成危险废物严重污染环境的单位，必须立即采取措施消除或者减轻对环境的污染危害，及时通报可能受到污染危害的单位和居民，并向所在地县级以上地方人民政府环境保护行政主管部门报告，接受调查处理。

3. 施工现场固体废物的减量化和回收再利用

《绿色施工导则》规定，制定建筑垃圾减量化计划，如住宅建筑，每万平方米的建筑垃圾不宜超过 400 吨。

加强建筑垃圾的回收再利用，力争建筑垃圾的再利用和回收率达到 30%，建筑物拆除产生的废弃物的再利用和回收率大于 40%。对于碎石类，土石方类建筑垃圾，可采用地基填埋、铺路等方式提高再利用率，力争再利用率大于 50%。施工现场生活区设置封闭式垃圾容器，施工场地生活垃圾实行袋装化，及时清运。对建筑垃圾进行分类，并收集到现场封闭式垃圾站，集中运出。

10.2 消防法规相关内容

《中华人民共和国消防法》由中华人民共和国第十一届全国人民代表大会常务委员会第五次会议于 2008 年 10 月 28 日修订通过，自 2009 年 5 月 1 日起施行。立法的目的在于预防火灾和减少火灾危害，保护公民人身、公共财产和公民财产的安全，维护公共安全。其中含有涉及工程建设活动的规定，工程建设从业人员应当熟悉这些相关规定。

消防工作应当贯彻预防为主、防消结合的原则，并实行防火安全责任制。国务院公安部门对全国的消防工作实施监督管理，县级以上地方各级人民公安机关对行政区域内的消防工作实施监督管理，并由本级人民政府公安机关消防机构负责实施。

任何单位、个人都有维护消防安全、保护消防设施、预防火灾、报告火灾、报告火警的义务。任何单位、成年公民都有参加有组织的灭火工作的义务。各级人民政府应当经常进行消防宣传教育，提高公民的消防意识。

10.2.1 建设工程消防的设计审核与竣工验收

1. 建设工程消防的设计审核

按照国家工程建筑消防技术标准需要进行设计的建筑工程，设计单位应当按照国家工程建筑消防技术标准进行设计，建设单位应当将建筑工程消防设计图纸及有关资料报送公安消防机构审核；未经审核或者经审核不合格的，建设行政主管部门不得发给施工许可证，建设单位不得施工。

经公安消防机构审核的建筑工程消防设计需要变更的，应当报经原审核的公安消防机构核准；未经核准的，任何单位和个人不得变更。

2. 建设工程消防的竣工验收

（1）按照国家工程建筑消防技术标准进行消防设计的建筑工程竣工时，必须经公安消防机构进行消防验收；未经验收或者经验收不合格的，不得投入使用。

（2）建筑构件和建筑材料的防火性能必须符合国家标准或者行业标准。公共场所室内装修、装饰根据国家工程建设消防技术标准的规定，应当使用不燃、难燃材料的，必须选用依照《中华人民共和国产品质量法》等法律、法规确定的检验机构检验合格的材料。

10.2.2 工程建设中采取的消防安全措施

1. 机关、团体、企业、事业单位应当履行下列消防安全职责

（1）制定消防安全制度、消防安全操作规程。

（2）实行防火安全责任制，确定本单位和所属各部门、岗位的消防安全责任人。

（3）针对本单位的特点对职工进行消防宣传教育。

（4）组织防火检查，及时消除火灾隐患。

（5）按照国家有关规定配备消防设施和器材、设置消防安全标志，并定期组织检验、维修，确保消防设施和器材完好、有效。

（6）保障疏散通道、安全出口畅通，并设置符合国家规定的消防安全疏散标志。

2. 在设有车间或者仓库的建筑物内，不得设置员工集体宿舍

在设有车间或者仓库的建筑物内，已经设置员工集体宿舍的，应当限期加以解决。对于暂时确有困难的，应当采取必要的消防安全措施，经公安消防机构批准后，可以继续使用。

3. 易燃易爆危险物品的管理规定

生产、储存、运输、销售或者使用、销毁易燃易爆危险物品的单位、个人，必须执行国家有关消防安全的规定。

（1）生产易燃易爆危险物品的单位，对产品应当附有燃点、闪点、爆炸极限等数据的说明书，并且注明防火防爆注意事项。对独立包装的易燃易爆物品应当贴服危险品标签。

进入生产、储存易燃易爆危险品的场所，必须执行国家有关消防安全的规定。禁止非法携带易燃易爆危险物品进入公共场所或者乘坐公共交通工具。

（2）储存可燃物资仓库的管理，必须执行国家有关消防安全的规范。

上述"易燃易爆危险物品"，包括民用爆炸物品和易燃易爆化学物品。民用爆炸物品包括各种炸药、雷管、导火索、非电导爆系统、起爆药、岩石混凝土爆破剂、黑色火药、烟火剂、民用信导弹、烟花爆竹以及公安部认为需要管理的其他爆炸物品。易燃易爆化学物品系指国家标准《危险货物品名表》中以燃烧爆炸为主要特性的压缩气体、液化气体、

易燃液体、易燃固体、自燃物品、遇湿易燃物品和氧化剂、有机过氧化物以及毒害品、腐蚀品中部分易燃易爆化学物品。这类物品遇火或受到摩擦、撞击、震动、高热或者其他因素的影响，即可引起燃烧和爆炸，是火灾危险性极大的一类化学危险物品。

4. 禁止在具有火灾、爆炸危险的场所使用明火

因特殊情况需要使用明火作业的，应当按照规定事先办理审批手续；作业人员应当遵守消防安全规定，并采取相应的消防安全措施。

进行电焊、气焊等具有火灾危险的作业人员和自动消防系统的操作人员，必须持证上岗，并严格遵守消防安全操作规程。

5. 消防产品的质量必须符合国家标准或者行业标准

禁止生产、销售或者使用未经依照《产品质量法》的规定确定的检验机构检验合格的消防产品。禁止使用不符合国家标准或者行业标准的配件或者灭火剂维修消防设施和器材。公安消防机构及其工作人员不得利用职务为用户指定消防产品的销售单位和品牌。

6. 电器产品、燃气用具的质量必须符合国家标准或者行业标准

电器产品、燃气用具的安装、使用和线路、管路的设计、敷设，必须符合国家有关消防安全技术规定。

7. 消防设施、器材的管理规定

任何单位、个人不得损坏或者擅自挪用、拆除、停用消防设施、器材，不得埋压、圈占消火栓，不得占用防火间距，不得堵塞消防通道。

公用和城建等单位在修建道路以及停电、停水、截断通信线路时有可能影响消防队灭火救援的，必须事先通知当地公安消防机构。

10.2.3 消防组织与火灾救援

1. 消防组织

各级人民政府应根据经济和社会发展的需要，建立多种形式的消防组织，加强消防组织建设，增强扑救火灾的能力。

（1）专职消防队

城市人民政府应当按照国家规定的消防站建设标准建立公安消防队，承担火灾扑救工作。镇人民政府可以根据当地经济发展和消防工作需要，建立本职消防队、义务消防队，承担火灾扑救工作。另外，核电厂、民用机场、大型港口、生产易燃易爆危险物品的大型企业，应当建立本职消防队，距离当地公安消防队较远的列为国家重点文物保护单位的古建筑群的管理单位也应当建立本职消防队。

本职消防队的建立，应当符合国家有关规定，并报省级人民政府公安机关消防机构验收。

（2）义务消防队

机关、企业、事业单位以及乡村可以根据需要建立由职工或村民组成的义务消防队。公安消防机构应当对义务消防队进行业务指导。

2. 火灾救援

任何人发现火灾，都应当立即报警。任何单位、个人都应当无偿为报警提供便利，不得阻拦报警。严禁谎报火警。公共场所发生火灾时，该公共场所的现场工作人员有组织引导在场群众疏散的义务。发生火灾的单位必须立即组织力量扑救火灾。临近单位应当给予

支援。消防队接到火灾报警后，必须立即赶赴火场，救助遇险人员，排除险情，扑灭火灾。

公安消防机构在统一组织和指挥火灾的现场扑救时，火场总指挥员有权根据扑救火灾的需要规定下列事项：使用各种水源；截断电力可燃气体和液体的输送，限制用火用电；划定警戒区，实行局部交通管制；利用邻近建筑物和有关设施；为防止火灾蔓延、排除或者破损毗邻火场的建筑物、构筑物；调动供水、供电、医疗救护、交通运输等有关单位协助灭火救助。

扑救特大火灾时，有关地方人民政府应当组织有关人员调集所需物资支援灭火。消防车、消防艇以及消防器材、装备和设施，不得用于非消防和危险救援工作有关的事项。火灾扑灭后，公安消防机构有权根据需要封闭火灾现场，认定火灾原因，核定火灾损失，查明火灾事故责任。

10.3 档案法规相关内容

《中华人民共和国档案法》（以下简称《档案法》）于 1987 年 9 月 5 日第六届全国人民代表大会常务委员会第二十二次会议通过，1996 年 7 月 5 日第八届全国人民代表大会常务委员会第二十次会议对其进行了修正。

依据《档案法》，2001 年 3 月 5 日，原建设部，国家质量监督总局联合发布了《建设工程文件归档整理规范》GB/T 50328—2001。该规范适用于建设工程文件的归档整理以及建设工程档案的验收。

10.3.1 建设工程档案的种类

建设工程档案，是指在工程建设活动中直接形成的具有归档保存价值的文字、图表、声像等各种形式的历史记录。根据《建设工程文件归档整理规范》，应当归档的建设工程文件如下。

1. 工程准备阶段文件

工程准备阶段文件，指工程开工之前，在立项、审批、征地、勘察、设计、招投标等工程准备阶段形成的文件。主要包括：立项文件；建设用地、征地、拆迁文件；勘察、测绘、设计文件；招投标文件；开工审批文件；财务文件；建设、施工、监理机构及负责人名单等。

2. 监理文件

监理文件，指工程监理单位在工程监理过程中形成的文件。主要包括：监理规划；监理月报中的有关质量问题；监理会议纪要中的有关质量问题；进度控制文件；质量控制文件；造价控制文件；分包资质文件；监理通知；合同与其他事项管理文件；监理工作总结。

3. 施工文件

施工文件，指施工单位在工程施工过程中形成的文件。不同专业的工程对施工文件的要求不尽相同，一般包括：施工技术准备文件；施工现场准备文件；地基处理记录；工程图纸变更记录；施工材料、预制构件质量证明文件及复试试验报告；设备、产品质量检查、安装记录；施工试验记录、隐蔽工程检查记录；施工记录；工程质量事故处理记录；

工程质量检验记录。

4. 竣工图和竣工验收文件

竣工图是指工程竣工验收后，真实反映建设工程项目施工结果的图样。竣工验收文件是指建设工程项目竣工验收活动中形成的文件。竣工验收文件主要包括：工程竣工总结；竣工验收记录；财务文件；声像、缩微、电子档案。

10.3.2　建设工程档案的移交程序

1. 工程文件的归档范围

对与工程建设有关的重要活动、记载工程建设主要过程和现状、具有保存价值的各种载体的文件，均应收集齐全，整理立卷后归档。归档是指文件形成单位完成其工作任务后，将形成的文件整理立卷后，按规定移交档案管理机构。

归档的工程文件应为原件。工程文件的内容及其深度必须符合国家有关工程勘察、设计、施工、监理等方面的技术规范、标准和规程。

2. 工程文件归档的质量要求

归档文件必须完整、准确、系统，能够反映工程建设活动的全过程。归档的文件必须经过分类整理，并应组成符合要求的案卷。根据建设程序和工程特点，归档可以分阶段进行，也可以在单位或分部工程通过竣工验收后进行。勘察、设计单位应当在任务完成时，施工、监理单位应当在工程竣工，将各自形成的有关工程档案向建设单位归档。凡设计、施工及监理单位需要向本单位归档的文件，应按国家有关规定单独立卷归档。

勘察、设计、施工单位在收齐工程文件并整理立卷后，建设单位、监理单位应根据城建管理机构的要求对档案文件完整、准确、系统情况和案卷质量进行审查。审查合格后向建设单位移交。工程档案一般不少于两套，一套由建设单位保管，另一套（原件）移交当地城建档案馆（室）。勘察、设计、施工、监理等单位向建设单位移交档案时，应编制移交清单，双方签字、盖章后方可交接。

3. 参建单位向建设单位移交工程文件

（1）《建设工程文件归档整理规范》规定，建设、勘察、设计、施工、监理等单位将工程文件的形成和积累纳入工程建设管理的各个环节和有关人员的职责范围。建设单位在工程招标及与勘察、设计、监理等单位签订合同时，应对工程文件的套数、费用、质量、移交时间等提出明确要求。勘察、设计、施工、监理等单位应将本单位形成的工程文件立卷后向建设单位移交。

建设工程项目实行总承包的，总包单位负责收集、汇总各分包单位形成的工程档案，并应及时向建设单位移交；各分包单位应将本单位形成的工程文件整理、立卷后及时移交总包单位。建设工程项目由几个单位承包的，各承包单位负责收集、整理立卷其承包项目的工程文件，并应及时向建设单位移交。

（2）建设单位应当收集和整理工程准备阶段、竣工验收阶段形成的文件，并应进行立卷归档。建设单位还应当负责组织、监督和检查勘察、设计、施工、监理等单位的工程文件的形成、积累和立卷归档工作，并收集和汇总勘察、设计、施工、监理等单位立卷归档的工程档案。

其中案卷，指由互有联系的若干文件组成的档案保管单位。立卷，指按照一定的原则和方法，将有保存价值的文件分门别类地整理成案卷，也称组卷。

4. 建设单位向政府主管机构移交建设项目档案

《建设工程质量管理条例》第十七条规定："建设单位应当严格按照国家有关档案管理的规定，及时收集、整理建设项目各环节的文件资料，建立、健全建设项目档案，并在建设工程竣工验收后，及时向建设行政主管部门或者其他有关部门移交建设项目档案。"

（1）工程档案的预验收

列入城建档案馆（室）档案接收范围的工程，建设单位在组织工程竣工验收前，应提请城建档案管理机构对工程档案进行预验收。建设单位未取得城建档案管理机构出具的认可文件，不得组织工程竣工验收。

（2）档案管理部门的重点验收内容

城建档案管理部门在进行工程档案验收时，应重点验收以下内容：工程档案齐全、系统、完整；工程档案的内容真实、准确地反映工程建设活动和工程实际状况；工程档案已整理立卷，立卷符合规定；竣工图绘制方法、图示及规格等符合专业技术要求，图面整洁，盖有竣工图章；文件的形成、来源符合实际，要求单位或个人签章的文件，其签章手续完备；文件材质、幅面、书写、绘图、用墨、托裱等符合要求。

列入城建档案馆（室）接受范围的工程，建设单位在工程竣工验收后 3 个月内，必须向城建档案馆（室）移交一套符合规定的工程档案。

停建、缓建建设工程的档案，暂由建设单位保管。对改建、扩建和维修工程，建设单位应当组织设计、施工单位据实修改、补充和完善原工程档案。对改变的部件，应当重新编制工程档案，并在工程竣工验收后 3 个月内向城建档案馆（室）移交。

建设单位向城建档案馆（室）移交工程档案时，应办理移交手续，填写移交目录，双方签字、盖章后交接。

建设工程竣工验收后，建设单位未按规定移交建设工程档案的，依据《建设工程质量管理条例》第五十九条的规定，建设单位除应被责令改正外，还应当受到罚款的行政处罚。

10.3.3 重大建设项目档案验收

为加强重大建设项目档案管理工作，确保重大建设项目档案的完整、准确、系统和安全，根据《中华人民共和国档案法》和国家有关规定，2006 年 6 月 14 日国家档案局和国家发改委联合制定了《重大建设项目档案验收办法》。该办法对重大建设项目档案验收的组织、验收申请、验收要求作出了具体规定。

《重大建设项目档案验收办法》规定，项目建设单位（法人）应将项目档案工作纳入项目建设管理程序，与项目建设实行同步管理，建立项目档案工作领导责任制和相关人员岗位责任制。未经档案验收或档案验收不合格的项目，不得进行或通过项目的竣工验收。

1. 验收组织

（1）项目档案验收的组织

1）国家发展和改革委员会组织验收的项目，由国家档案局组织项目档案的验收。

2）国家发展和改革委员会委托中央主管部门（含中央管理企业，下同）、省级政府投资主管部门组织验收的项目。由中央主管部门档案机构、省级档案行政管理部门组织项目档案的验收，验收结果报国家档案局备案。

3）省以下各级政府投资主管部门组织验收的项目，由同级档案行政管理部门组织项目档案的验收。

4）国家档案局对中央主管部门档案机构、省级档案行政管理部门组织的项目档案验收进行监督、指导。项目主管部门、各级档案行政管理部门应当加强项目档案验收前的指导和咨询，必要时可组织预检。

（2）项目档案验收组的组成

1）国家档案局组织的项目档案验收，验收组由国家档案局、中央主管部门、项目所在地省级档案行政管理部门等单位组成。

2）中央主管部门档案机构组织的项目档案验收，验收组由中央主管部门档案机构及项目所在地省级档案行政管理部门等单位组成。

3）省级及省以下各级档案行政管理部门组织的项目档案验收，由档案行政管理部门、项目主管部门等单位组成。

4）凡在城市规划区范围内建设的项目，项目档案验收组成员应包括项目所在地的城建档案接收单位。

5）项目档案验收组人数为不少于5人的单数，组长由验收组织单位人员担任。必要时可邀请有关专业人员参加验收组。

2. 验收申请

项目建设单位（法人）应向项目档案验收组织单位报送档案验收申请报告，并填报《重大建设项目档案验收申请表》。项目档案验收组织单位应当在收到档案验收申请报告的10个工作日内作出答复。

（1）申请项目档案验收应具备的条件

申请项目档案验收应具备下列条件：项目主体工程和辅助设施已按照设计建成，能满足生产或使用的需要；项目试运行指标考核合格或者达到设计能力；完成了项目建设全过程文件材料的收集、整理与归档工作；基本完成了项目档案的分类、组卷、编目等整理工作。

项目档案验收前，项目建设单位（法人）应组织项目设计、施工、监理等方面负责人以及有关人员，根据档案工作的相关要求，依照《重大建设项目档案验收内容及要求》进行全面自检。

（2）项目档案验收申请报告的主要内容

项目档案验收申请报告的主要内容包括：项目建设及项目档案管理概况；保证项目档案的完整、准确、系统所采取的控制措施；项目文件材料的形成、收集、整理与归档情况，竣工图的编制情况及质量状况；档案在项目建设、管理、试运行中的作用；存在的问题及解决措施。

3. 验收要求

（1）项目档案验收会议

项目档案验收应在项目竣工验收3个月之前完成。项目档案验收以验收组织单位召集验收会议的形式进行。项目档案验收组全体成员参加项目档案验收会议，项目的建设单位（法人）、设计、施工、监理和生产运行管理或使用单位的有关人员列席会议。

项目档案验收会议的主要议程包括：项目建设单位（法人）汇报项目建设概况、项目档案工作情况；监理单位汇报项目档案质量的审核情况；项目档案验收组检查项目档案及档案管理情况；项目档案验收组对项目档案质量进行综合评价；项目档案验收组形成并宣布项目档案验收意见。

（2）档案质量的评价

检查项目档案，采用质询、现场查验、抽查案卷的方式。抽查档案的数量应不少于100卷，抽查重点为项目前期管理性文件、隐蔽工程文件、竣工文件、质检文件、重要合同、协议等。

项目档案验收应根据《国家重大建设项目文件归档要求与档案整理规范》DA/T28—2002，对项目档案的完整性、准确性、系统性进行评价。

（3）项目档案验收意见的主要内容

项目档案验收意见的主要内容包括：项目建设概况；项目档案管理情况，包括项目档案工作的基础管理工作，项目文件材料的形成、收集、整理与归档情况，竣工图的编制情况及质量，档案的种类、数量，档案的完整性、准确性、系统性及安全性评价，档案验收的结论性意见；存在问题、整改要求与建议。

（4）档案验收结果

项目档案验收结果分为合格与不合格。

1）项目档案验收组半数以上成员同意通过验收的为合格。项目档案验收合格的项目，由项目档案验收组出具项目档案验收意见。

2）项目档案验收不合格的项目，由项目档案验收组提出整改意见，要求项目建设单位（法人）于项目竣工验收前对存在的问题限期整改，并进行复查。复查后仍不合格的，不得进行竣工验收，并由项目档案验收组提请有关部门对项目建设单位（法人）通报批评。造成档案损失的，应依法追究有关单位及人员的责任。

10.4 工程建设中的保险制度

10.4.1 工程建设保险的概述

1. 工程建设保险的概念

（1）保险的概念

保险是一种受法律保护的分散危险、消化损失的经济制度。

危险可分为财产危险、人身危险和法律责任危险三种。财产危险是指财产因意外事故或自然灾害而遭受毁损或灭失的危险；人身危险是指人们因意外事故和失业等原因而招致人身损失的危险；法律责任危险是指对他人的财产、人身实施违法侵害，依法应负赔偿责任的危险。

1995 年 6 月 30 日第八届全国人民代表大会常务委员会第十四次会议通过了《中华人民共和国保险法》，并于 1995 年 10 月 1 日开始实施。该法第二条规定："本法所称保险，是指投保人根据合同约定，向保险人支付保险费，保险人对于合同约定的可能发生的事故因其发生所造成的财产损失承担赔偿保险金责任，或者当被保险人死亡、伤残、疾病或者达到合同约定的年龄、期限时承担给付保险金责任的商业保险行为。"

（2）工程建设保险

工程建设保险指业主或承包商为了工程建设项目顺利完成而对工程建设中可能产生的

人身伤害或财产损失，向保险公司投保以化解风险的行为。

2. 工程建设保险的种类

（1）意外伤害险；

（2）建筑工程一切险及安装工程一切险；

（3）职业责任险；

（4）信用保险。

10.4.2 安装工程与建筑工程一切险

1. 安装工程一切险

（1）安装工程一切险的概念

安装工程一切险是承保安装各种工厂用的机器、设备、储油罐、钢结构工程、起重机、吊车，以及包含机械工程因素的任何建设工程因自然灾害或意外事故而引起的一切损失。

由于目前机电设备价格日趋高昂，工艺和构造日趋复杂，这使安装工程的风险越来越高。因此，在国际保险市场上，安装工程一切险已发展成为一种保障比较广泛、专业性很强的综合性险种。

（2）投保人

安装工程一切险的投保人可以是业主，也可以是承包商或卖方（供货商或制造商）。在合同中，有关利益方，如所有人、承包人、供货人、制造人、技术顾问等其他有关方，都可被列为被保险人。

安装工程一切险也可以根据投保人的要求附加第三者责任险。在安装工程建设过程中因发生任何意外事故，造成在工地及邻近地区的第三者人身伤亡、致残或财产损失，依法应由被保险人承担赔偿责任时，保险人将负责赔偿并包括被保险人因此而支付的诉讼费用或事先经保险人同意支付的其他费用。

（3）保险期限

安装工程一切险的保险期限，通常应以整个工期为保险期限。一般是从被保险项目被卸至施工地点时起生效到工程预计竣工验收交付使用之日止。如验收完毕先于保险单列明的终止日，则验收完毕时保险期亦即终止。若工期延长，被保险人应及时以书面通知保险人申请延长保险期，并按规定增缴保险费。

安装工程第三者责任保险作为安装工程一切险的附加险，其保险期限应当与安装工程一切险相同。

（4）保险标的

安装工程一切险的保险标的有：

1）安装的机器及安装费，包括安装工程合同内要安装的机器、设备、装置、物料、基础工程（如地基、座基等）以及为安装工程所需的各种临时设施（如水电、照明、通信设备等）等。

2）为安装工程使用的承包人的机器、设备。

3）附带投保的土木建筑工程项目，其保额不得超过整个工程项目保额的20%。

4）场地清理费用及业主或承包商在工地上的其他财产。

2. 建筑工程一切险

（1）建筑工程一切险概述

1）概念

建筑工程一切险承保各类民用、工业和公用事业建筑工程项目，包括道路、水坝、桥梁、港埠等，在建造过程中因自然灾害或意外事故而引起的一切损失。

建筑工程一切险一般还加保第三者责任险，即保险人在承保某建筑工程的同时，还对该工程在保险期限内因发生意外事故造成的依法应由被保险人负责的工地及邻近的地区第三者的人身伤亡、疾病或财产损失，以及被保险人因此而支付的诉讼费用和事先经保险人书面同意支付的其他费用，负赔偿责任。

2）被保险人

在工程保险中，保险公司可以在一张保险单上对所有参加该项工程的有关各方都给予所需的保险。即：凡在工程进行期间，对这项工程承担一定风险的有关各方，均可作为被保险人。

建筑工程一切险的被保险人包括：业主；承包商或分包商；技术顾问，包括业主聘用的建筑师、工程师及其他专业顾问。

由于被保险人不止一个，而且每个被保险人各有其本身的权益和责任，为了避免有关各方相互之间追偿责任，大部分保险单还增加共保交叉责任条款。根据这一条款，每一个被保险人如同各自有一张单独的保单，其应负的那部分"责任"发生问题，财产遭受损失，就可以从保险人那里获得相应的赔偿。如果各个被保险人之间发生相互的责任事故，每一个负有责任的被保险人都可以在保单项下得到保障。即：这些责任事故造成的损失，都可由保险人负责赔偿，无须根据各自的责任相互进行追偿。

（2）承保的财产

建筑工程一切险可承保的财产主要有如下几种：

1）合同规定的建筑工程，包括永久工程、临时工程以及在工地的物料。

2）建筑用机器、工具、设备和临时工房及其屋内存放的物件，均属履行工程合同所需要的，是被保险人所有的或为被保险人所负责的物件。

3）业主或承包商在工地的原有和其他财产。

4）安装工程项目；场地清理费。

5）工地内的现有建筑物。

（3）承保的危险

保险人对以下危险承担赔偿责任：

1）洪水、雷电、水灾、地震、海啸、暴雨、风暴、雪崩、山崩、冰雹及其他自然灾害。

2）火灾、爆炸；盗窃；工人、技术人员因缺乏经验、疏忽、过失、恶意行为等造成的事故。

3）飞机坠毁，飞机部件或物件坠落。

4）原材料缺陷或工艺不善所引起的事故。

5）除外责任以外的其他不可预料的自然灾害或意外事故。

（4）除外责任

建筑工程一切险的除外责任有：被保险人的故意行为引起的损失；战争、罢工、核污染、自然磨损、停工、错误设计引起的损失、费用或责任；换置、修理或矫正标的本身原材料缺陷或工艺不善所支付的费用；非外力引起的机构或电器装置的损坏或建筑用机器、设备装置失灵；领有公用运输用执照的车辆、船舶、飞机的损失；文件、账簿、票据、现金、有价证券、图表资料的损失。

（5）保险责任的期限

保险单一般规定：保险责任自投保工程开工日起或自承保项目所用材料至工地时起开始。保险责任的终止，则按以下规定办理，以先发生者为准：

1）保险单规定的保险终止日期。

2）工程建筑或安装完毕，移交给工程的业主，或签发完证明时终止（如部分移交，则该移交部分的保险即行终止）。

3）业主开始使用工程时，如部分使用，则该使用部分的保险责任即行终止。

如果加保保证期（缺陷责任期、保修期）的保险责任，即在工程完毕后，工程移交证书已签发，工程已移交给业主之后，对工程质量还有一个保证期，则保险期限可延长至保证期，但需加缴一定的保险费。

10.4.3 建筑职工意外伤害险

《建筑法》规定，建筑施工企业必须为从事危险作业的职工办理意外伤害保险，支付保险费。

《建设工程安全生产管理条例》进一步规定，施工单位应当为施工现场从事危险作业的人员办理意外伤害保险。意外伤害保险费由施工单位支付。实行施工总承包的，由总承包单位支付意外伤害保险费。意外伤害保险期限自建设工程开工之日起至竣工验收合格之日止。

1. 建筑职工意外伤害保险是法定的强制性保险

施工单位对施工现场从事危险作业的人员办理意外伤害保险是法定的强制性保险，是由施工单位为投保人直接或通过保险经纪公司与保险公司订立保险合同，支付保险费，以本单位从事危险作业的人员作为被保险人，当被保险人在施工作业中发生意外伤害事故时，保险公司必须依照合同约定向被保险人或者受益人支付保险金。

施工现场从事危险作业的人员，是指在施工现场从事高空作业、深基坑作业、爆破作业等危险性较大的岗位的作业人员。

2003年，建设部《关于加强建筑意外伤害保险工作的指导意见》中指出，建筑施工企业应当为施工现场从事施工作业和管理的人员，在施工活动过程中发生的人身意外伤亡事故提供保障，办理建筑意外伤害保险、支付保险费。范围应当覆盖工程项目。已在企业所在地参加工伤保险的人员，从事现场施工时仍可参加建筑意外伤害保险。

2. 意外伤害保险的保险期限和最低保险金额

保险期限应涵盖工程项目开工之日到工程竣工验收合格日。提前竣工的，保险责任自行终止。因延长工期的，应当办理保险顺延手续。

各地建设行政主管部门要结合本地区实际情况，确定合理的最低保险金额。最低保险金额要能够保障施工伤亡人员得到有效的经济补偿。施工企业办理建筑意外保险时，投保的保险金额不得低于标准。

3. 意外伤害保险的保险费及费率

保险费应当列入建筑安装工程费用。保险费由施工企业支付，施工企业不得向职工摊派。

施工企业和保险公司双方应本着平等协商的原则，根据各类风险因素商定建筑意外伤害保险费率，提倡差别费率和浮动费率。差别费率可与工程规模、类型、工程项目风险程度和施工现场环境等因素挂钩。浮动费率可与施工企业安全生产业绩、安全生产管理状况等因素挂钩。对重视安全生产管理、安全业绩好的企业可采用上浮费率。通过浮动费率机制，激励投保企业安全生产的积极性。

4. 意外伤害保险的投保

施工企业应在工程项目开工前，办理完投保手续。鉴于工程建设项目施工工艺流程中各工程调动频繁、用工流动性大，投保应实行不记名和不计人数的方式。工程项目中有分包单位的由总承包施工企业统一办理，分包单位合理承担投保费用。业主直接发包的工程项目由承包企业直接办理。

各级建设行政主管部门要强化监督管理，把在建设工程项目开工前是否投保建筑意外保险情况作为审查企业安全生产条件的重要内容之一；未投保的工程项目，不予发放施工许可证。

投保人办理投保手续后，应将投保有关信息以布告形式张贴于施工现场，告之被保险人。

5. 意外伤害保险的索赔

建筑意外伤害保险应规范和简化索赔程序，搞好索赔服务。各地建设行政主管部门要积极创造条件，引导投保企业在发生意外事故后即向保险公司提出索赔，使施工伤亡人员能够得到及时、足额的赔付。各级建设行政主管部门应设置专门电话接受举报，凡被保险人发生意外伤害事故，企业和工程项目负责人隐瞒不报、不索赔的，要严肃查处。

6. 意外伤害保险的安全服务

施工企业应当选择能够提供建筑安全生产风险管理、事故防范等安全服务和有保险能力的保险公司，以保证事故后能及时补偿与事故前能及时防范。目前还不能提供安全风险管理和事故预防的保险公司，应通过建筑安全服务中介组织向施工企业提供与建筑意外伤害保险相关的安全服务。建筑安全服务中介组织必须拥有一定数量、专业配套、具备建筑安全知识和管理经验的专业技术人员。

安全服务内容可包括施工现场风险评估、安全技术咨询、人员培训、防灾防损设备配置、安全技术研究等。施工企业在投保时可与保险机构商定具体服务内容。

10.5 案 例 分 析

【案例 10-1】

1. 背景

2001 年 6 月 10 日，某市工地的一车建筑垃圾被倾倒在某市大街的道路两侧，污染面积 75m²，被该市环保局执法人员当场查获。经查，该工地已依法办理渣土消纳许可证，施工单位与某运输公司签订了建筑垃圾运输合同，约定由该运输公司按照渣土消纳许可证的要求，负责该工地的建筑垃圾渣土清运处置，在垃圾渣土清运过程中出现的问题由运输公司全权负责。但是，该运输公司没有取得从事建筑垃圾运输的核准证件。

2. 问题

该建筑垃圾污染事件的责任主体是哪方？他们应受到何种处罚？

3. 分析

（1）依据《固体废物污染环境防治法》第17条："收集、贮存、运输、利用、处置固体废物的单位和个人，必须采取防扬散、防渗漏、防流失或者其他防治污染环境的措施；不得擅自倾倒、堆放、丢弃、遗撒固体废物。"《城市建筑垃圾管理规定》第14条规定，"处置建筑垃圾的单位在运输建筑垃圾时，应当随车携带建筑垃圾处置核准证件，按照城市及人民政府有关部门规定的运输线路、运行时间，不得丢弃、遗撒建筑垃圾，不得超过国家核准范围承运建筑垃圾。"本案中，施工单位作为建筑垃圾的产生单位，已经依法办理了渣土消纳许可证，并要求运输公司按照渣土消纳许可证的要求，负责工地产生的建筑垃圾渣土的清运处置。运输公司违法将一车建筑垃圾倾倒在道路两侧，应当为建筑垃圾污染事件的责任主体。

（2）《固体废物污染环境防治法》第74条规定："违反本法有关城市生活垃圾污染环境防治的规定，有下列行为之一，由县级以上人民政府责令停止违法行为，期限改正，处以罚款：在运输过程中沿途丢弃、遗撒生活垃圾的，处5000元以上5万元以下的罚款。"《城市建筑垃圾管理规定》第22条规定，"施工单位将建筑垃圾交给个人或者未经核准从事建筑垃圾运输的单位处置的，由城市人民政府市容环境卫生主管部门责令期限改正，给予警告，处1万元以上10万元以下罚款。"

据此，市环保局应当责令运输公司停止违法行为，限期改正，并可处5000元以上5万元以下的罚款；市容环境卫生主管部门责令施工单位限期改正，给予警告，处1万元以上10万元以下罚款。

【案例10-2】

1. 背景

2013年11月12日，某市环保局接到居民投诉，城区二环路一处建筑工地正进行施工，尘土飞扬，还传来阵阵刺鼻味道，严重影响了当地居民生活。市环保局随即对该工地进行检查，发现该工地堆放的大量沙石、灰土等物料及建筑垃圾，由于冬季施工天气干燥，经风一吹尘土飞扬，而且该地交通繁忙，车辆经过也激起大量扬尘。同时，屋面防水工程使用的沥青，在熬制过程中挥发出大量刺激（刺鼻）性气体，对小区居民生活造成了严重影响。市环保局要求该施工单位进行限期整改。但是，该施工单位未采取任何整改措施，依然照常进行施工作业。

2. 问题

（1）施工单位违反了《大气污染防治法》的哪些规定？

（2）市环保局应当对其作如何处罚？

3. 分析

（1）《大气污染防治法》第36条规定："向大气排放粉尘的排污单位，必须采取除尘措施。严格限制向大气排放含有毒物质的废气和粉尘；确需排放的，必须经过净化处理，不超过规定的排放标准。"本案中的施工单位违反了此项规定，没有对运土方车辆采取必要的防漏洒及清洗等除尘措施，导致产生大量粉尘污染环境。

《大气污染防治法》第 40 条规定："向大气排放恶臭气体的排污单位，必须采取措施防止周围居民区受到污染。"第 41 条规定："在人口集中地区和其他依法需要特殊保护的区域内，禁止焚烧沥青、油毡、橡胶、塑料、皮革、垃圾以及其他产生有毒有害烟尘和恶臭气体物质。"

本案中的施工单位违反法律规定，导致沥青在熬制过程中挥发出的大量刺激（刺鼻）性气体，对小区居民生活造成了严重影响。

（2）依据《大气污染防治法》第 56 条、第 57 条规定，该市环保局应当责令施工单位停止违法行为，限期改正，可以处 5 万元以下罚款。此外，依据该法第 58 条规定，对于该施工单位违反限期改正的要求，逾期仍未达到当地环境保护规定要求的违法行为，环保局可以责令其停工整顿。

【案例 10-3】

1. 背景

2014 年 3 月 22 日，南方某市突降大雨，环保局执法人员巡查发现市区某路段有大面积的积水，便及时上报该局。不久，市政部门派人来疏通管道，从管道中清出大量的泥沙、水泥块，还发现井口内有一个非市政部门设置的排水口，其方向紧靠某工地一侧。经执法人员调查确认，该工地的排水管道于 2014 年 1 月份打桩时铺设，工地内没有任何污水处理设施，其施工废水直接排放到工地外。工地的排污口通向该路段一侧的雨水井，但未办理任何审批手续。

2. 问题

（1）本案中，施工单位向道路雨水井排放施工废水的行为是否构成水污染违法行为？

（2）施工单位向道路雨水井排放施工废水的行为应受到何种处罚？

3. 分析

（1）施工单位向道路雨水井排放施工废水的行为构成了水污染违法行为。《水污染防治法》第 21 条规定："直接或者间接向水体排放污染物的企事业单位和个体工商户，应当按照国务院环境保护主管部门的规定，向县级以上地方人民政府环保主管部门申报登记拥有的水污染排放设施、处理设施和在正常作业条件下排放水污染的种类、数量和浓度，并提供防治水污染方面的有关技术资料。企业事业单位和个体工商户排放水污染物的种类、数量和浓度有重大改变的，应当及时申报登记；其水污染物处理设施应当保持正常使用；拆除或者闲置水污染物处理设施的，应当事先报县级以上地方人民政府环保主管部门批准。"本案中的施工单位，没有依法申报登记水污染物的情况和提供防治水污染方面的有关技术资料。

《水污染防治法》第 22 条规定，"向水体排放污染物的企事业单位和个体工商户，应当按照法律、行政法规和国务院环保主管部门的规定设置排污口；在江河、湖泊设置排污口的，还应当遵守国务院水行政主管部门的规定。禁止私设暗管或者采取其他规避监管的方式排放污染物。"本案中的施工单位私自设置排水口排放水污染物，没有办理相应的审批手续。

《水污染防治法》第 31 条第 1 款规定，"禁止向水体排放、倾倒工业废渣、城镇垃圾和其他废弃物。"本案中的施工单位向雨水井中排放的施工废水中含有大量的泥沙、水泥块等废弃物。

（2）依据《水污染防治法》第 72 条、75 条第 2 款规定，市环保局应当责令该施工单位限期改正，限期拆除私自设置的排污口，并可对该施工单位处 2 万元以上 10 万元以下的罚款；逾期不拆除的，强制拆除，所需费用由违法者承担，并处 10 万元以上 50 万元以下的罚款。

本 章 小 结

本章介绍了与工程建设相关的环境保护管理法规及法律责任，主要介绍了环境影响评价和建设项目"三同时"基本的环境保护制度，然后重点讲述了噪声污染、水污染、固废污染三个方面的环保规定及防治措施规定。

工程建设过程中的消防安全是关系到施工安全的关键因素，所以本章简单介绍了基本的消防规定，特别对工程建设中应采取的消防安全措施要加强学习，保证工程建设的消防安全。

本章还介绍了工程建设的档案管理方面的法律规定，规范了建设工程文件归档整理以及建设工程档案的验收等相关工作。

工程建设保险，指业主或承包商为了工程建设项目顺利完成而对工程建设中可能产生的人身伤害或财产损失，向保险公司投保以化解风险的行为。工程建设保险的种类主要有建筑工程一切险、安装工程一切险和建筑职工意外伤害险。

思 考 与 练 习 题

思考题

1. 我国基本的环境保护制度有哪些？

2. 如何做好施工现场环境保护的工作？

3. 工程建设中应采取的消防安全措施有哪些？

4. 如何来移交建设工程的档案？

5. 工程建设保险的种类主要有什么？

练习题

单项选择

1. 对于规划、建设后可能造成重大环境影响的项目，建设单位应当编制（   ）。

A. 环境影响报告书   B. 环境影响报告表

C. 环境影响登记表   D. 环境影响监测表

2. 所谓"三同时"制度，是指建设项目需要配套建设的环境保护措施，须与主体工程（   ）。

A. 同时立项、同时审批、同时验收

B. 同时设计、同时施工、同时投产使用

C. 同时开工、同时施工、同时投产

D. 同时发包、同时施工、同时竣工

3. 项目建设单位（法人）应向项目档案验收组织单位报送档案验收申请报告，并填报《重大建设项目档案验收申请表》。项目档案验收组织单位应当在收到档案验收申请报告的（   ）工作日内作出答复。

A. 1 个   B. 5 个   C. 10 个   D. 20 个

4. 项目档案验收应在项目竣工验收（   ）月之前完成。

A. 3 个   B. 5 个   C. 10 个   D. 20 个

5. 建筑工程一切险承保各类民用、工业和公用事业建筑工程项目，在建造过程中因（　　）而引起的一切损失。

A. 自然灾害

B. 意外事故

C. 人为破坏

D. 自然灾害或意外事故

多项选择

1. 公安消防机构在统一组织和指挥火灾的现场扑救时，火场总指挥员有权根据扑救火灾的需要规定下列事项（　　）。

A. 使用各种水源

B. 截断电力、可燃气体和液体的输送，限制用火用电

C. 划定警戒区，实行局部交通管制

D. 利用邻近建筑物和有关设施

E. 为防止火灾蔓延，排除或者破损毗邻火场的建筑物、构筑物

F. 调动供水、供电、医疗救护、交通运输等有关单位协助灭火救助

2. 作为建设项目的建设单位应当按照（　　）的规定，组织编制环境影响报告书、环境影响报告表或者填报环境影响登记表。

A. 可能造成重大环境影响的，应当编制环境影响报告书，对产生的环境影响进行全面评价

B. 可能造成轻度环境影响的，应当编制环境影响报告表，对产生的环境影响进行分析或者专项评价

C. 对环境影响很小，不需要进行环境影响评价的，应当填报环境影响登记表

D. 可能造成一定环境影响的，应当编制环境影响评价报告表，对产生的环境影响进行全面评价

E. 可能造成较大环境影响的，应当编制环境影响报告书，对产生的环境影响进行专项评价

3. 建筑工程一切险的被保险人可以包括（　　）。

A. 业主

B. 总承包商

C. 分包商

D. 业主聘用的监理工程师

4. 关于建筑工程一切险的保险期，下列说法正确的有（　　）。

A. 建筑工程一切险自工程开工之日或在开工之前工程用料卸放于工地之日开始生效，两者以后发生者为准

B. 建筑工程一切险自工程开工之日或在开工之前工程用料卸放于工地之日开始生效，两者以先发生者为准

C. 无论地基是否在保险范围内，开工日均不包括打地基在内

D. 施工机具保险自其卸放于工地之日起生效

E. 保险终止日应为工程竣工验收之日或者保险单上列出的终止日

参 考 文 献

[1] 高会艳，宋梅. 建设工程法规[M]. 北京：化学工业出版社，2012.

[2] 马凤玲. 建设法规[M]. 北京：中国建筑工业出版社，2014.

[3] 陈东佐. 建设工程法规[M]. 北京：化学工业出版社，2010.

[4] 陈东佐. 建筑法规概论(第3版)[M]. 北京：中国建筑工业出版社，2008.

[5] 高玉兰. 建设工程法规[M]. 北京：中国建筑工业出版社，2009.

[6] 全国一级建造师执业资格考试用书编写委员会. 建设工程法规及相关知识(第4版)[M]. 北京：中国建筑工业出版社，2014.

[7] 全国一级建造师执业资格考试用书. 建设工程法律法规选编[M]. 北京：中国建筑工业出版社，2014.

[8] 全国一级建造师建设工程法规及相关知识重点内容解析[M]. 北京：中国建筑工业出版社，2014.

[9] 李蕾. 解放网-解放日报. http://news.hexun.com/2014-12-01/170944934.html

[10] 马楠. 建设法规与典型案例分析[M]. 北京：机械工业出版社，2011.

[11] 张文显. 法理学[M]. 北京：高等教育出版社，2003.

[12] 叶胜川. 工程建设法规[M]. 武汉：武汉理工大学出版社，2004.

[13] 刘文锋等. 建设法规概论[M]. 北京：高等教育出版社，2004.

[14] 郑润梅. 建设法规概论[M]. 北京：中国建材工业出版社，2004.

[15] 王锁荣，张培新. 工程建设法规[M]. 北京：高等教育出版社，2005.

[16] 徐占法. 建设法规与案例分析[M]. 北京：机械工业出版社，2007.

[17] 马文婷，隋灵灵. 建筑法规[M]. 北京：人民交通出版社，2007.

[18] 高正文. 建设工程法规与合同管理[M]. 北京；机械工业出版社，2008.

[19] 刘勇. 建筑法规概论[M]. 北京：中国水利水电出版社，2008.

[20] 黄建初等. 中华人民共和国城乡规划法解说[M]. 北京：知识产权出版社，2008.

[21] 刘亚臣，朱昊. 新编建设法规(第2版)[M]. 北京：机械工业出版社，2009.

[22] 安建. 中华人民共和国城乡规划法释义[M]. 北京：法律出版社，2009.

[23] 刘凯湘. 民法学[M]. 北京：中国法制出版社，2000.